KB169393

논쟁으로 보는
일본 근대교육의 역사

논쟁으로 보는

일본 근대교육의 역사

초판 1쇄 인쇄 2017년 2월 22일
초판 1쇄 발행 2017년 2월 28일

지은이 이명실
펴낸이 김승희
펴낸곳 도서출판 살림터

기획 정광일
편집 조현주
북디자인 꼬리별

인쇄·제본 (주)현문
종이 월드페이퍼(주)

주소 서울시 영등포구 양평로21가길 19 선유도 우림라이온스밸리 1차 B동 512호
전화 02-3141-6553
팩스 02-3141-6555
출판등록 2008년 3월 18일 제313-1990-12호
이메일 gwang80@hanmail.net
블로그 http://blog.naver.com/dkffk1020

ISBN 979-11-5930-033-2 93370

논쟁으로 보는
일본 근대교육의 역사

이명실 지음

살림터

머리말

　한국의 근대는 일본의 근대와 맞물려 있다. 한국의 개항은 일본의 무력적이고 일방적인 '외교'에 의해 이루어졌고, 이후 한국 근대 시기에 나타났던 정치·사회·문화·경제적 변화의 상당 부분이 일본의 영향에 의한 것이었다는 점을 부인하기 어렵다. 특히 개항 이래 일본은 정치적으로 호시탐탐 조선 정부의 내정에 간섭하려는 의도를 드러냈고 갑신정변, 갑오개혁, 청일전쟁 등의 사건으로 조선에서의 영향력을 확대해 갔다. 1900년 이후 조선에 대한 일본의 내정 간섭은 더욱 심해졌고 1910년에는 조선이 주권을 빼앗기는 지경에까지 이르렀다.

　일본의 입장에서 한국은 일본이 서구로부터 받았던 불평등하고 무력적인 외교 방식을 그대로 적용시킴으로써 자국의 입지를 강화시킬 수 있는 대상이었다. 일본은 청일전쟁과 러일전쟁을 통해 자국의 위상을 세계에 드러낼 수 있는 발판을 마련했고 이를 위한 수단 혹은 매개로서의 역할을 한국에 강요했다. 이에 더해 식민지 제국이라는 이름을 유지하기 위한 식민지 정책의 최전선에 조선총독부를 두었고 메이지 시기 일본에서 추진했던 각종 정책을 조선의 식민지 정책에 활용했다.

　이러한 양국의 역사적 관계로 인해 한국 근대교육의 역사는 한국 연구자뿐 아니라 일본 연구자들 사이에서도 중요한 연구 대상이 되어

왔다. 일본에서 이루어진 연구 성과가 한국 근대교육의 전체상을 구축하는 데 일정 부분 공헌했다는 점도 부인할 수 없는 것으로 받아들여지고 있다. 반면, 근대 시기 한국 교육의 역사를 구축해 가는 과정에서 한국 연구자들은 일본의 근대교육에 관한 연구의 필요성을 절감하면서도 일본 근대교육의 역사에 관해 심도 있게 연구하거나 논의하는 데는 상대적으로 미흡한 모습을 보인 것도 사실이다.

한국과 일본의 역사가 맞물리는 시기에 한국의 근대교육 시스템이 일본의 근대교육 시스템을 따라가는 방식으로, 혹은 일본에 의해 강제로 이식당하는 방식으로 작동했다는 점을 부정하기는 어렵다. 이에 한국 근대교육의 역사를 전체적으로 파악하려면 일본 근대교육의 형성 과정을 파악하는 작업이 선행되어야 할 것이다. 더불어 관계사나 비교사, 그리고 트랜스내셔널적 접근의 중요성이나 필요성이 강조되는 최근의 연구 동향에 비추어 본다면 일본 근대교육의 역사를 한국 연구자의 입장에서 검토하는 것은 한국 근대교육의 성격을 규명하기 위해 꼭 필요한 작업이라 할 수 있다.

이러한 문제의식 아래 이 책에서는 일본 근대교육의 역사를 교육칙어의 체제가 구축되어 가는 과정으로 보고 거기서 나타났던 다양한 집단의 의견이 개진되고 수렴되는 과정에 착목해 논의를 전개했다. 시기적으로는 메이지 정부가 수립된 1868년明治 1年부터 다이쇼 천황이 정권을 잡기 전 1912년大正 1年까지를 분석 대상으로 했다.

이 시기는 일본이 근대국가 체제를 정비해 가는 시기였으며 천황제 국가주의가 확립되는 시기이기도 했다. 일본은 메이지 유신을 통해 서구의 문물을 받아들여 새로운 사회·정치·경제 시스템을 구축했고, 청일전쟁과 러일전쟁이라는 두 번의 전쟁을 거치면서 소위 '제국'의 위상을 확고히 만들어 갔다.

물론 이러한 과정이 어떤 방해나 저항 없이 곧바로 달성된 것은 아니었다. 서구 문물의 도입이나 사상의 유입을 통해 민중의 의식 개혁과 자각이 이루어졌고, 이를 바탕으로 인간의 권리를 쟁취하기 위한 다양한 노력이 시도되었다. 그러나 단시간 내에 서구와 같은 근대화를 이루려는 메이지 정부의 노력은 결과적으로 국민보다는 국가를 우선시하는 정책으로 일관했고, 위로부터의 근대화를 달성하기 위한 정책 수행 과정에서 아래로부터의 요구는 억압과 통제의 대상이 되었다.

이에 효과적 도구로 활용되었던 것이 교육이었다. 교육은 개인에게 자아를 실현하고 인간으로서의 권리가 무엇인지를 알 수 있도록 하는 힘을 주지만, 사회 체제를 유지하기 위한 이데올로기를 전수해 인간이 체제에 순응하도록 하는 힘도 가진다. 메이지 시기의 교육은 전자보다는 후자의 힘이 훨씬 강하게 작용했다. 그 바탕에 교육칙어가 존재했다. 이 책에서는 메이지 시기의 교육 정책 및 교육론에 대해 교육 관료, 지식인, 여론 등 각 집단이 지니고 있었던 입장을 드러내면서, 이들이 서로 대립하고 갈등하며 하나의 방향으로 귀결되는 과정을 다루었다. 이를 통해 일본 근대교육의 전개 과정이 천황제교육체제 혹은 교육칙어체제를 구축해 가는 과정이었음을 분명히 하고자 했다.

이 책에서 말하는 논쟁의 과정은 견해가 다른 두 입장이 한정된 공간에서 직접 상대방의 입장에 대해 반박하고 재반박하는 과정으로만 한정하지 않는다. 같은 내용 및 주제에 대해 직접 충돌하지는 않았지만 서로 다른 입장이 존재했고 시간의 경과에 따라 한쪽 입장이 힘을 얻어 당시 일본 근대교육의 흐름을 주도해 갔던 과정을 다루었다.

이 책은 머리말과 맺음말을 제외하고 전체 7장으로 구성되었다.

제1장에서는 1872년 학제가 발포되기 이전 정국 및 민심 통합을 위해 부주했던 메이지 정부의 모습을 '종교행정과 교육행정의 분리'라는 관점에서 다루어 보고자 했다. 왕정복고라는 형식을 띠고 출범한

새로운 시대는 과거와의 완전한 청산을 일시에 단행하기 어려웠으며, 메이지 초기의 정책이 기존 체제의 연장선상에서 전개될 수밖에 없었던 한계를 만들어 냈다. 여기서는 이 과정에서 민중교화의 임무를 담당해야 할 주체가 누구인가를 둘러싸고 나타났던 종교행정과 교육행정 사이의 대립과 갈등에 주목했다. 즉, 기존의 체제를 유지하며 신도를 국가종교로 만들려는 측과 서구의 근대교육을 지향하는 측 사이에 나타났던 주도권 다툼이 일본 최초의 근대교육 이념을 제시한 '학제'의 발포로 귀결되기까지의 과정을 다루었다.

제2장에서는 1870~1880년대에 전개되었던 소위 '도덕교육 논쟁'에 관해 다루었다. 1872년 '학제' 발포를 시작으로 하는 메이지 정부의 교육 방침이 서양식 근대교육을 수용할 수밖에 없었던 사회·정치적 배경과 더불어 1870년대 후반에 전개되었던 지육 지향의 교육 방침과 덕육 지향의 교육 방침이 대립하며 갈등하는 과정, 그리고 1880년대 지식인을 중심으로 전개된 '도덕교육 논쟁'의 실태 및 의미를 중심으로 논의를 전개했다. 이 과정을 통해 1890년 '교육칙어'가 발포될 때까지의 천황과 정부, 그리고 지식인들의 입장이 무엇이었는지를 분명히 하고자 했다.

제3장에서는 일본이라는 근대국가를 만들기 위한 방법을 둘러싸고 나타나는 상반된 노선을 '신민교육과 국민교육'이라는 관점에서 접근해 보았다. 이들 입장은 일본의 전통적 문화를 바탕으로 하는 국가 체제 혹은 교육 체제를 수립해야 한다는 입장과 서구의 근대적 문물과 제도를 수용함으로써 근대적 국민국가 및 교육 체제를 수립해야 한다는 입장으로 구분할 수 있다. 이들 각 노선은 근대국가의 모습이나 근대교육의 방향을 둘러싸고 서로 다른 입장의 인재양성을 역설하는데, 여기서는 이들 입장의 공통점과 차이점에 착목해 논의를 전개했다.

제4장에서는 1890년대 나타난 학교제도 개혁을 둘러싼 움직임을 '학제개혁 논쟁'이라는 관점에서 다루어 보고자 했다. 1890년대는 대일본제국헌법과 교육칙어 발포의 영향으로 일본의 중앙집권적 통치체제가 한층 확고해지는 시기였다. 당시 문부대신이었던 이노우에 고와시는 산업사회에 필요한 인재양성의 효율적 장치로서 교육과 학교를 개혁하고자 했는데, 그의 구상은 학제개혁안으로 구체화되었다. 여기서는 학제개혁안의 내용과 더불어 일본인 관료가 구상했던 국가와 교육의 모습이 현실 정치와 마주했을 때 나타날 수 있는 괴리에 관해 검토해 보았다.

　제5장에서는 1890년 발포된 교육칙어의 보급과 정착 과정에서 나타났던 불경 사건의 실체와 전개 과정을 '교육칙어와 기독교의 충돌'이라는 관점에서 살펴보고자 했다. 교육칙어는 발포와 동시에 전국의 학교에 배포되었고, 교사나 학생에게는 국가의 의식이나 학교 기념일에서 이를 봉독하고 경의를 표할 것이 요구되었다. 이는 불가피하게 기독교와의 충돌을 야기했고, 결과적으로 교육칙어의 위상에 대한 논쟁으로 이어졌다. 여기서는 교육계에서 나타났던 불경 사건을 사례로 교육칙어와 기독교 사이에 제시되었던 쟁점이 무엇인지를 분명히 하고, '기독교=서구'에 대한 메이지 정부의 인식을 분명히 드러내고자 했다.

　제6장에서는 메이지 유신 이후 일본의 근대교육 정착에 큰 영향을 주었던 종교계 학교, 특히 기독교계 학교의 존립을 둘러싼 메이지 정부와 기독교계 학교 사이의 대립 양상을 '교육의 중립성 논쟁'이라는 시각에서 다루어 보고자 했다. 메이지 정부는 1899년 사립학교령과 문부성훈령 12호를 발포해 기독교계 학교를 단속하려는 움직임을 보였다. 여기서는 메이지 정부와 기독교계 학교 사이에 나타났던 논쟁의 실태를 고찰하며, 이를 바탕으로 메이지 정부가 교육제도를 통해

국민의 이데올로기를 어떻게 방향 지어 갔으며 통합하려 했는지를 밝혀 보고자 했다.

제7장에서는 일본 근대교육의 원리이자 이념으로 알려진 교육칙어가 개정·보완·철회 및 재해석되어야 한다는 수정 의견을 '교육칙어 수정 논쟁'이라는 측면에서 다루어 보고자 했다. 정치 관료 및 지식인들 사이에서 제안된 교육칙어의 수정 의견은 국제적 관계 속에서 일본의 위상이 변함에 따라 나타나는 것으로, 일본 도덕과 세계 도덕 사이의 괴리나 식민지에서의 교육칙어 적용 문제와 관련된 것이었다. 여기서는 교육칙어 수정 의견 대두의 배경과 그 양상, 그리고 수정 의견을 불경으로 몰아 논의 자체를 거부했던 보수파의 논리에 관해 다루어 보고자 했다.

일본 근대교육의 역사를 각 집단의 대립이나 갈등의 과정, 즉 논쟁이라는 관점에서 재구성하려는 이상의 논의에 덧붙여, 보론으로 메이지 시기의 여자교육과 부락학교에 관한 논문을 수정·보완해 실었다. 일본 최초의 근대교육 이념이 제시되었다는 '학제'에는 부녀자를 포함해 신분의 구별 없이 모든 인민을 교육의 대상으로 삼아야 할 것이 명시되어 있었다. 이에 논쟁의 방식은 아니지만 일본 근대교육의 한 부분을 차지했던 여자교육과 차별받는 집단의 최전선에 있었던 피차별 부락민의 교육이 어떤 모습이었는가를 제시해 보았다. 이를 통해 일본 근대교육의 역사를 전체적으로 조망하는 데 약간이라도 도움이 되길 기대한다.

각 장의 내용은 지금까지 필자가 학술지에 발표했던 논문을 수정·보완해 재구성한 것이다. 학술적 연구의 일환으로 수행해 왔던 원고들을 일반 대중의 눈높이에서 이해하기 쉽도록 고쳐 보려 했으나 이 의도가 제대로 달성된 것 같지는 않다. 일본의 근대사 및 근대교육사에 나오는 역사적 사건이나 교육제도 및 교육법규에 관한 내용을 쉽게 풀어 쓰는 데 어려움이 있었고, 지명이나 인명을 비롯해 교육 관련 명칭을 일관성 있게 표기하는 것도 쉬운 일은 아니었다. 일본 근대교육의 역사를 가능하면 이해하기 쉽게, 그리고 올바로 전달하려는 노력은 필자의 나머지 삶에서 지속되어야 할 것 같다.

이 책이 완성되기까지 우여곡절이 있었다. 연구를 한다는 것, 글을 쓴다는 것, 그리고 내 이름으로 된 한 권의 책을 세상으로 내보낸다는 것의 무게가 얼마나 엄중한 것인가를 느낄 수 있었다. 이 책이 나오기까지 음으로 양으로 도움을 주신 모든 분들께 감사드린다.

2017년 2월

이명실

| 일러두기 |

1. 외국의 인명, 지명 등은 국립국어원의 '외래어표기법'에 따라 우리말로 바꾸었다. 단, 부득이한 경우 한자음을 그대로 사용했다.
2. 외국의 인명이나 지명이 처음 나올 때는 한자를 병기했다.
3. 원 자료 인용의 경우에는 번역했고 띄어쓰기, 맞춤법, 문장부호 등은 현대 표기법에 맞게 수정했다.
4. 논문 및 1차 사료는 「 」, 책·잡지·신문은 『 』, 인터넷 자료는 ' '로 표시했다. 본문의 책 이름은 한글로 번역해 표기했고 처음 나올 때 원서명을 제시했다. 단, 각주의 책 이름은 원문으로 제시했다.
5. 중략은 ……로 표시했다.
6. 이 책에 실린 이미지 자료의 출처는 다음과 같다.
   • 유모토 고이치, 『일본근대의 풍경』, 그린비, 2004.
   • 唐澤富太郎, 『女子學生の歷史』, 木耳社, 1979.
   • https://ja.wikipedia.org/wiki/(ウィキペディアフリー百科事典)

제1장
종교행정과 교육행정의 분리 논쟁:
1870년 전후

에도 시대江戸時代에는 교육기관으로 막부幕府·바쿠후의 직할 학교인 창평판학문소昌平坂學問所, 각 번에서 세운 번교藩校·한코, 번의 무사武士나 일반 서민을 대상으로 설립된 향학鄕學, 그리고 서민 자제의 기초교육을 위한 사자옥寺子屋·데라코야과 학식 있는 스승을 중심으로 설립된 사숙私塾 등이 있었다. 이들 교육기관은 설립된 시기가 각기 달랐지만 설립 주체나 필요에 따라 지배 이데올로기 전수의 장場으로, 혹은 심오한 학문 연구의 장으로, 혹은 생활에 필요한 기초교육의 장으로서의 기능을 담당했다. 그러면서도 이들 교육기관은 통일적이고 계통적인 체계를 갖추고 있지는 못했다.

메이지 유신 이후 신정부의 가장 중요한 과제는 통일적이고 중앙집권적인 국가를 만드는 것이었다. 이를 위해 정치·제도적으로 막부의 위계적 신분질서를 없애 버리면서 새로운 시대에 적합한 민심 통합의 장치를 구축해야 할 임무가 메이지 정부에 부여되었다. '학제'의 발포는 이러한 맥락에서 이루어진 것이었다.

제1장에서는 메이지 초기 '학제'가 발포되기 전후 기존의 질서를 유지하려는 측과 근대적 교육 모델을 적극 수용하려는 측의 움직임에 관해 살펴본다. 이는 메이지 정부의 민심 통합 이데올로기 구축 과정, 즉 지배집단의 정치적 의도와 논리를 파악해 가는 과정이다.

Ⅰ. 메이지 유신 전후의 사회상

1. 막번 체제의 위기와 대정봉환

메이지 유신 이전의 에도江戶 시대는 막부가 권력을 장악했던 시기로, 도쿠가와 이에야스德川家康, 1543~1616가 장군으로 임명되어 에도에 막부를 세운 1603년부터 제15대 장군 도쿠가와 요시노부德川慶喜, 1837~1913가 정권을 메이지 천황에게 인계한 1867년까지 265년간의 무인집권 통치시대를 말한다. 이 시기에는 천황의 정부인 조정, 장군의 정부인 막부, 대명大名·다이묘의 정부인 번藩·한, 그리고 승려들이 균형을 유지하며 공존하고 있었다.

도쿠가와 이에야스   도쿠가와 요시노부

통치기구	통치자	형식적 관계	실질적 역할
조정	천황	장군 임명권자	제사와 학술에 전념
막부	장군	천황의 가신	권력의 중심. 천황 대신 정치 관장
번	대명	장군의 가신	번의 통치권 위임. 장군에 충성 – 신반(親藩), 후다이(譜代), 도자마(外樣)

　권력의 중심에 막부가 있었고, 천황에게는 제사와 학술에만 전념하는 상징적 존재로서의 의미만이 부여되었다. 막부가 치안유지와 민생 안정이라는 책임을 부여받음으로써 국정에 관해 절대 권력을 가지고 있기는 했지만, 막부의 최고 책임자인 장군將軍·쇼군을 천황이 임명한다는 형식적 한계도 지니고 있어 막부와 조정, 즉 장군과 천황은 상호 공생관계였다고 보아야 할 것이다.

　이러한 공생관계는 막부와 번, 즉 장군과 대명의 관계에도 그대로 적용되었다. 에도 시대의 정체政體를 막번 체제幕藩體制라고 부르는 것은 장군의 정부인 막부와, 장군과 주종관계를 맺은 대명의 정부인 번이 권력을 장악하는 구조를 띠었기 때문이었다. 장군은 대명에게 영지의 소유권을 인정하는 주인장朱印狀을 주어 그 토지의 지배권知行을 보장했고, 이를 통해 대명은 그 범위 안에서 독자적 통치를 행하는 권한을 가지고 있었다.

　도쿠가와德川 시대의 엄격한 신분제는 지배층으로 분류된 무사들까지도 정치 참여의 길을 철저히 통제했다. 중앙의 정치 참여는 후다이 다이묘譜代大名와 막신幕臣들에게만 허용되었으며, 지방의 번도 상층 가신家臣들이 장악했다. 상급무사와 하급무사 사이에는 엄격한 서열이 있었으며, 그 경계를 넘어서는 일은 매우 드물었다. 또한 높은 보수와 영향력 있는 직책은 상급무사들이 독점했으며, 하급무사에게는 낮은 보수와 직역만 제공되었다. 하급무사들이 정책 결정에 참여하는 것은 사실상 불

가능했다.[1]

　도쿠가와 막부 초기의 이러한 안정적 체제는 후기로 갈수록 불안정한 모습을 드러냈다. 막부 내부의 모순이 격화됨에 따라 에도 시기에 걸쳐 막부 중심의 개혁이 여러 차례 단행되었는데, 향보享保·교호의 개혁, 관정寬政·간세이의 개혁, 천보天保·텐보의 개혁 등 '막부 3대 개혁'이 그것이다.

　향보개혁(1716~1745년)은 8대 장군 도쿠가와 요시무네德川吉宗, 1684~1751가 주도한 것으로, 쌀값 안정과 더불어 인재선발제도의 정비, 도시정책, 서양 지식 금지 완화 등의 정책을 포함하고 있었다. 이로 인해 막부 재정이 건전해지고 에도 시대를 통해 최고의 세금을 거둘 수 있었지만, 세율 변경과 철저한 검약 정책으로 백성들의 불만이 높아져 소동과 폭동이 일어나기도 했다.

　관정개혁(1787~1793년)은 11대 장군 도쿠가와 이에나리德川家齊, 1773~1841를 보좌했던 노중老中·로쥬 마쓰다이라 사다노부松平定信, 1759~1829가 주도한 것으로, 당시의 인플레이션을 진정시키기 위해 절약·근검 분위기를 확산시키는 강경한 긴축재정 등의 내용을 담고 있었다. 그러나 재정은 회복 불능의 상태로 빠졌고 이는 결국 실패로 돌아갔다. 이외에도 난학蘭學·란가쿠·출판·풍속을 통제하면서 주자학을 공식 학문으로 인정하고, 창평판학문소昌平坂學問所·쇼헤이자카가구몬죠를 관립으로 정하는 등, 지배 이데올로기 강화를 위한 보수적 경향을 강하게 드러내는 정책을 시행했다.

　천보개혁(1841~1843년)은 12대 장군 도쿠가와 이에요시德川家慶, 1793~1853와 노중이었던 미즈노 다다쿠니水野忠邦, 1794~1851가 주도한 것

---

1. 함동주, 『천황제 근대국가의 탄생』, 창비, 2009, 63쪽.

으로 소비 억제와 도시 주민의 농촌 귀환, 외국선추방령無二念打拂令의 개정 등과 더불어 서양 포술의 도입을 통한 국방력 강화 등을 강조했다. 그러나 막부의 재정은 건전해지지 않았고, 철저한 검약 강화로 인한 백성의 불만은 높아져 개혁의 추진력은 힘을 잃었다.

막부의 이러한 노력에도 불구하고 개혁들은 큰 효과를 거두지는 못했고 각 계층의 분열은 더욱 고조되는 양상을 보였다. 이러한 막부 체제에 큰 변화를 가져왔던 결정적 계기는 1853년 7월 통상조약 체결을 요구했던 미국의 개항 압력이었다. 막부는 미국의 무력적 압박에 문호를 개방할 수밖에 없는 처지에 놓였고, 쇄국정책의 폐기와 통상조약의 체결에 대해 조정과 대명의 동의를 구하고자 했다. 그런데 이러한 조치는 오히려 그동안 상징적 존재로 머물러 있던 천황과, 막부에 복종할 수밖에 없었던 대명의 위상을 재인식시키는 결과를 가져왔다. 서구의 통상 압력에 굴복해 불평등조약을 체결한 막부에 대해 조정과 유력 대명들은 비판적 태도를 보였고 막부의 권위에 도전하는 세력이 나타나기 시작했다.

> 에도 시대 로쥬老中였던 홋타 마사요시堀田正睦는…… 조약 내용에 합의한 후 고메이 천황孝明天皇의 칙허와 여론의 지지를 얻어 통상조약 체결을 마무리하고자 했다. …… 그러나 나카야마 다다야스中山忠能, 이와쿠라 도모미岩倉具視 등의 공가公家 88명이 항의 시위를 행하는 등 양이攘夷 소장과 공가가 저항했다. …… 또 고메이 천황 자신은…… 대등한 입장에서 이국異國과 통상조약을 체결하는 것은 종래의 질서에 커다란 변화를 초래하는 것이라고 생각해 완강히 칙허를 거부했다.[2]

2. '日米修好通商條約', https://ja.wikipedia.org/wiki/, 2016년 11월 14일 인출.

막부의 결정에 대한 비판적 움직임은 천황과 측근 귀족들뿐 아니라 유력 대명과 일반 무사에 이르기까지 광범위한 계층에 걸쳐 나타났다. 이들 각 집단은 당시의 위기를 타개하기 위한 다양한 방법을 구상하게 되는데, 그 방향은 크게 존왕양이尊王攘夷, 공무합체公武合體, 공의정체公議政體 등의 노선으로 전개되었다.

존왕양이 노선은 천황 중심의 체제를 지지하면서 외국 세력과의 결탁에 반대하는 움직임을 말하는데, 미국과의 조약 체결을 주도했던 막부 이외에 조정과 대명, 그리고 대부분의 번이 이 입장에 속했다. 막부 말기로 갈수록 근대적 문물 도입의 필요성이 대두되면서 '양이'의 주장이 약화되는 한편 '존왕'을 바탕으로 한 막부 타도의 입장이 강화되어 갔다.

공무합체 노선은 조정의 전통적 권위를 의미하는 공公과 막부 및 번을 의미하는 무武가 일체가 되어 막번 체제를 재편하고 강화하려는 움직임을 말한다. 즉, 일본과 미국의 수호통상조약修好通商條約이 조인되면서 분열된 조정과 막부의 관계나 막부의 권위를 회복해 보려는 목표를 가지고 있었다.

공의정체 노선은 서양의 의회제도를 도입해 합의를 형성함으로써 일본 국가의 의사 형성 및 통일을 꾀하려는 움직임이었다. 에도 막부의 쇠퇴와 막번 체제의 위기를 극복하기 위해 제후나 막부 관계자뿐만 아니라 사쓰마번薩摩藩과 조슈번長州藩 등의 유력 번과 요코이 쇼난橫井小楠, 1809~1869·사카모토 료마坂本龍馬, 1836~1867 등이 주장한 노선이었다.

이들 각 노선은 개혁의 주체를 누구로 할 것인가에 따라 추구하는 목표를 달리하면서 대립·갈등하고 타협하는 양상을 보였다. 이 과정에서 중앙정치 참여에서 소외되었던 조슈·사쓰마·도사土佐 등의 번이 막부반대反幕 혹은 막부타도倒幕로 결집했고, 이러한 위기를 타개하기 위해 당시 장군이었던 도쿠가와 요시노부는 1867년 10월 천황으로부터 위임받아 행해 왔던 대권大權을 조정에 돌려준다는 대정봉환大政奉還을 단행했다. 이로써 에도 시대에 막부가 누렸던 막강한 권력은 막을 내렸고, 같은 해 12월 이와쿠라 도모미岩倉具視, 1825~1883를 중심으로 왕정복고의 대호령이 선언됨으로써 막부는 공식적으로 폐지되었다. 이후 천황친정과 공의정체라는 명분 아래, 일부의 공가公家와 사쓰마·도사·아키安藝·오와리尾張·에치젠越前·조슈 등의 번이 주도하는 신정부, 즉 메이지 정부가 수립되었다.

이 과정에서 체제 변화에 비교적 적극적이었던 새로운 계층, 즉 조슈·사쓰마·도사 등의 유력 번들이 정국의 주도권을 갖게 되었고, 이들은 메이지 유신 이후 정치의 최전선에서 정부의 근대적 개혁을 주도하는 중심 세력으로 성장하였다. 그러나 이들 세력이 대내외적 모순과 위기를 극복할 수 있는 독자적 힘을 갖지 못했다는 점에서 개혁은 구시대를 완전히 청산할 수 없다는 한계를 지니고 있었다. 이는 개혁이 천황의 존재를 기정사실화하는 쪽으로 향하게 만드는 배경이 되었고, 메이지 유신 직후 천황을 중심으로 하는 제정일치 사회의 구축과 신도 국교화의 추진을 예고하는 것이기도 했다.

2. 막말 유신기의 국학사상

막번 체제는 막부와 번의 공생관계를 배경으로 사농공상士農工商이라는 엄격한 신분질서 유지를 최우선 과제로 삼았는데, 이를 이념적으로 정당화한 논리가 유학의 덕치사상德治思想이었다. 막번 체제 확립기에 지배층은 가신家臣과 백성의 교화에 주자학을 적극 활용했다. 17세기 중반에 당시 훌륭한 장군이라 일컬어지는 이케다 미쓰마사池田光

政, 1609~1682, 호시나 마사유키保科正之, 1611~1673, 도쿠가와 미쓰쿠니德川光圀, 1628~1701, 도쿠가와 요시나오德川義直, 1601~1650 등은 모두 이를 통치의 기본 원리로 삼았다.[3]

17세기 중반 이후에는 형해화形骸化한 주자학을 비판하며 다양한 학설을 제창하는 유학자들이 등장했다. 나카에 도쥬中江藤樹, 1608~1648와 구마자와 반잔熊澤蕃山, 1619~1691은 맹자의 성선설의 계보를 잇는 양명학陽明學을 제창했고, 야마가 소코山鹿素行, 1622~1685는 논어 등의 경전을 직접 실증적으로 연구하는 고학파古學派의 선조가 되었다. 이와 함께 본초학자本草學者 가이바라 에키켄貝原益軒, 1630~1714, 남학파南學派 주자학자 야마자키 안사이山崎闇齋, 1619~1682, 고의학古義學을 제창한 이토 진사이伊藤仁齋, 1627~1705, 일본의 경세사상을 본격화시킨 오규 소라이荻生徂徠, 1666~1728 등의 사상도 일본인의 정신생활에 커다란 영향을 주었다.

막말 유신기의 사회·정치적 변화는 유학 중심의 학문과 사상을 비판적 관점에서 재검토하는 데 영향을 주었다. 서구 세력의 개항 압력으로 인한 위기감은 '일본적인 것'에 관심을 갖게 하는 배경이 되었고, 학문적으로는 일본 고유의 문화·사상·정신세계를 일본의 고전이나 고대사 가운데에서 발굴하려는 움직임으로 나타났다. 국학國學·고쿠가쿠이라 부르는 이러한 움직임은 에도 시대 네덜란드를 통해 들어온 유럽의 학술·문화·기술을 지칭하는 난학蘭學·란가쿠과 더불어 에도 시대를 대표하는 학문적 경향이 되었다. 와가쿠和學, 고쵸가쿠皇朝學, 고가쿠古學, 古道學라는 별칭에서도 알 수 있듯이, 국학은 그동안 일본인의 정신과 사상에 큰 영향을 주었던 유교·불교·기독교 등을 외래의 종교 혹은 사상으로 간주하면서 일본인 독자의 정신을 고대 일본의 고전이

---

3. 鈴木博雄 編, 『原典·解說 日本敎育史』, 圖書文化, 1985, 46쪽.

나 문화 속에 나타난 신과 연결시켜 탐구하는 학문으로 발전되는 경향을 보였다.

국학은 게이 추契沖, 1640~1701를 비롯해 소위 '국학의 4대인四大人'으로 불리는 가다노 아즈마마로荷田春滿, 1669~1736, 가모노 마부치賀茂眞淵, 1697~1769, 모토리 노리나가本居宣長, 1730~1801, 히라타 아쓰타네平田篤胤, 1776~1843 등의 사상으로 발전해 갔다. 특히 히라타 아쓰타네는 유불선儒佛仙에 걸친 폭넓은 학식을 바탕으로 국학의 체계화·이론화에 힘썼다. 히라타 아쓰타네의 문인門人들 가운데 막말의 국학운동을 주도했던 히라타 가네타네平田鐵胤, 1799~1880, 야노 하루미치矢野玄道, 이쿠타 요로즈生田萬, 1823~1887, 오쿠니 다카마사大國隆正, 1793~1871, 스즈키 시게타네鈴木重胤, 1812~1863, 다마마쓰 미사오玉松操, 1810~1872 등은 당시의 사회 상황을 반영해 실천적 성격을 강하게 보였다. 이처럼 서구 세력의 강압적인 통상 요구로 인한 위기의식은 일본 독자의 종교와 사상을 학문적 연구의 영역에만 한정시켰던 풍토에서 탈피하게 만드는 요인이 되었고, 이렇게 나타난 실천적 움직임은 메이지 유신 이후의 신불분리神佛分離로 인한 폐불훼석廢佛毁釋과 신도 국교화를 추진하는 사상적 배경이 되었다.

II. 국민통합과
신·유·불 합동 포교 체제의 구상

1. 신불분리령과 신기관의 설치

도막운동倒幕運動과 왕정복고王政復古를 통해 메이지 유신을 단행한 신정부의 과제는 막부의 정체政體와 차별성을 유지하면서 분열된 지배층을 통합하고 동요된 민심을 수습하는 것이었다. 이 과정에서 메이지 초기의 지배층은 자신의 입지를 확보하기 위한 투쟁을 지속하면서 신도神道를 민심 통합과 체제 유지의 이데올로기적 통합 장치로 적극 활용하려 했다.

신정부는 통치와 제사의 권한을 천황에게 귀속시키는 제정일치祭政一致 사회를 표방함으로써 에도 시기 상징적 존재에 머물러 있던 천황에게 실권을 부여했다. 천황의 존재를 알리기 위한 조치로 신정부는 신도를 민심 통합의 근거로 삼았다. 먼저, 막부 시기에 특권적 지위를 누리던 불교 세력을 약화시키기 위해 1868년 4월 5일 태정관 포고로 신도와 불교를 분리하는 정책, 즉 신불분리령神佛分離令 혹은 神佛判然令을 내렸다. 이는 그동안 일본에서 토착 신앙과 불교 신앙을 절충해 하나의 신앙 체계로 재구성해 나갔던 신불습합神佛習合의 관습을 폐지한다는 것으로, 신도와 불교, 신사神社와 사원寺院을 확실히 구별하기 위한 조치였다. 에도 말기부터 일부 국학자들이 제기해 오던 불교의 외래 종교설은 이를 뒷받침하는 사상적 근거가 되었다. 이 정책이 불교 배척을 명시적으로 내세우지는 않았지만 불상의 신성화를 금지하고 신사에서 불교적 요소를 불식시키는 방침이 현실화되자, 이는 폐불훼석 운동으로 번져 각지의 사원이나 불상을 파괴하는 등의 소요로 전화되었다.

신불분리령과 더불어 신정부는 1868년 6월 고대 율령제를 모방한 신기관神祇官을 태정관 아래 두는 관제개혁을 단행했고, 1869년 6월에는 신기관을 태정관에서 독립시켜 행정기관의 맨 위에 두는 조치를 취했다. 이는 행정기구 재편을 통해 신도 중심의 포교 체제를 제도적·조직적으로 구축하려는 신정부의 의도를 확고히 하는 것이었다. 신기관의 업무에는 기존의 제사祭祀, 축부祝部, 신호神戶 등과 더불어 제능諸陵과 선교宣敎가 덧붙여졌다. 특히 후자의 업무를 위해 신기관 아래 선교사宣敎使라 불리는 관리를 두었고 이들에게는 기독교 보급을 억제하고 국가의 위상을 국민에게 알리는 임무가 부여되었다. 1870년 2월에는 '치교治敎를 분명히 하고 오직 신의 도神の道를 선창宣揚해야 할 것'이라는 이념을 바탕으로 대교선포大敎宣布 조서가 내려졌다. 이를 통해 천황에게는 신격이 부여되었고 신도가 국교로 정해져 일본을 제정일치 국가로 한다는 방침이 분명해졌다.

그러나 폐불훼석으로 인한 민심의 혼란과 지방정부의 기능을 담당하고 있는 번藩이 여전히 유교나 불교의 이념을 중시하고 있으며, 신기관 내부의 노선 대립과 기독교 탄압을 중지하라는 서구의 요구 등으로 대교선포운동은 계획대로 진행되지 못했고, 신기관 중심의 신도 국교화 움직임은 수정되어야 하는 상황에 놓였다. 이 과정에서 신기성神祇省이 폐지되고 교부성敎部省이 설치되면서 신·유·불神儒佛 합동의 포교 체제가 하나의 대안으로 등장하게 되었다.

2. 교부성의 설치: 조슈와 사쓰마 출신 관료의 갈등

1871년 8월 메이지 정부는 그때까지의 번을 폐지하고 지방 통치를 중앙 관할의 부府와 현縣으로 일원화하는 행정개혁으로 폐번치현廢藩置縣을 단행한다. 이는 그동안 조정朝廷과 공가公家를 중심으로 전개되었던 제정일치 체제에 변화를 예고하는 것이었다. 근대적 국가 건설을 위한 다양한 개혁이 모색되는 가운데 관제개혁과 함께 천황 중심의 정부에서 각 행정부처로 권한을 배분하는 체제로의 변화도 이루어졌다. 그 일환으로 1871년 9월 문부성文部省이 설치되었고 태정관과 동격의 위치에 있던 신기관이 신기성으로 격하되었으며, 이어 1872년 4월 교부성이 설치되었다. 당시 정부 내에서 문부성의 위상은 그리 높지 않았다. '다른 나라와 맞설 수 있는 인민의 문명화를 위한 업무'는 신기성과 이후 설치되는 교부성이 담당하고 있었기 때문이었다.

교부성 설치는 신도 중심의 교화 체제 구축을 통해 지배의 정당성을 강화하려 했던 정부의 의도가 성공적으로 추진되지 못한 결과였으며, 신불분리령과 폐불훼석으로 타격을 받은 불교 세력의 부흥이라는 의도가 관철된 결과이기도 했다. 그동안 신기성이 담당하던 제사 업무는 궁내성宮內省의 식부료式部寮가 담당하게 되었고, 선교 업무는 국학과 신도 중심의 교화 체제를 고쳐 불교 세력과 연합하는 방식으로 추진되었다. 즉 신·유·불 합동의 포교 체제 구축은 교부성이 담당해야 할 주요 업무 가운데 하나가 되었다.

그러나 신·유·불 합동의 포교 체제는 명목상의 의미만을 가질 뿐, 실제로는 신도 중심의 포교 체제가 그대로 유지되고 있었다는 점에 유의할 필요가 있다. 이는 교부성 설치를 전후해 성립된 루스정부留守政府 체제의 성격과 관련되어 있었다. 애초에 교부성의 설치는 불교 세력, 특히 정토진종淨土眞宗의 시마지 모쿠라이島地默雷, 1838~1911, 기도 다카요시木戶孝允, 1833~1877, 후쿠바 비세이福羽美靜, 1831~1907 등과 함께 에토 신페이江藤新平, 1834~1874가 건의한 것이었다. 그런데 1871년 말 기도 다카요시와 시마지 모쿠라이가 메이지 정부의 요직에 있던 이와쿠라 도모미, 오쿠보 도시미치大久保利通, 1830~1878와 함께 이와쿠라 사절단岩倉使節團의 일행이 되어 서구 시찰에 참여하게 되었다. 이에 공석이 된 정부를 대신해 태정대신太政大臣 산조 사네토미三條實美, 1837~1891를 필두로 사이고 다카모리西郷隆盛, 1828~1877, 이노우에 가오루井上馨, 1836~1915, 오쿠마 시게노부大隈重信, 1838~1922, 이타가키 다이스케板垣退助, 1837~1919, 에토 신페이, 오키 다카토大木喬任, 1832~1899 등을 중심으로 하는 루스정부 체제1871. 12. 23~1873. 9. 13가 성립된 것이다.

루스정부는 학제·징병령 공포, 지조 개정, 태양력 채용, 사법제도 정

산조 사네토미　　　　사이고 다카모리

이노우에 가오루　　　오쿠마 시게노부　　　이타가키 다이스케

비, 기독교 탄압 중지 등 근대적 개혁을 단행했지만 임시적 대행 정부였다는 점에서 정책 결정에 힘을 발휘할 수 없었고, 루스정부의 인사 문제와 사이고 다카모리의 정한론 등으로 이와쿠라 사절단에 참가했던 정부 인사들과의 관계는 좋지 않았다.[4] 당시 루스정부에서 실권을 쥐고 있던 사이고 다카모리는 자신이 지지하는 사쓰마번 출신을 관료로 삼아 종교행정에 관여토록 했는데, 이들이 1871년 12월에 제출한 '교부성 설치 건의'에는 신도의 색채가 짙게 배어 있었다. 이는 결국 1872년 4월 신도 중심의 교부성이 발족되는 결과를 가져왔다.[5] 이러한 경향은 다음 해 사쓰마 출신의 이지치 마사하루伊地知正治, 1828~1886가 같은 지역 출신의 다카사키 고로쿠高崎五六, 1836~1896와 함께 교부성의 행정을 지도하게 되면서 더욱 강화되는 경향을 보였다.

교부성에서는 신도 국교화 정책을 더욱 공고히 하기 위해 경신애국敬神愛國, 천리인도天理人道, 황상봉재皇上奉宰・조지존수朝旨尊守를 기본 강령으로 하는 삼조교칙三條敎則을 제정했고, 이를 보급하기 위해 교도직敎導職을 설치했다. 교도직은 메이지 초기 교부성 관할의 선교활동을 담당하는 교관으로 주로 신관이나 승려 중에서 임명되었다. 당시 10만 이상의 신관과 승려가 무급의 교도직에 임명되었고 이들에게는 천황제 국가에 '마땅히 있어야 할' 인륜도덕을 민중에게 설교하는 임무가 주어졌다. 강의 내용으로는 국가・천황에 대한 공순恭順이나 경신사상 이외에 가족윤리, 문명개화, 국제화, 권리와 의무, 부국강병 등이 다루어졌다. 메이지 정부는 이러한 내용을 교도직 임용시험에 포함시켰고, 이를 통해 교도의 임무를 맡은 자의 지식 계발과 더불어 이들에 대한 사상 통제를 가능하도록 했다.

---

4. '公文書にみる岩倉使節團', https://www.jacar.go.jp/iwakura/ 2016년 11월 17일 인출.
5. 小川原正道, 「敎部省民衆敎化政策に關する一考察-'明治五・六年'東京を中心に-」, 『法學政治學論究』 第44號, 2000, 420쪽.

모두 한목소리海內靡然로 설교를 하는데, 어떤 산촌해향山村海鄕에도 그 모임이 없는 곳이 없고, 설교용 서적은 날로 속출하고, 각종 신문 잡지 기사의 대부분도 설교 흥행의 보고報告와 교의상 논설로 뒤덮일 정도로 삼조三條의 취의趣意라는 말은 당시 사람들의 입 끝에서 떠나지 않고……[6]

이처럼 교부성은 교도직의 활동을 통해 신도 중심의 설교활동을 강화시켜 나갔고 민심 통합을 위한 이데올로기 구축은 각지에서 성행하고 있는 듯이 보였다. 그러나 교부성의 의도와 달리 교도직의 설교 능력에 관한 문제가 제기되었고 종교에 관한 민중들 사이의 의식 차도 나타나, 신도와 불교가 대립·마찰하는 사례가 빈번히 발생했다.

이는 민심 통합 이데올로기로 작용했던 종교행정의 한계를 드러내는 것이었고, 교육을 통한 민심 통합의 필요성이 강조되는 결과를 가져왔다.

이상에서와 같이 국가의 통합을 위해 신정부가 취한 초기의 조치는 막부와 단절을 꾀하면서 서구 세력에 대항할 수 있는 방법을 모색하는 것이었다. 이를 위해 불교와 기독교를 외래 종교로 규정하면서 신도 중심의 포교 체제를 구축하려 했으나, 그 결과는 오히려 신도와 불교의 대립·갈등만을 고조시킬 뿐이었다. 이에 신정부는 신·유·불 합동의 포교 체제 구축을 표방하면서 교부성 설립을 추진했지만, 당시 루스정부의 실권을 장악하고 있던 사쓰마와 조슈 출신 관료들의 의견 대립으로 신·유·불 합동의 포교 체제 구축은 실패로 돌아갔고 신도 중심의 이데올로기가 강화되어 가는 방향으로 전개되었다.

---

6. 石井硏堂, 『明治事物起原(三)』, 筑摩書房, 1997, 367쪽.

Ⅲ. 문부성과 교부성의 갈등

1871년 폐번치현廢藩置縣이 단행되고 중앙정부의 행정기구가 재편됨에 따라 교육행정을 관장하는 문부성이 1871년 9월(음력 7월)에 설치되었다. 이에 따라 전국의 모든 학교는 문부성 관리 아래 들어가게 되었다. 처음에 에토 신페이가 문부대보文部大輔로 임명되었으나 얼마 지나지 않아 문부경文部卿으로 오키 다카토가 임명되었다.

1872년 9월(메이지 5년 8월)에 발포된 '학제'는 일본 최초의 근대적 학교제도에 관한 교육법령으로 태정관포고 제214호의 학제서문學事獎勵ニ關スル被仰出書과 문부성포달 제13호의 학교 설치와 운영에 관한 조문으로 구성되었다. 태정관포고에는 메이지 정부의 교육 방침이 제시되어 있었다. 즉, 전국에 새로이 학교를 설립하는 취지와 학교에서 배우는 학문의 의의를 설명하는 내용과 더불어 신분·성별에 구애됨이 없이 모든 국민이 교육을 받아야 한다는 국민개학國民皆學의 원칙과 자제를 교육시켜야 할 부모의 취학의무, 그리고 교육비를 수혜자가 부담해야 한다는 원칙 등이 함께 포함되어 있었다.

이처럼 메이지 정부는 전국에 학교를 설치함으로써 '인민의 문명화'를 꾀할 수 있다는 의지를 분명히 했지만, 전국을 대·중·소의 학구로 나누고 이를 기반으로 대·중·소의 학교를 설치하겠다는 문부성의 계획은 교부성이 주도하는 교도직 설교활동이나 '윤상倫常의 이치를 밝히고 수신의 도를 가르치는' 교부성의 목표와는 다른 구조를 가진 것이었다.

> 교원教院에서는 삼조의 교三條敎則를 말하며 '일본인은 모두 신의 자손神胤神民이며 경신애국敬神愛國의 마음으로 해악海岳의 높고 깊은 황은皇恩에 보답해야 한다'고 말하고, 다른 한편에서는 '소학에서 일본인은 아시아 인종 가운데 어떤 인종인가를 선생이 물으면 학생이 큰 소리로 몽고종이라고 한다.'[7]

이처럼 일본을 세계 여러 나라 가운데 하나로 보는 근대교육의 방침과 일본을 다른 나라에 비길 수 없는 신국神國으로 보는 종교적 민심 교화는 서로 다른 쪽을 향하며 양립하고 있었다. 다시 말해 '학제'의 발포는 이원적인 민심 통합 기구의 성립을 표면화하는 것이었으며, 이들의 상반된 지향이 하나로 통합되어 가야 한다는 필연적 움직임을 예고하는 것이기도 했다.

이러한 움직임은 교부성 내에서 먼저 나타났다. 즉 신·유·불 합동 포교를 의도하며 성립된 교부성 체제가 신도 중심의 노선을 유지하는 것에 대해 불교 세력의 반발이 표면화되었던 것이다. 이 과정에서 루스정부 내의 교부성 비판파였던 산조 사네토미, 오쿠마 시게노부, 문부경 오키 다카토 등이 제안한 것이 문부성과의 합병이었다.

> 교부敎部의 이름을 폐지하고 문부文部라는 하나의 성省으로 통합해 교육 사업을 진흥하고 사사종교寺社宗敎의 근본을 세울 것.[8]

---

7. 『信飛新聞』第159號, 1876年 7月 22日.

신관·승려가 아니면 개화를 행하지 못하고 왕정이 관철되지 않는다고 하지만, 실제는 개탄에 이르니. 도리어 개화를 막고 왕정을 방해하는 자 있으니…… 이후 승려에 드는 공사公私의 비용과 공사의 수고와 시간을 국가가 사용하는 도로를 만들고 학교를 세워 직업을 가르치는 데 활용한다면 어찌 뛰어난 업적을 이루지 못하겠는가.[9]

1872년 6월 부내府內에 '수십 개소의 소학교를 설치'했으므로 '별도로 승려 등의 손을 빌릴 필요가 없다.'[10]

여기서 제시된 것은 신관이나 승려의 설교가 개화정책에 도움이 되지 않으므로 이들에게 쓰는 돈을 낭비하지 말고 국가에 필요한 도로나 학교를 짓는 것이 국가 부흥에 도움이 된다는 것이었다. 도로와 학교를 개화의 상징으로, 신관과 승려를 비개화의 상징으로 설명한 것은 당시 교부성을 중심으로 전개된 민심 통합 정책에 대한 일반인의 인식을 대변하는 것이었다.[11]

하지만 교부성을 적극 지지하고 있던 사이고 다카모리와 사쓰마 출신의 미시마 미치쓰네三島通庸, 1935~1888가 정치적 힘을 발휘함으로써 교부성은 폐지되지 않고 남을 수 있었다. 오히려 교부대보教部大輔 시시도 다마키宍戸璣, 1829~1901와 교부소보教部少輔 구로다 기요쓰나黑田淸綱, 1830~1917가 문부대보文部大輔와 소보少輔를 겸임하는 조치를 취함으로써 교부성이 문부행정에 관여할 수 있는 여지를 마련하는 결과를 가져왔다.

---

8. 勝田政治, 『內務省と明治國家形成』, 吉川弘文館, 2002, 55쪽.
9. 內田修道·牧原憲夫 編, 『明治建白書集成』 第二卷, 筑摩書房, 1990, 25~27쪽.
10. 京都府, 『京都府百年の年表 5』, 京都府立總合資料館, 1972, 84쪽.
11. 谷川穣, 「敎部省敎化政策の轉回と挫折-'敎育と宗敎の分離'を中心として-」, 『史林』 第83券 第6號, 2000, 46쪽.

그렇다고 교부성 비판에 대한 개선의 움직임이 사라진 것은 아니었다. 1872년 11월 25일 교부대승敎部大丞에 취임한 미시마 미치쓰네는 이전에 전개된 교부성 비판을 불식시키고자 교부성의 포교 체제를 정비하고 진흥하려 노력했다. 예를 들면, 설교 기술이 뛰어나고 청중 동원력이 있는 인재를 교도직에 추천했고 삼조교칙三條敎則에 따라 설교의 내용을 통일했으며, 이를 민중에게 어떻게 전달할 것인가 등의 방법을 모색했다.

미야기 현청宮城縣廳은 1873년 8월 30일 중교원에 대해 징병령이나 지조 개정법 등 6개의 중요 법령에 관련한 '포고, 포달, 서류'를 인민에게 이해하기 쉽게 설교해 줄 것을 요구……[12]

이러한 변화는 지역 현장의 요청에 대응한 것으로, 1873년 국민에게 존황애국사상尊皇愛國思想을 교화하기 위해 설치된 대교원大敎院은 황국국체皇國國體, 도불가변道不可變, 제가수시制可隨時, 황정일신皇政一新, 인이금수人異禽獸, 불가불학不可不學, 불가불교不可不敎, 만국교제萬國交際, 만법민법國法民法, 율법연혁律法沿革, 조세부역租稅賦役, 부국강병富國强兵, 산물제물産物製物, 문명개화文明開化, 정체각종政體各種, 역심역형役心役形, 권리의무權利義務라는 17가지 제목의 십칠겸제十七兼題를 만들어 공표했다. 여기에는 신덕황은神德皇恩, 인혼불사人魂不死, 천신조화天神造化, 현유분계顯幽分界, 애국愛國, 신제神祭, 진혼鎭魂, 군신君臣, 부자父子, 부부夫婦, 대불大祓 등 신도적 가치와 지식이 주된 내용이었던 십일겸제十一兼題와 달리, 개화 정책을 이해시키기 위해 필요한 지식이 많이 포함되어

---

12. 『敎育新聞』第35號, 1873年 11月.
13. 谷川穣, 앞의 논문, 2000, 59쪽.

있었다.[13] 이처럼 십칠겸제의 제정을 통해 설교 내용을 바꾸어 보려는 교부성의 시도는 교부성 스스로의 한계를 극복하기 위한 노력의 결과였다. 또한 교부성은 '학제'에 준하는 학교를 사찰이나 신사 내에 설치할 수 있도록 신관·승려학교 규정을 마련했고 신관이나 승려도 교원 면허를 받을 수 있도록 했다.

> 교화는 시급을 요하는 것으로 각 지방에서 전개되고 있는 것은 물론이라. 더불어 신관이나 승려도 뜻이 있는 자는 그 사찰이나 신사 내에 중소의 학교를 여는 것은 어렵지 않은 일이라, 그 뜻을 전한다. …… 단 중고 학교를 여는 자는 학제에 준한다.[14]

> 신관·승려도 대중소학과大中小學科 면장免狀을 얻을 수 있다. 그 신사·사원에서 학교를 열어, 일반 생도를 교육할 때는 학제에 준하고 교칙에 따라 교과의 순서를 밟는 것은 말할 필요도 없다. 그 교지敎旨로 강설講說할 때는 1주에 2시간을 넘을 수 없다.[15]

이러한 조치의 배경에는 '문부성의 학교교육이 서양학의 지식 교수 일변도'로 되어 가는 것에 대해 미시마 미치쓰네를 비롯한 교부성 관료들의 불만이 있었고, 신도를 통한 교화 대상을 아이들에게까지 확대해야 한다는 교부성 관료들의 생각이 있었다. 즉 이들은 학교의 교원이나 교도직의 신관·승려는 모두 '가르치는 자'이며 학교 학생이나 설교의 청중은 모두 '가르침을 받는 자'라는 인식 아래, 서양학 중심의 학교교육 내용에 삼조교칙에 근거한 설교 내용을 포함시키는 것은

---

14. 「文部省布達」第27號, 1873年 3月 13日.
15. 「文部省布達」第30號, 1873年 3月 18日.
16. 谷川穰, 앞의 논문, 2000, 50~51쪽.

문제가 되지 않는다[16]는 인식을 가지고 있었다. 하지만 이것은 교부성 관료들에게만 국한된 것이었고 문부성 관료들이 받아들일 수 있는 성격은 아니었다. 즉, 신관·승려학교 규정은 메이지 초기의 학교 건설과 이에 따라 급증하는 교원의 수요를 충당하기 위한 방편으로 의미가 있었을지언정, 신관·승려의 구태의연한 교수 방법과 질 낮은 지적 수준으로는 '학교=개화', '신관·승려=비개화'라는 도식을 불식시킬 수 없었다.

> 신관·승려는 종전의 습자가習字家이므로 교원으로 충당했지만 모두 구습을 따르고 보통의 학제에 따르지 않으며 구태의연한 교수 방법과 낮은 지적 수준을 허용할 뿐만 아니라 교도직 활동하에서는 교사 활동과 성직자 활동의 미분화가 온존하는 양상……[17]

신관·승려학교 규정을 통해 황도선포의 교화 활동을 학교교육에 침투시키려 했던 교부성의 의도는 이와쿠라 사절단 일행이 귀국함에 따라 서구의 근대적 학교교육을 표방한 문부성 중심의 교육행정 관료들이 민심 통합의 주도권을 갖게 됨으로써 실패로 돌아간다.

---

17. 山口和孝, 「訓導と敎導職」, 『敎育研究』 24, 國際基督敎大學, 1982, 116쪽.

Ⅳ. 종교적 교화에서 근대적 교육으로

국가종교로서의 신도적 요소를 학교교육의 내용에 포함시키려 했던 교부성의 시도는 1873년 8월 28일 '교도직의 학교교원겸직 금지'와 9월 15일 '학제에서 신관·승려학교 규정의 전면삭제'가 결정됨으로써 실패로 돌아갔다. 이와 더불어 문무대·소보를 겸직하고 있던 교부대·소보 시시도 다마키와 구로다 기요쓰나가 9월 27일에 면직되었고, 10월에는 정한론정변征韓論政變의 주역이었던 사이고 다카모리가 하야함으로써, 이후 민심 통합을 위한 이데올로기 구축은 이와쿠라 사절단에 참여했던 다나카 후지마로田中不二麿, 1845~1909를 중심으로 하는 문부성의 교육행정에 맡겨지게 되었다. 다나카 후지마로는 메이지 유신 직후부터 학교행정에 종사하고 있었고 1871년 11월 이와쿠라 사절단의 일행이 되어 서구의 교육제도를 시찰하는 데 중심적 역할을 수행한 인물이었다.

이와쿠라 사절단은 1871년 12월 23일부터 1873년 9월 13일까지 이와쿠라 도모미를 중심으로 일본의 요코하마 항을 떠나 미국·유럽 등에 파견되었던 사절단을 말한다. 이들의 목적은 통상조약을 체결한 각국을 방문해 국서를 제출하고 에도 시대 후기에 체결한 불평등조약 개정을 위한 예비 교섭을 하며, 서양 문명의 실태를 조사하는 것이었다. 사절단은 특명전권대사 이와쿠라 도모미를 비롯해 부사副使, 서기관 등의 수행원과 이사관을 포함해 46명으로 구성되었다. 그 명단은 〈표 1-1〉과 같다.

〈표 1-1〉이와쿠라 사절단 명단(46명)*

사절단 직명		이름	출발 시 관직	출신 연령
특명전권대사		이와쿠라 도모미(岩倉具視)	右大臣	公家 47
부사		기도 다카요시(木戸孝允)	參議	長州 39
		오쿠보 도시미치(大久保利通)	大藏卿	薩摩 42
		이토 히로부미(伊藤博文)	工部大輔	長州 31
		야마구치 나오요시(山口尙芳)	外務少輔	肥前 33
서기관	1등	다나베 다이치(田邊泰一, 太一)	外務少丞	幕臣 41
		가 노리유키(何禮之)		幕臣 32
		후쿠치 겐이치로(福地源一郎)		幕臣 31
	2등	와타나베 히로모토(渡邊洪基)	外務少記	福井 24
		고마츠 세이지(小松齊治)	外務七等出仕	和歌山 25
		하야시 다다스사부로(林薰三郎, 林薰)	外務七等出仕	幕臣 22
		나가노 게지로(長野桂次郎)		幕臣 29
	3등	가와지 간도(川路寬堂)		幕臣 28
	4등	안도 다로(安藤太郎)	外務大錄	幕臣 25
		이케다 마사요시(池田政懋)		肥前 24
대사 수행		나카야마 노부요시(中山信彬)	兵庫縣權知事	肥前 30
		이쓰쓰지 야스나카(五辻安仲)	式部助	公家 27
		노무라 야스시(野村靖)	外務大記	長州 30
		우쓰미 다다카쓰(內海忠勝)	神奈川縣大參事	長州 29
		구메 구니타케(久米邦武)	權少外史	肥前 33
이사관		다나카 미쓰아키(田中光顯)	戸籍頭	土佐 29
수행		야스바 야스카즈(安場保和)	租稅權頭	熊本 37
		와카야마 노리카즈(若山儀一)	租稅權助	東京 32
		아베 센(阿部潛)		幕臣 33
		오키 모리카타(沖守固, 探三)		鳥取 32
		도미타 노부야스(富田命保)	租稅權大屬	
		스기야마 가즈나리(杉山一成)	檢査大屬	幕臣 29
		요시오 나가마사(吉雄永昌, 辰太郎)		
이사관		히가시쿠제 미치토미(東久世通禧)	侍從長	公家 39
수행		무라타 신파치 (村田新八, 經滿)	宮內大丞	薩摩 36
이사관		야마다 아키요시(山田顯義)	陸軍少將	長州 28
수행		하라다 이치도(原田一道)	兵學大敎授	幕臣 42
이사관		다나카 후지마로(田中不二磨)	文部大丞	尾張 27
수행		나가요 센사이(長興專齋, 乘纖)	文部中敎授	肥前 34
		나카지마 나가모토(中島永元)	文部省七等出仕	肥前 28
		근도 아二工(近藤鎭二, 昌嗣)	文部省中助敎枚	幕臣
		이마무라 와로(今村和郎)	文部省中助敎授	土佐 26
		우치무라 료조(內村良藏, 公平)	文部省九等出仕	山形

이사관	히다 다메요시(肥田爲良, 浜五郎)	造船頭	幕臣 42
수행	오시마 다카토(大島高任)	鑛山助	巖手 46
	우류 신(瓜生震)	鐵道中屬	福井 19
이사관	사사키 다카유키(佐々木高行)	司法大輔	土佐 42
수행	오카우치 시게토시(岡內重俊)	權中判事	土佐 30
	나카노 겐메이(中野健明)	權中判事	肥前 23
	히라가 요시타다(平賀義質)	權中判事	福岡 46
	나가노 후미아키(長野文炳)	權中判事	大阪 18

출처: '米歐亞回覽の會', http://www.iwakura-mission.gr.jp/ 2016년 12월 1일 인출.
*여기에 미국에서 합류한 1등서기관 鹽田篤信은 미포함.

여기에 수행자 18명과 여성 5명이 포함된 유학생 43명도 있어 출발 시에는 총 107명이 되었다. 10개월 반을 예상하고 떠났지만 출발항이 었던 요코하마로 돌아온 것은 1년 10개월이 경과한 후였다. 전체 일정 은 1871년 12월 요코하마 출발→캘리포니아 주 샌프란시스코 상륙 →대륙 횡단 워싱턴DC 방문(8개월간 미국 체류)→영국(4개월)→프랑 스(2개월)→벨기에, 네덜란드, 독일(3주간)→러시아(2주간)→덴마크 →스웨덴→이탈리아→오스트리아(빈 만국박람회 시찰)→스위스→ 지중해에서 수에즈 운하를 통과해 홍해→유럽의 식민지(세이론, 싱가 포르, 사이공, 홍콩, 상하이 등)를 방문했다.[18]

(왼쪽) 이와쿠라 사절단의 중심인물: 왼쪽부터 기도 다카요시, 야마구치 나오요시, 이 와쿠라 도모미, 이토 히로부미, 오쿠보 도시미치.
(오른쪽)여성 유학생: 왼쪽부터 나가이 시게(10), 우에다 데이(16), 요시마스 료(16), 쓰 다 우메(9), 야마카와 스테마쓰(12). ( )의 숫자는 연령.

18. '公文書にみる岩倉使節團', https://www.jacar.go.jp/iwakura/ 2016년 11월 17일 인출.

미국과 영국 등의 공교육제도를 시찰한 다나카 후지마로의 눈에 비친 것은 교육의 종교적 중립성이 강조됨에도 불구하고 학교 교원이나 교육 내용에 여전히 기독교적 색채가 그대로 남아 있다는 점이었다. 이에 다나카 후지마로는 기독교적 요소가 짙게 배어 있는 교육제도를 그대로 일본에 도입하는 것에 대해 커다란 위기감을 느꼈다.

유학생들이 배우는 것은 이과나 화학 등의 학문이 아니라 종교, 즉 기독교의 교의로…… 영국 정부가 분배하는 학교보조금이 불공정한 이유는 '교육의 권한이 정부에 있지 않고 승려들에게 있기 때문'이며, '교과에서 교법에만 치중하고 실용적 급무를 가르'치지 않는…….[19]

이것은 당시 서구의 근대교육을 시찰한 문부성 중심의 교육행정 관료들이 가졌던 공통된 인식이었으며 학교교육의 내용에서 기독교로 대변되는 종교적 요소를 배제하는 정책을 수립하게 만드는 배경이 되었다.

외국 교사를 전문학교에 고용할 경우, 그 교육 내용을 법학, 의학, 천문학, 수학, 물리학, 화학, 공학에 한정하고, 신교, 수신 등의 학과에 관해서는 할 수 없도록…….[20]

교지教旨를 강의하고 설교할 때는 학교 시간 이외로 해야 할 것.[21]

다나카 후지마로가 4월 29일 발포한 학제이편추가學制二編追加는 기

---

19. 谷川穰, 앞의 논문, 2000, 56쪽.
20. 「文部省布達」第37號, 1873年 4月 29日.
21. 「文部省布達」第71號, 1873年 5月 14日.

독교 선교사가 학교를 세우고 교사로 활동하는 것에 대한 위기의식에서 비롯된 것이었다. 그렇다고 학교교육 내용에서 기독교만을 적시해 배제할 수는 없었다. 기독교 배제는 선교 본국과의 갈등을 야기할 수 있었고 외교 문제로까지 번질 가능성이 있었기 때문이었다. 따라서 기독교와의 갈등을 최소화하면서 기독교 교의를 학교교육에서 배제하기 위한 조치가 필요했다. 이에 '학교교육 내용에서 종교적 성향을 배제한다'는 포괄적 방침이 정해졌고 기독교 배제 방침을 학교교육에서 관철할 수 있는 기반이 마련되었다. 즉 교육과 종교의 분리가 학교교육의 원칙 또는 이념으로 정해진 것이다.

이 과정에는 종교행정과 교육행정, 즉 이와쿠라 사절단에 참여한 관료들과 교부성 및 루스정부에 관여했던 관료들 간의 정치적 갈등과 대립이 존재했다. '교육과 종교의 분리' 방침은 표면적으로 학교교육에서 기독교 교의의 배제라는 의도가 있지만, 그 이면에는 국가종교로서의 위상을 확립하려 했던 신도를 배제하려는 의미도 내포되어 있다. '학교교육의 내용에서 종교적 성향의 배제' 방침 이후 신관이나 승려는 더 이상 학교교육에 관여할 수 없게 되었고, 이로 인해 민심 통합은 종교적 교화보다는 근대적 교육에 맡겨지게 되었다. 즉, 메이지 유신 이후에 전개된 민심 통합의 이데올로기 구축은 신도 국교화를 통한 종교행정에서 문부성 중심의 교육행정으로 그 주도권이 이양되는 양상을 보였으며, 학교는 근대적 국민교육기관으로서의 입지를 확보할 수 있게 되었다.

이상에서 본 바와 같이 메이지 초기 통일적 차원의 민심 통합 정책은 신도를 중심으로 하는 신불분리의 교화정책에서 신·유·불 합동의 포교 체제 구축으로, 다시 학교 중심의 교육으로 방향을 선회했다. 이 과정에서 메이지 유신이라는 격동기의 사회·정치적 사건과 이를 주도했던 지배집단 간의 대립과 갈등이 중요한 요소로 작용했으며, 메이지 시기를 통해 진행되었던 천황제 국가주의 교육 시스템을 규정짓는 논리가 형성되어 갔다. 참고로 메이지 초기에 전개되었던 주요 사건을 보면 〈표 1-2〉과 같다.

〈표 1-2〉 메이지 초기 관제 변천과 주요 사건

	1868년	1869년	1870년	1871년	1872년	1873년
관제	삼직제(三職制)(1868. 1. 3~1868. 6. 11)	태정관제(太政官制)				
		정체서(政體書)(1868. 6. 11. ~1869. 8. 15)	2관6성(二官六省)(1869. 8. 15~1871. 9. 13)		삼원제(三院制)(1871. 9. 13~1875. 4. 14.)	
					루스정부(1871. 12. 23~1873. 9. 13.)	
1월	왕정복고					
2월	신기관 설치		대교선포			
3월						
4월	신불분리령 오개조어서문				교부성 설치 삼조교칙 제정 교도직 설치	
5월						직제개정 大久保利通 귀국
6월						
7월		선교사 설치 판적봉환				木戸孝允 귀국
8월				폐번치현 西鄕隆盛 참의 취임		西鄕隆盛 정한론
9월				문부성 설치 신기관을 신기성으로	대교원 설치 학제 반포	岩倉具視 귀국
10월	메이지로 개원					西鄕隆盛 사임 십칠겸제 제정
11월					교부성·문부성 합병	내무성 설치
12월				이와쿠라 사절단 출발	태양력 채용 징병령 조서	

제2장
도덕교육 논쟁:
1870~1880년대

일본 근대교육의 전개 과정에서 1870~1880년대는 서구적 근대와 일본적 근대가 경쟁하고 대립하는 시기였다. 메이지 유신을 통해 서구의 근대적 문물이나 제도를 모방해 각종 근대적 제도를 만들기 위해 노력했던 시기가 1870년대라면, 1880년대는 이에 반발하는 사상이나 집단이 일본적인 것의 의미나 중요성을 강조하며 천황을 정점으로 하는 천황제 국가주의의 틀을 만들어 가는 시기였다. 1870년대 역사의 수면 아래 잠재해 있던 일본 중시의 사상이나 움직임이 수면 위로 드러날 수 있게 한 계기는 무엇일까? 천황제 국가주의는 어떤 과정을 통해 시민권을 획득해 가는가?

제2장에서는 1872년에 발포된 '학제'를 폐지하고 1879년에 교육령이 발포되기까지의 사회·정치적 배경과 이토 히로부미伊藤博文, 1841~1909와 모토다 나가자네元田永孚, 1818~1891를 중심으로 전개되었던 교육의敎育議 논쟁의 전모를 밝히고자 했다. 더불어 1880년대 지식인들 사이에서 '도덕교육의 표준을 무엇으로 삼아야 하는가'에 대해 백가쟁명식으로 전개되었던 소위 '덕육 논쟁'에 관해 살펴보았다. 이는 1890년에 발포된 교육칙어의 제정 배경을 탐색하는 작업이며, 일본적 근대가 어떻게 형성되어 가는가를 밝히는 작업이기도 하다.

I. 서구화 풍조의 유행과 1879년 교육령

1870년대 일본 사회의 분위기는 서구화 풍조에 휩쓸려 있었다. 물론 근대화된 도시에 한정된 것이기는 했지만, 도시의 풍경이나 생활 방식의 서구화는 문명화를 상징했으며 미개한 일본에서 벗어나는 길이 되었다. 이러한 분위기는 정부의 제도 및 정책에 의해 뒷받침된 측면이 컸다. 1868년 왕정복고 선언으로 시작된 메이지 유신은 일본의 부국강병과 식산흥업을 목표로 관민官民 모두가 서구식 근대화에 박차를 가하도록 했다.

중앙과 지방의 행정제도를 개혁하고 지조 개정을 단행했으며, 징병령과 태양력을 시행했다. 철도와 전신과 우편 등의 교통과 통신 제도가 새로이 만들어졌고 가스등과 빨간 벽돌로 지은 서양식 건물이 근대의 상징으로 도시를 장식했다. 이러한 모습들은 정부의 주도로 장려되었던 짧은 머리에 우유와 육류를 먹고 양복을 입는 습관과 함께 문명개화의 상징이 되었다.[1]

---

1. 유모토 고이치, 『일본 근대의 풍경』, 그린비, 2004, 507쪽: 이명실, 「메이지 전기 일본의 국가주의 교육사상에 관한 고찰」, 『한국 교육사학』 35(1), 2013, 143쪽.

이러한 개화 열풍은 교육을 통해 더욱 장려되었다. 1872년의 근대적 교육제도인 '학제'가 발포되었고, 교육을 통한 입신출세가 장려되었으며, "금후 일반 인민(화사족농공상 및 부녀자)은 반드시 읍邑에 불학不學의 집 없고 집안에 불학의 사람 없도록" 해야 한다는 규정[2]에 따라 신분이나 남녀의 구별 없이 국민 모두가 교육을 받아야 한다는 것이 선전되었다. 더불어 일본이 지향해야 할 서구식 근대교육제도의 모습을 시찰하기 위해 정부 관료와 지식인들은 유럽이나 미국을 향해 유학을 떠났으며, 그들이 경험했던 서구의 근대식 제도는 일본의 교육 정책을 수립하는 모범이 되었다.

이처럼 메이지 정부가 추진한 위로부터의 근대화 정책은 서구 열강의 대열에 합류하기 위해서였지만, 다른 한편으로 아래로부터의 다양한 요구를 증대시키는 효과도 발휘했다. 단적인 예로 "1873년 당시 도쿄 시내에 크고 작은 영어교습소가 1,123개소나 있었고, 학생도 55,430명이었다"[3]는 기록은 당시 문명개화와 입신출세에 대한 요구가 어느 정도였는지를 추측케 한다.[4]

이러한 사회적 분위기와 더불어 1870년대 중반부터 1880년대 중반에 걸쳐 전국적으로 전개된 자유민권운동이라 불리는 일련의 정치·사회운동도 일본인에게 근대적 의식을 불어넣는 데 기여하였다. 자유민권운동은 1874년 민선 의원을 설립하라는 건백서가 제출되면서 시작되었는데, 그 배경에는 당시 루스정부의 핵심이었던 사이고 다카모리, 이타가키 다이스케, 에토 신페이 등이 주장했던 정한론征韓論과 서구 시찰을 마치고 돌아온 이와쿠라 도모미 등이 주장했던 신중론愼重論

---

2. '學事獎勵二關スル被仰出書', 1872, http://www.geocities.jp/sybrma/61gakujisyourei.html 2016년 3월 12일 인출.
3. 五十嵐顯 編, 『岩波教育小辭典』, 岩波書店, 1982, 108쪽.
4. 이명실, 「메이지 초기 일본의 미션스쿨」, 『교육사학연구』 19(1), 2009, 38쪽.

민선의원 설립 건백서

사이의 정치적 대립이 있었다. 무력으로 조선을 개국시켜야 한다는 입장과 국제 관계를 고려해 신중해야 한다는 입장이 맞섰는데, 전자의 정한론이 패함으로써 정계에서 물러나게 된 이타가키 다이스케, 사이고 다카모리, 에토 신페이 등은 애국공당愛國公黨을 결성하고 민선民選으로 구성된 의회를 개설해야 한다는 요구의 건백서建白書를 제출했던 것이다. 이후 자유민권운동은 헌법 제정, 의회 개설, 지조 경감, 불평등조약 개정, 언론 집회의 자유 보장 등을 내걸며 1889년 대일본제국헌법 제정과 1890년 제국의회가 개설되기까지 계속되었다.[5]

메이지 정부의 관료들 사이의 정치적 갈등에서 시작된 자유민권운동은 그 주도 세력의 성격이나 결과와 관계없이 다양한 논의를 표면화시킬 수 있는 공간을 제공하는 데 기여했다. 이 과정에서 정치·사회 각층의 의견이 개진될 수 있는 기회가 마련되었고, 국민의 기본권 보장에 대한 의식은 아래로부터의 주체적 활동 필요성과 중요성을 자각시키는 계기가 되었다. 가령, 이 운동에서 나타난 높은 학습열은 농촌의 구석구석까지 영향을 미쳐 서구의 계몽서를 학습하는 학습운동·문화운동으로까지 발전했고, 이는 전국 각지에 다수의 학습 결사를 조직하는 기반이 되기도 했다.

이와 함께 당시 메이지 정부가 처해 있던 국제적 상황도 메이지 정

---

5. '公文書にみる岩倉使節團', http://www.jacar.go.jp/iwakura/ 2016년 3월 12일 인출; 이명실, 「메이지 초기 신도 국교화 정책의 추진과 좌절」, 『한국일본교육학연구』 17(1), 2012, 185쪽.

부가 서구의 제도나 문화를 배제하기 어렵게 만드는 배경이 되었다. 250여 년간 지속되었던 막부 체제를 와해시킨 결정적 계기는 1853년 통상조약 체결을 요구하며 내항했던 미국의 개항 압력이었다. 쇄국정책의 폐기와 통상조약 체결이 피하기 어려운 시대적 상황이라고 파악한 막부는 조정과 각 번의 협력을 구하고자 했으나, 이를 둘러싼 막부와 천황, 그리고 각 번들 간의 대립과 갈등은 결국 막부의 대정봉환으로 이어졌고 천황친정 체제를 표방한 세력을 중심으로 메이지 정부가 수립될 수 있었다.

메이지 정부의 관료들은 서구와 같은 국력을 갖추려면 인재양성을 통해 식산흥업이 우선시되어야 한다고 보았다. 이와 함께 서구 여러 나라와 체결한 불평등조약을 개정하기 위한 노력도 병행했다. 이를 위해 이와쿠라 사절단을 서구에 파견해 서구의 제도와 문물을 견학했고 루스정부는 학제·징병령의 공포, 지조 개정, 태양력 채용, 사법제도의 정비, 기독교 탄압의 중지 등을 통한 근대적 개혁을 추진했다. 특히 이와쿠라 사절단에 참가해 서구를 시찰하고 돌아온 지식인 및 정부의 관료들은 1870년대 중반 이후 정부의 요직에서 메이지 정부의 근대적 제도개혁을 담당하는 중심인물이 되었다. 이 가운데 1870년대 메이지 정부의 교육 정책을 주도한 인물로 다나카 후지마로에 주목할 필요가 있다.

다나카 후지마로는 이와쿠라 사절단의 문부이사관을 수행해 미국의 앰허스트 대학 Amherst College에 유학하면서 서구의 학교교육을 시찰했는데, 귀국 후에는 서구의 교육제도를 소개한 『이사공정理事功程』15권을 저술하는 등 교육에 큰 관심을 나타냈다. 1876년에는 필라델피아 만국박람회에 참가하면

다나카 후지마로

<표 2-1> 역대 문부경(文部卿)* 일람

문부경	재임 기간	비고
(결원)	1871. 9. 2~1871. 9. 12.	문부경 취임까지 문부대보 에토 신페이가 업무를 관리
大木喬任	1871. 9. 2~1873. 4. 19.	
(결원)	1873. 4. 19~1874. 1. 25.	삼등출사 다나카 후지마로가 업무를 관리
木戸孝允	1874. 1. 25~1874. 5. 13.	참의 겸 문부경
(결원)	1874. 5. 13~1874. 9. 4.	문부대보(명7.9.27.대보) 다나카 후지마로가 업무 관리
(결원)	1874. 9. 4~1877. 1. 10.	문부경, 문부대보 결원 중 문부대승 구키 류이치가 업무 관리
(결원)	1877. 1. 10~1878. 5. 23.	문부대보 다나카 후지마로가 업무 관리
西郷従道	1878. 5. 24~1878. 12. 24.	참의 겸 문부경
(결원)	1878. 12. 24~1879. 9. 9.	문부대보 다나카 후지마로가 업무 관리
寺島宗則	1879. 9. 10~1880. 2. 28.	참의 겸 문부경
河野敏鎌	1880. 2. 28~1881. 4. .7.	
福岡孝弟	1881. 4. 7~1883. 12. 12.	메이지 14년 11월 이후 참의 겸 문부경
大木喬任	1883. 12. 12~1885. 12. 22.	참의 겸 문부경

* 태정관제(太政官制)하의 문부성 장관으로 1885년 내각제 창설로 문무대신으로 명칭 변경.
출처: '文部大臣', http://ja.wikipedia.org 및 http://www.mext.go.jp에서 2016년 3월 24일 인출.

서 미국 각주의 교육행정 조사를 실시하기도 한 그는 〈표 2-1〉에서 보는 바와 같이 1873년 3월부터 1879년 9월까지 문부대보로서 문부경이 공석일 때는 교육 관련 행정의 책임을 맡는 등, 1870년대 교육행정의 최전선에서 활약한 인물이었다.

이러한 사실은 당시의 혼란한 정치적 상황에서 문교에 관한 업무에 다나카 후지마로의 영향력이 크게 반영될 수 있었음을 말해 준다. 실

---

6. 니시무라 시게키와 구키 류이치는 1877년 5월부터 7월까지 각각 제2 대학구와 제3 대학구를 순시하고, 그 결과를 '제2 대학구 순시보고'(西村茂樹)와 '제3 대학구 순시보고'(九鬼隆一)라는 제목으로 다나카 후지마로에게 제출했다. 이들이 공통적으로 제시한 것은 '학제'의 획일적 실시로 인한 폐해와 더불어 지역에 따라 교칙을 간소화하거나 수업연한을 줄이고 실생활에 필요한 내용을 교수해야 한다는 제안이었다(山住正己 編, 『日本近代思想史大系 6 教育の體系』, 岩波書店, 1990, 44~69쪽을 참고).

제로 1879년 '교육령'은 니시무라 시게키西村茂樹, 1828~1902나 구키 류이치九鬼隆一, 1852~1931 등이 행한 순시 보고서[6]와 당시 일본에 학감學監으로 초빙되었던 데이비드 머레이David Murray, 1830~1905가 작성한 '학감고안 일본교육법學監考案日本教育法'을 바탕으로 다나카 후지마로가 '교육령 포고안教育令布告案'을 제안했고, 이토 히로부미가 이를 수정해 발포하는 방식을 취했다. 이 교육령은 미국의 지방분권적 교육제도를 크게 모방해 그동안 유지되었던 간섭주의와 전국 획일적인 규칙을 폐지하는 방향으로 작성된 것으로, 일명 '자유주의 교육령'이라 불리기도 했다. 그러나 1879년에 발포된 교육령은 그 수명을 1년 남짓하여 막을 내리고 1880년 12월 '교육령 개정'이 발포되기에 이른다. 그렇다면 교육령의 수명이 짧았던 이유는 무엇일까? 1880년 교육령 개정은 어떤 과정을 거쳐 등장했을까?

II. 교육의教育議 논쟁

　1870년대의 서구화 풍조에 제동을 건 것이 유교의 논리에 바탕을 둔 천황 중심의 보수적 노선이었다. 이들은 1877년 모토다 나가자네의 제안에 의해 새로이 발족된 시보侍補를 중심으로 천황의 정치권 강화와 시보의 정치적 역할 확립을 목표로 천황친정권 운동을 본격화하기 시작했다. 내무경 오쿠보 도시미치[7]는 시보와 협조 관계를 유지하며 천황친정에 긍정적 태도를 보였으나, 1878년 5월 오쿠보 도시미치가 암살된 이후 내무경이 된 이토 히로부미는 '궁宮과 정부府는 분리되어야 한다'는 원칙에 따라 천황친정에 부정적 태도를 나타냈다. 이후 천황친정 운동에 가담했던 인사들이 다른 직책으로 이동하는 등의 이유로 결국 천황친정은 실현되지 못했고 1879년 10월 13일 시보도 폐지되었다.

　천황친정 운동이 계획대로 추진되지 않은 가운데 1878년 여름 천황

---

7. 1870년대 오쿠보 도시미치의 직책은 다음과 같다.

대장경	제3대: 1871년 6월 27일~1873년 10월 12일
내무경	초대: 1873년 11월 29일~1874년 2월 14일 제3대: 1874년 4월 27일~1874년 8월 2일 제5대: 1874년 11월 28일~1878년 5월 15일

출처: '日本の大藏大臣·財務大臣一覽', https://ja.wikipedia.org/wiki/ 2016년 3월 24일 인출.

은 도호쿠東北, 호쿠리쿠北陸 도카이東海 지역의 민정과 교육 실정을 시찰하는 지방 순회를 단행했다.[8] 각지의 소학교, 중학교 및 사범학교를 방문해 교육 시설에서 교육 방법과 내용에 이르기까지 상세한 시찰을 하고 돌아온 천황은 각 지방의 상황이 매우 우려할 만한 수준이라는 의견을 피력했다. 즉, 유신 후의 급격한 교육 체제의 개혁과 문명개화운동 및 서구풍의 지식에 대해 일반 민중들은

메이지 천황(1888년)

충분히 이해하지 못하고 있을 뿐만 아니라 혼란의 양상조차 띠고 있다는 것이었다. 이에 모토다 나가자네를 중심으로 하는 시보들은 천황의 의사를 실현시킨다는 취지 아래 1879년 '근검의 성지', 일명 교학성지敎學聖旨를 작성해 천황에 상주했고 천황은 이를 참의參議였던 이토 히로부미와 데라시마 무네노리寺島宗則, 1832~1893에게 내려 자신의 뜻을 알렸다.

교학성지는 총론인 교학대지敎學大旨와 소학교교육에 관한 소학조목 이건小學條目二件으로 구성되었다. "교학敎學의 요점은 인의충효를 분명히 하고 지식재예를 탐구함으로써 인도를 이루는 데"에 있다는 것에서 시작하는 교학대지에서는 '학제' 이후 메이지 정부의 교육 정책이 "일시 서양의 장점을 취해 새로운 효과"를 거두기는 했지만 "인의충효를 뒤로하고 군신부자의 대의"를 이루는 방향으로 나아가지 못했음을 지적했다. 즉 일본의 교육은 '도덕의 학'을 중심으로 "사람들의 성실 품행을 숭상"함으로써 "일본 독립의 정신에 부끄러움이 없도록" 이루

---

8. '敎學聖旨と文敎政策の變化', http://www.mext.go.jp/b_menu/hakusho/ 2016년 3월 24일 인출.

어져야 한다는 점을 피력한 것이었다. 이어 제시된 소학조목이건에서는 "인의충효의 마음이 모든 사람에게 있는데, 이는 어릴 때부터 시작해 뇌수에 감각시켜 배양"할 필요가 있다고 하면서, "고금의 충신의사忠臣義士, 효자절부孝子節婦의 그림·사진을 제시"함으로써 "충효의 성질을 양성하고 박물의 학에 본말을 혼돈하지 않도록" 해야 한다고 덕육 배양의 방법까지 제시했다. 더불어 농업과 상업에 종사하는 자의 자제에게는 실제 생활에 맞지 않는 '고상한 공론'을 가르칠 것이 아니라, "본업으로 돌아가 실지實地에 근거"한 학과를 설치토록 해야 한다고도 했다.[9]

여기서 주목해야 할 것은 '학제' 이후의 취학률 상황이나 실생활과 괴리된 수업 내용에 대해 메이지 정부나 천황의 측근 모두가 같은 인식을 공유하고 있었음에도 불구하고 이를 개선하기 위해 양쪽 집단이 취한 방식은 아주 다른 방향으로 전개되었다는 점이다. 전자가 출석률을 높이며 수업 일수를 조정하고 지역의 상황에 맞는 교육을 실시하는 지방분권적이고 자유주의적 성격의 교육령 제정에 힘을 쏟았다면, 후자는 근검을 강조하며 공자의 가르침을 기반으로 하는 덕육의 필요성을 역설하는 교학성지를 반포했던 것이다.

이처럼 교학성지에서는 지식 중심의 서구식 교육을 비판하며 덕육을 근간으로 하는 교육의 방향이 제시되었다. 당시 교육령 발포가 거의 막바지 단계에 이르는 시기였다는 점을 감안한다면 교학성지는 메이지 정부의 정책에 동의하지 않는다는 점을 분명히 밝힌 천황과 그 측근의 의견서였다고 보아야 할 것이다. 이에 대해 이토 히로부미는 교육의敎育議[10]를 집필해 당시 풍속의 폐해가 서구의 지식과 교육 때문

---

9. 山住正己 編, 앞의 책, 78~79쪽 참조.
10. 伊藤博文, 「敎育議」, 1879(山住正己 編, 앞의 책, 80쪽).

이라고 주장했던 교학성지, 즉 모토다 나가자네의 논리를 반박했다.

> 풍속의 폐는 실로 세상의 변화에서 오는 것이니…… 그 힘은 어쩔 수 없는 것이다. …… 고금을 절충하고 경전을 참작하고 하나의 국교를 건립해 이를 세상에 행함은 반드시 현철賢哲을 기다려야 하는 것이고, 정부가 관제해야 할 바는 아니니…… 오직 정부가 깊게 뜻을 두어야 할 것은 역사, 문자, 관습, 언어는 국체를 조직하는 근본이니 그것을 애호하도록 하여…….[11]

교육의에서 이토 히로부미는 당시의 세상이 어지럽다는 것을 인정하면서도 그 원인이 교육의 잘못에서 오는 것이 아니라 세상이 그렇게 변화되고 있기 때문이라고 주장했다. 이와 함께 정부가 해야 할 일은 역사·문자·관습·언어를 통해 학생들이 정담政談에 유혹되지 않고 과학으로 나아가도록 하는 것이라고도 했다. 그러면서 "한학생漢學生도 왕왕 입을 열면 곧바로 정리政理를 말하고 소리 높여 천

이토 히로부미

하의 일을 논"하므로 "양서洋書를 읽거나 정심 연마靜心硏磨하고 백과百科에 종사할 수 없다"라고 하면서 오히려 이러한 폐해를 교정해야 한다는 점[12]을 강조했다.

이러한 이토 히로부미의 교육의에 대해 모토다 나가자네는 곧바로 교육의부의敎育議附議를 통해 반론을 제기했다. 여기서 모토다 나가자

---

11. 山住正己 編, 앞의 책, 81~82쪽.
12. 위의 책, 83쪽.

네는 "무릇 인군人君은 신민의 강綱, 천하만기天下萬機에 있어 그 대강을 제시함으로써 군하群下를 제어함이 군도君道의 요지"라고 하면서, 이토 히로부미가 "성지聖旨가 제시하는 바를 아직 제대로 이해하지 못하고 있다"[13]고 이토 히로부미의 의견에 조목조목 반론을 펼쳤다.[14]

이토 히로부미와 모토다 나가자네 간에 이루어졌던 논쟁은 1879년 9월 교육령이 발포되고 같은 해 10월 시보 제도가 폐지되면서 천황을 중심으로 하는 체제의 권한 약화로 귀결되는 듯했다. 하지만 교육령에서 제시했던 지방자치나 소학교 폐지 및 통합 등의 내용이 학교의 운영을 자유롭게 해 취학률을 높이려는 의도를 담고 있었음에도 불구하고, 사람들은 이를 정부의 관리 소홀로 받아들이는 경우도 있어 오히려 부모들이 자녀 교육을 태만히 하는 결과로 나타났다. 이처럼 정부의 의도와 다르게 교육령이 혼란을 초래하고 취학률도 우려할 만한 상황을 보이자 교육령 제정에 관여했던 문부 관료가 문부성을 떠나는 등의 사태가 발생했다. 이후 교육령은 1880년 12월 개정되기에 이른다. 이는 교육의 논쟁에서 패한 듯이 보였던 천황의 권한 강화를 지향하는 모토다 나가자네의 이념이 다시 주도권을 갖게 되었음을 의미하는 것으로, 이후 전개되는 교육 정책은 교학성지의 이념 아래 덕육 지향의 방향으로 전개되는 양상을 보이게 되었다.

---

13. 元田永孚,「敎育議附議」解題, 1879(山住正己 編, 앞의 책, 83쪽).
14. "원의(原議)에서 말하는 바"로 시작하는 '교육의부의'의 내용은 이토 히로부미의 의견을 먼저 제시하고, 그 내용이 교학성지에서 제시하는 바와 다르지 않음을 부연 설명하는 방식으로 서술되었다.

III. 덕육德育 논쟁의 전개

1870년대 전개되었던 메이지 정부와 천황, 혹은 이토 히로부미와 모 토다 나가자네의 논쟁은 1880년 교육령 개정의 발포를 계기로 덕육의 방법과 덕육의 기준에 관한 논쟁으로 전개되었다.

1880년대에는 일본의 전통적 가치가 재평가되면서 대대적인 서구화 정책은 약간 주춤했다. 서구의 이론과 양식에 영향을 받기는 했지만 무 사들의 충성심과 사회적 조화라는 전통적 가치도 중요시되었던 것이다. 이러한 양상은 교육제도에서 두드러져 메이지 정부는 서양식 학제에 따 라 교육의 충실화에 힘쓰면서도 국가주의를 관철시켜 1890년에 교육칙 어를 공포했고, 이를 교육의 기본으로 삼았다.[15]

이처럼 1880년대의 교육 정책은 이전에 존재했던 민권이나 인권의 강조, 그리고 서구의 지식과 재예를 통한 인재양성보다는 천황을 중 심으로 하는 국가주의 이데올로기 교육을 강화하는 방향으로 전개되 었다. 특히 수신修身과 역사歷史 교과를 통한 국민정신 육성이 더욱 강 화되었는데, 그 단적인 예로 1879년의 교육령에서 소학교 교과 가운데

---

15. 유모토 고이치, 앞의 책, 507쪽.

끝부분에 나열되었던 수신을 1880년의 교육령 개정에서는 여러 교과 중 맨 앞부분에 위치하게 한 것을 들 수 있다. 이와 함께 1881년 7월의 중학교교칙대강과 8월의 사범학교교칙대강에서도 수신 교과가 중시되었고 교과의 내용도 실제 생활에 응용할 수 있는 것으로 재편되었다.[16]

또한 '수신의 위상을 어떻게 규정해야 하는가', 그리고 '무엇을 덕육의 표준으로 삼아야 하는가'에 관한 논의도 당시 지식인들 사이에서 백가쟁명식으로 전개되었다. 이 시기에 나타났던 소위 '도덕교육 및 덕육'에 관한 논의를 정리하면 다음과 같다.[17]

교학성지(教學聖旨)	모토다 나가자네(元田永孚)	1879
교육의(教育議)	이토 히로부미(伊藤博文)	1879
교육의부의(教育議附議)	모토다 나가자네	1879
소학교교원심득(小學敎員心得)	문부성포달 제19호	1881
덕육여하(德育如何)	후쿠자와 유키치(福澤諭吉)	1882
덕육여론(德育餘論)	후쿠자와 유키치	1882
유학강요(幼學綱要)	모토다 나가자네	1882
국교론(國敎論)	모토다 나가자네	1884
윤리서(倫理書)	모리 아리노리(森有禮)	1885
일본도덕론(日本道德論)	니시무라 시게키(西村茂樹)	1887
덕육방법안(德育方法案)	가토 히로유키(加藤弘之)	1887
일본교육원론(日本敎育原論)	스기우라 쥬고(杉浦重剛)	1887
덕육신론(德育新論)	니시무라 쇼자부로(西村正三郎)	1888
교육적용 일본도덕방안(敎育適用 日本道德方案)	야마자키 히고하치(山崎彦八)	1889
덕육진정론(德育鎭定論)	노세 사카에(能勢榮)	1890

---

16. 이명실, 앞의 논문, 2013, 114쪽.
17. 間瀬正次, 「わが國の道德敎育の基盤」, http://rc.moralogy.jp/ 2016년 3월 10일 인출; '德育論爭', http://homepage3.nifty.com/ 2016년 3월 24일 인출; 貝塚茂樹, 『日本道德敎育論爭史 第I期: 近代道德敎育の摸索と創出』, 日本圖書センター, 2012.

1880년대 덕육을 외쳤던 지식인들 가운데에는 메이지 초기 일본 최초의 근대적 계몽학술단체인 메이로쿠샤明六社의 발기인이면서 자유와 민권의 사상, 남녀동권, 종교의 자유 등을 외친 자들도 있었다. 특히 후쿠자와 유키치福澤諭吉, 1835~1901는 반유교주의적 덕육을, 가토 히로유키加藤弘之, 1836~1916는 종교주의에 의한 덕육을, 노세 사카에能勢榮, 1852~1895는 윤리학에 기초한 덕육을 제창한 반면, 니시무라 시게키는 교화의 근본을 황실에서 정해야 한다고 주장하면서 이전과는 다른 논의를 전개하기도 했다. 이러한 논자들 가운데 여기서는 메이지 초기 개화 지식인으로 서구의 근대교육 및 근대사상 수용에 적극적이었던 후쿠자와 유키치, 가토 히로유키, 니시무라 시게키의 도덕론에 주목해 보고자 한다. 1870년대와 1880년대에 이들의 주장에는 어떤 변화가 있었을까? 이들이 지향했던 근대교육은 어떤 모습이었을까?

1. 후쿠자와 유키치의 '덕육여하'

1882년 후쿠자와 유키치가 덕육여하德育如何라는 글을 발표했다. 후쿠자와 유키치는 메이지 시기 일본의 대표적인 계몽사상가로 정치에 몸담지 않고 학문 연구와 교육 활동에 전념하며 근대 일본사상의 이론적 토대를 제공한 인물로 잘 알려져 있다. 경응의숙慶應義塾을 창설했고, 전수학교專修學校·專修大學의 전신, 상법강습소商法講習所·一橋大學의 전신, 고베상업강습소神戶商業講習所·神戶商業高校의 전신, 전염병연구소현재 東京大學醫科學研究所의 창설에 관여한 교육자로서 도쿄학사회원東京學士會院·현재 日本學士院의 초대 회장을 역임하기도 했다.[18] 특히 그는 조선인 개화파 인물인 김옥균, 박영효, 유길준, 서재필 등과의 친분을 통해 조선의 개화운동에도 관여했으며, 그가 집필한 『서양사정西洋事情』(1856년), 『문

후쿠자와 유키치

명의 개략文明之概略』(1875년) 등은 유길준이
『서유견문西遊見聞』(1895년)을 쓰는 데 큰 영향
을 주기도 했다.

후쿠자와 유키치는 봉건적 제도 아래서
차별받았던 어린 시절 경험과 메이지 초기
서구 문물의 견학을 통해 얻었던 자유주의
적 사고를 바탕으로 신분제도를 폐지하고 만
인이 평등한 사회를 지향해야 한다고 역설한
바 있다. 이러한 문명화된 사회를 구축하기
위해 그는 아시아 연대론을 주장하기도 했지만 갑신정변 등의 사태를
목도하면서 아시아 민중과의 연대 및 이들의 문명화가 불가능하다는
판단을 하게 되었고 서구와 같은 수준의 문명국이 되기 위해서는 탈아
입구脫亞入歐를 통한 일본의 독자적 활동이 필요하다는 주장을 하기에
이르렀다. 이러한 사상의 변화과정 속에서 그가 제시한 도덕교육의 모
습은 어떤 것일까? 1882년 그가 저술한 '덕육여하'라는 글을 통해 그
일단을 살펴보도록 하자.

현재 교육론자 가운데 근래 우리 자제는 품행 경박하고 부형의 말을
듣지 않고 웃어른을 존경하지 않고 약관의 몸으로 국가의 정치를 논하
며 자칫 신을 범하는 기풍이 있다. 이를 학교의 교육 불완전, 덕육을 잊
어버린 죄라고 하여 오직 도덕을 장려하고 그 방편으로 공자의 도를 설
교해 한토성인漢土聖人의 가르침으로 덕육의 근본을 세워 일체의 인사를
제어하려고 한다.[19]

---

18. '福澤諭吉', https://ja.wikipedia.org/wiki/ 2016년 11월 17일 인출.
19. 福澤諭吉, 『德育如何』, 1882, 4~5쪽(『福澤全集 5』, 時事新報社, 1956).

이 글은 후쿠자와 유키치가 유교 중심의 덕육진흥책이었던 교학성지와 교육령 개정을 비판하며 작성한 것으로, 그는 이른바 '교육론자'가 제시한 당시의 교육문제를 다음과 같이 반박했다. 먼저 교육론자가 당시 청년자제의 경향성을 '도덕 부재'로 정의하고 그 원인으로 '교사의 부덕'과 '교서敎書의 불경'을 지적했는데, 이는 교육의 의미를 잘못 이해한 결과라고 설명했다. 가르치지 않아도 알게 되는 지智가 있고 배우지 않아도 얻게 되는 덕德이 있듯이 교육은 지와 덕을 배울 수 있는 사회라는 '대교장大敎場'에서 이루어진다는 것이다. 따라서 '현재 교육론자'의 의견은 학교에 보내 교육을 시키면 원하는 대로 기대하는 인물이 될 수 있다는 것으로 이는 망상과 같은 것이라 보았다.

이어서 후쿠자와 유키치는 청년자제의 도덕을 장려하기 위해 '공자의 도'와 '한토성인'의 가르침을 근본으로 삼아야 한다는 '현재 교육론자'의 주장이 과연 당시의 사회 상황에 적합한 것인가를 물었다.

> 일본이 15년 전에 추진한 메이지 유신은 공자의 가르침을 바탕으로 하는 충효로 일신을 번주에 맡기고 군주를 위해 죽음을 불사하는 구정부를 무너뜨리고 이루어진 것이고, 이로써 출생 순위나 출신 계층에 관계없이 능력에 따라 사회에 진출할 수 있는 길이 열리게 되었다.[20]

즉, 일본의 교육이 신분 차별을 철폐하고 자신의 능력에 따라 지식재예知識才藝를 숭상하고 문명개화를 기본으로 삼게 된 것은 "공자의 덕교德敎를 바탕으로 했던 충효忠孝만을 숭상한 봉건제도"를 타파한 결과인데, 다시 과거의 유교주의를 강조하는 것은 문제의 본질을 잘

---

20. 위의 책, 6~9쪽.

못 파악한 결과라는 것이다. 그러면서 "경서經書가 과연 순수하게 덕교의 도서인가? 내용 가운데 과연 정치에 관한 논의는 없는가? 그런 책을 읽음으로써 과연 학생은 점차 정담政談을 잊고 도덕일편의 인물이 될 수 있는가?"[21]를 반문한다. 후쿠자와 유키치는 '현재 교육론자'의 의견은 다시 과거로 돌아가자는 것과 같으며 현대의 사고방식을 고전古典으로 덧씌우려는 이치와 다르지 않다고 하면서, 사람이나 세상이 이전과 다른 것은 교육의 잘못이 아니라 공의여론公議輿論이 달라졌기 때문이며 청년자제가 불손하고 경박한 것은 공의여론에 의한 것으로 이를 변화시켜야 한다고 주장했다.

후쿠자와 유키치가 "고풍古風의 충忠은 오늘날에 적합하지 않다"[22]라고 설명하기는 했지만, 그렇다고 '공자의 도' 전체를 부정한 것도 아니었다. 그가 주장한 것은 과거로 되돌아가는 것이 아니라 '현재 청년자제 및 국민의 공의여론에 적합한 부분', 즉 자주독립론에 적합한 부분을 '공자의 도'에서 발견해 내자는 것이었다.

　　일신 독립하면 눈을 돌려 다른 사람의 독립을 장려하고 드디어 같은 나라 사람과 함께 일국의 독립을 꾀하는 것도 자연의 순서라면 자주독립의 일의一義로서 군주를 섬기고 부모를 섬기고 부부의 윤리를 지키고 장유의 순서를 갖추고 붕우의 신뢰를 견고히 하는…….[23]

이처럼 후쿠자와 유키치가 말하는 덕교德教란 여론에 따라 공자의 가르침도 자주독립론 가운데 망라될 수 있는 것이라고 보았다. 이처

---

21. 福澤諭吉, 「儒教主義の成跡甚だ恐る可し」, 1883(『福澤全集九卷』, 國民圖書株式會社, 1926, 281쪽).
22. 福澤諭吉, 앞의 책, 1882, 12쪽.
23. 위의 책, 17쪽.

럼 후쿠자와 유키치가 자신과 타자의 상황을 객관화하여 자주독립을 강조하고 공의여론의 필요성을 주장한 점은 메이지 시기 많은 지식인들이 자신의 주장을 철회하고 '전향'을 선택했던 것과 좋은 대조를 이룬다. 그러나 후쿠자와 유키치의 이러한 입장도 아시아 침략을 꾀하기 위한 '탈아'를 주장하게 되면서 탈색되어 간다.

2. 니시무라 시게키의 『일본도덕론』

니시무라 시게키가 1887년 『일본도덕론日 本道德論』을 출간했다. 니시무라 시게키는 일 본의 계몽사상가, 교육자로 알려져 있는데 『일본도덕론』은 1886년 12월 제국대학 강의 실에서 대중에게 연설한 것을 책으로 엮은 것이었다. 그는 이 강연의 의도를 다음과 같 이 밝히고 있다.

니시무라 시게키

> 일본 국민의 도덕 여하에 관해 그것을 우려함이 일조일석의 일이 아
> 니며, 지난 메이지 9년 동경수신학사東京修身學社를 세워 국민의 도덕심
> 을 환기시키려 했으나 내가 학식 부족하고 재주가 둔하여 그 공을 크게
> 올리지 못하여······.[24]

여기서 니시무라 시게키는 당시의 사회가 우려할 만한 수준으로 국 민도덕이 문란하다는 점을 토로하고 있다. 니시무라 시게키의 이러한

---

24. 西村茂樹, 『日本道德論』, 1887(第三版, 杉原活版所, 1892, 1쪽).

인식에 다음과 같은 상황이 일정 부분 영향을 주었을 것으로 추측해
볼 수 있다.

> 1885년 12월의 개혁(내각제-집필자)은 유신 이래 대개혁이다. 눈을 씻
> 고 새로운 정치를 보니 나 자신의 다대한 희망을 가졌었다. 그러니 이토
> 내각의 신정치란 법률제도, 풍속 하나하나 이를 구미로부터 모방하고,
> 오로지 외국은 문명을 장식하여 외국인을 우대하고, 댄스파티, 가장무
> 도회, 활인회화 등 기타 외국의 유희를 일삼아 그 환심을 사고 일본 고
> 유의 근간인 충효절의, 용무염치 등의 정신은 돌아보지도 않고 버린 것
> 과 같다. 등용 관리를 보면 대부분 약삭빠르고 무분별한 사람이며 순
> 박하고 굳센 기상의 사람은 늘 배척된다. 또한 독일인을 궁내성에 고용
> 하고 그 부인을 궁내에 출입시켜 황후궁 이하의 궁녀의 의복을 양복으
> 로 바꾸고 화족여학교를 설립하여 그 생도로 하여금 양복을 입게 한다.
> 이를 행한 지 일 년, 국민의 풍속은 더욱더 경박하고 경솔해지는 기세
> 이다.[25]

1885년에 그때까지의 태정관제가 폐지되고 내각제가 수립되었다. 초
대 내각의 수장이 된 이토 히로부미는 미국과의 불평등조약 개정을
위해 일본의 문명이 서구와 같은 수준에 도달했다는 것을 보여 주기
위해 극단적인 서구화 정책을 추진했다. 위의 글은 소위 로쿠메이칸鹿
鳴館 시대 혹은 로쿠메이칸 외교라고 불리던 당시의 상황을 비판적으
로 바라보았던 니시무라 시게키의 입장이었다. 물론 니시무라 시게키
의 유교적 도덕관이 이때 형성된 것은 아니었다.

---

25. 西村茂樹, 「往事錄」, 明治年間(김정곤, 「西村茂樹의 '일본 도덕론' 연구」, 『동양철학연구』 73,
    2013, 110쪽 재인용).

1873년 문부성에 출사해 편집과장, 문부대승(1876년), 문부대서기관 (1877년) 등의 교육행정직에 종사했던 니시무라 시게키가 1877년 제2 대학구第二大學區를 순시하면서 본 것은 각 지방의 학교교육이 국민의 실제 생활과 괴리되어 있다는 것, 그리고 도덕교육이 제대로 이루어지고 있지 않다는 것이었다. 이를 위해 니시무라 시게키는 1876년 동경 수신학사東京修身學社를 창립-1883년 日本講道會, 1887년 日本弘道會로 개칭-해 국민교화운동을 전개했고, 수신 교과서인『소학수신훈』을 간행해 유교도덕의 교육 방법을 제시했으며,『일본도덕론』을 통해 국가주의적 유교교육론의 체계화를 시도했다.『일본도덕론』은 제1단第一段에서부터 제5단第五段까지 크게 다섯 부분으로 구성되었다.[26]

제1단 도덕의 가르침은 현재 일본에서 어느 정도로 중요한가.

제2단 현재 일본 도덕의 가르침은 세교世敎에 근거해야 하는가, 세외교世外敎에 근거해야 하는가.

제3단 세교가 마땅히 활용해야 할 것은 무엇인가.

제4단 도덕을 실행에 옮기는 데에는 어떤 방법이 있을까.

제5단 도덕회道德會에서 주로 해야 할 것은 무엇인가.

니시무라 시게키는 "천하에 도덕의 가르침"을 세교또는 理敎와 세외교또는 宗敎로 구분하면서 "지나支那의 유교와 구주歐洲의 철학은 모두 세교이고 인도의 불교와 서국의 야소교耶蘇敎는 모두 세외교"라고 하면서 그것이 왜 세교이고 세외교인지를 논증했다.

세계 만국은 모두 세교와 세외교 가운데 하나를 가지며 세교는 도리

---

26. 西村茂樹, 앞의 책, 1887, 目次.

를 주로 해서, 세외교는 신앙을 주로 해서 인심을 고결固結하고 사람에게서 악을 제거하고 선을 성취하는 취지를 갖는다…… (일본) 봉건의 시대는 유교로 공공의 가르침으로 삼아 정부 인민 모두 그것을 표준으로 했지만, 왕정유신 이후 전혀 공공의 가르침이라는 것 없고 국민도덕의 표준을 정하지 않음으로써 오늘에 이르니…… 정부 근년 수신윤리의 가르침을 중시해-봉건시대에 비하면 그 도덕이 쇠퇴했지만-심각한 도덕 파괴의 상황은 아니니…….[27]

이처럼 니시무라 시게키는 일본에 국민도덕의 표준이 필요하다는 것을 강조하며 당시 존재했던 다양한 철학과 종교, 서구와 동양의 상황, 그리고 일본 국민도덕의 역사 등을 거론했고 표준이 되어야 할 국민도덕의 필요성을 역설했다. 즉 "국민도덕을 상실한 나라는 반드시 위기멸망"[28]에 이르게 된다고 하면서 "일본의 도덕을 세우는 데 세외교를 버리고 세교로 해야 한다고 결정"했지만 "세외교 중에도 가언선행嘉言善行은 그것을 채용해 도덕교道德教에 도움이 되도록 한다"[29]라고 말했다. 이는 세교나 세외교 가운데 그 교의가 도덕의 원리에 맞는다면 그것을 일본 도덕의 기초로 삼아야 한다는 것인데 도덕의 조목으로 "첫째 내 몸을 이롭게 하는 것, 둘째 내 가정을 이롭게 하는 것, 셋째 내 향리를 이롭게 하는 것, 넷째 내 나라를 이롭게 하는 것, 다섯째 다국의 인민을 이롭게 하는 것" 등을 제시했다.[30] 이는 유교에서 말하는 수신제가치국평천하修身齊家治國平天下의 원리에 상응하는 것으로 모든 도덕의 가르침은 이것을 벗어나 존재할 수 없음[31]을 역설했다.

---

27. 위의 책, 2~19쪽.
28. 위의 책, 20쪽.
29. 위의 책, 36쪽.
30. 위의 책, 70~71쪽.
31. 위의 책, 72쪽.

니시무라 시게키의 도덕론은 세교, 그 가운데에서도 유교적 교의에 근거를 두고 있지만, 세외교나 서구의 종교 및 서구의 실리적 지식·사상 등도 완전히 배제하지 않는 태도를 취했다. 즉 도덕의 조목에 위배가 되지 않는 것이라면 다양한 교의를 받아들여 일본 도덕의 기초로 삼아도 좋다는 것이었다.

3. 가토 히로유키의 『덕육방법안』

가토 히로유키가 1887년에 『덕육방법안德育方法案』[32]을 출간했다. 가토 히로유키는 메이로쿠샤의 일원으로 메이지 초기에는 개명 지식인으로 알려져 계몽주의에 관련된 저서를 출간한 바 있다. 그의 기본적 입장은 유교적 패터널리즘의 흐름을 가지고 있었지만 저서 『진정대의眞正大意』(1870년)나 『국체신론國體新論』(1874년)에서는 천부인권론을 지지하는 진보적인 사상을 펼치기도 했다. 하지만 다원

가토 히로유키

의 진화론을 알게 된 이후 천부인권설을 오견 또는 망설이라고 자임하면서 스스로 자신의 저서를 절판했고 이전의 천부인권설을 완전히 부인하는 『인권신설人權新說』(1882년)을 저술했다. "제1장 천부인권이 망상인 이유를 논한다, 제2장 권리의 시생始生 및 진보를 논한다, 제3

32. 加藤弘之, 『德育方法案』, 東京秀英社, 1887.
33. 加藤弘之, 「人權新說」, 谷山樓藏版, 1882.
34. 戶田文明, 「加藤弘之の'轉向'」, 『四天天寺國際佛教大學紀要』 44, 2007; 西谷成憲, 「加藤弘之『德育方法案』に關する一考察」, 『東京學藝大學紀要』 1部門, 33, 1982, 73-86; '加藤弘之', https://ja.wikipedia.org/wiki/ 2016년 3월 10일 인출.

장 권리의 진보를 꾀하는 데 필요한 주의注意를 논한다"[33]는 내용으로 구성된 이 저서에서 그는 자신이 이전에 주장했던 입장을 완전히 폐기했는데, 이는 후대의 학자들이 그에게 '어용학자, 변절, 전향' 등의 수식어를 부여한 이유가 되었다.[34]

사람의 천성에는 힘을 다해 속박구속을 피하고 불패자립을 바라는 정情 있고, 이 정을 시행할 권리를 사람들은 가지며, 또 그 반대로 사람들은 각각 자기의 본분을 다해 타인의 권리를 경중輕重해 감히 굴해屈害하지 않는 소위 의무라는 것이 있어 이 두 가지가 모름지기 진정한 권리가 되고 의무가 되는 것이라…… 말한다. 국가정부는 이 사람들의 권리 의무가 잘 행해지도록 통제할 수 있고, 국가 정부와 신민의 사이에도 권리 의무가 있어, 신민은 그 생명과 권리와 사유의 보호를 받을 권리가 있으며 그것을 행하는 데 헌법이 필요하다.[35]

위의 글은 가토 히로유키가 1870년 7월에 간행한 『진정대의』의 내용 가운데 일부로 천부인권론의 사상이 단적으로 잘 나타나 있다. 그런데 1882년 출간된 『인권신설』에서 천부인권설은 우승열패의 법칙이 필연적으로 작동하는 현실 세계에서는 있을 수 없는 것이라 선언했던 것이다.[36]

천부인권주의와 같이…… 일시 가장 맹렬한 세력을 얻어 거의 전구全歐를 석권하고 오늘에 이르러는 이미 우리 동방에 파급해 더욱 맹렬한 세를 확장하기에 이르렀지만 내가 보기에 천부인권이란 것은 본래 결코

35. 加藤弘之, 「眞政大意」, 1870(下出隼吉, 『明治社會思想研究』, 淺野書店, 1929, 166쪽).
36. 加藤弘之, 앞의 책, 1882.
37. 위의 책, 5쪽.

실존한다는 근거 없고 완전히 학자의 망상에서 나온 것임은 감히 의심할 수 없는 바이니.[37]

> (민권론자를 가리켜) 우리 사회의 풍조는 무릇 무리를 만드는 바이니. 이것으로 사회의 풍조가 날로 부박경조浮薄輕佻로 달린다. 여러 학생에게 지금…… 그들의 위에 서서 스스로 나아가 사회의 풍조를 만들 수 없다면, 여러분이 오늘날의 영광도 전혀 얻을 수 없을 뿐 아니라 우리나라 장래의 사실에 우려하지 않을 수 없다.[38]

즉, 천부인권설이 서구뿐 아니라 일본에도 널리 퍼져 있으나 이는 학자의 망상에서 나온 것일 뿐 결코 존재하지 않는다고 하면서, 천부인권을 근거로 민권을 부르짖는 움직임이 사회를 어지럽힌다고 설명했다. 이는 당시 서구에서 유행했던 사회진화론의 영향을 크게 받은 것으로, 가토 히로유키가 『덕육방법안』을 출간한 배경에는 이러한 그의 사회 인식이 있었다.

『덕육방법안』은 니시무라 시게키가 그랬던 것처럼, 강연의 내용을 바탕으로 작성되었다. 가토 히로유키의 덕육에 관한 의견은 1887년 11월 12일 개최된 대일본교육회의 연설에서 먼저 발표되었고, 이것이 '덕육에 관한 일안'이라는 제목으로 『대일본교육회잡지』(1887년 11월 30일)에 게재되면서 전국에 널리 알려지게 되었다.[39]

유신 전까지는 일본에서 상등사회는 공자의 유교, 하등사회는 석씨釋

---

38. 小關恒雄, 「明治初期東京大學醫學部卒業生動靜一覽」, 『日本醫史學雜誌』 36(3), 1990, 36~37쪽; 中閼喜臣, 「加藤弘之と社會進化論」, 『靑山スタンダード論集』 7, 2012, 175쪽
39. 加藤弘之, 앞의 책, 1887, 1쪽; 西谷成憲, 앞의 논문, 74쪽.
40. 加藤弘之, 앞의 책, 1887, 1~2쪽.

氏의 불교 가르침으로 그 도덕을 유지했다. …… 유신 후 사회 만반萬般의 사물 서양주의에 따르게 됨에 따라 유교는 그 세력을 잃어…… 공맹孔孟의 유교주의는 오늘날의 문명에 해害가 되고 개화주의에 반反한다는 여론이 있다. …… 그 후 일본 소년이 의지해야 할 도덕의 대본大本이 거의 망멸亡滅하는 모습이 되었는데…….[40]

이처럼 가토 히로유키는 메이지 유신 전후 일본의 상황을 언급하면서 "중소학의 제도 점차 정돈됨에 따라 도덕교육 즉 수신학과의 최대 필요를 느끼고 소위 덕육 방법에 관해 다양한 논의"[41]가 이루어지고 있지만, 그 방법은 "논어·맹자를 중심으로, 혹은 서양의 번역서나 지나주의支那主義·서양주의를 서로 섞어 편찬"[42]한 수신 교과서를 만들거나 이런 내용을 학교에서 가르치는 것이었다. 그런데 이러한 교과서나 방식으로는 기대하는 바를 이룰 수는 없다는 것이 그의 생각이었다.

덕육에 활용하면 좋은 것은 신도라도, 불교라도, 야소교라도 좋다고 생각한다. 유교는 종교의 부류가 아니지만 종교로 보아도 좋은 성질도 있고, 또 유신 전까지는 상등사회의 덕육을 담당하던 중요한 것이므로 유교도 역시 일종의 종교로 간주해도 좋다고 생각한다.[43]

여기서 가토 히로유키가 유교를 종교로 간주한 이유는 "덕육은 종교주의에 의거해야 한다. 덕육은 경외해야 할 본존本尊이 없으면 안 된

---

41. 위의 책, 2쪽.
42. 위의 책, 3쪽.
43. 위의 책, 18~19쪽.
44. 위의 책, 19~20쪽.

다. 본존의 명령에서 나온 도덕이 아니면 교육은 불가능하다"[44]는 그의 생각에 따른 것이었다. 가토 히로유키는 어떤 종교나 철학이든 관계없이 그가 도덕의 대주지大主旨로 간주한 애타심愛他心을 기를 수 있는 것이라면 덕육의 방법으로 활용해도 좋다고 보았다.

도덕이 대지주大主旨로 하는 바는 애타심愛他心인데 그것을 유교에서는 인仁이라 하고, 불교에서는 자비慈悲라 하며, 야소耶蘇에서는 사랑愛이라 한다. 이 애타심은 첫째, 자연능적·동감적 애타심自然能的又尒感的愛他心, 둘째, 감정적·도덕교적 애타심感情的又道德教的愛他心, 셋째, 지식적·이해적 애타심智識的又利害的愛他心…… 덕육은 위에서 말한 두 번째 애타심에 해당하는 것으로 다른 애타심은 교육에서 가능한 바의 애타심이 아니다.[45]

이처럼 그는 도덕교적 애타심에 기초한 교육이 필요하다는 점을 역설했다. 그가 강조했던 덕육의 방안은 도덕의 기본을 어떤 종교로 삼아야 하는가에 있지 않았고, '감정적·도덕교적 애타심'을 신장시킬 수 있는 것이라면 무엇이든 활용할 수 있다는 입장이었다.

그의 이러한 논의는 그가 이 글의 서두에서 "이 연설은 평상 학술상의 연설과는 달리 아무쪼록 여러분의 찬성을 얻어 차츰 교육가의 여론으로 될 것을 희망한다"라고 말했던 것처럼 다양한 논쟁을 불러일으켰다. 〈표 2-4〉는 가토 히로유키의 『덕육방법안』이 발표되고 나서 각종 잡지에 실린 기사들이다. 이는 당시 덕육에 관한 논의가 얼마나 활성화되어 있었고 관심의 대상이 되었는지를 말해 주는 것이며, 동시에 이러한 논쟁을 통합해야 할 필요를 만드는 이유가 되기도 했다.

---

45. 위의 책, 21~35쪽.

논제	논자	잡지명, 호수	연월일
덕육에 관한 일안(1887년 11월 12일)	加藤弘之	대일본교육회잡지, 68호	1887. 11. 30.
덕육사 가토 히로유키 군의 의견	內外雜纂記事	교육시론, 93호	1887. 11. 15.
소학의 덕육을 논한다	西村正三郎	교육시론, 96호	1887. 12. 15.
소학수신교수의 의문	西村茂樹	교육시론, 96호	1887. 12. 15.
가토 히로유키 군의 덕육 방안을 읽는다	河野於菟麿	교육시론, 96호	1887. 12. 15.
가토 군의 덕육방법안을 읽는다	菊地熊太郎	대일본교육회잡지, 70호	1887. 12. 26.
덕육에 야소교를 사용해야 함을 논한다	市村竹馬	교육시론, 101호	1888. 2. 5.
도덕을 수련하는 데 종교주의에 의함 여부	荒木眞	교육시론, 101호	1888. 2. 5.
도덕상 가토 히로유키 군의 의견을 읽고 생각한다	瀬尾吉重	교육시론, 101호	1888. 2. 5.
일본 교육에 종교를 통용토록 논자에게 고한다	木村知治	교육시론, 101호	1888. 2. 5.
가토 히로유키 씨의 덕육방법안을 반박한다	福地復一	교육시론, 101호	1888. 2. 5.
학교교육에는 종교를 사용하지 말 것	土屋夏堂	교육시론, 102호	1888. 2. 5.
니시무라(西村) 선생의 물음에 답한다	蜻蛉生識	교육시론, 102호	1888. 2. 5.
덕육과 종교의 관계에 국민지우(國民之友)의 평자에 답한다	隱酉生	교육시론, 102호	1888. 2. 5.
일본의 덕육에 관한 의견	楢崎森丸	교육시론, 108호	1888. 4. 15.
덕육의 표준	大井詩軒	교육시론, 108호	1888. 4. 15.
이상 이론(二論)의 평론	隱酉生	교육시론, 108호	1888. 4. 15.
제5회 총집회(1888년 5월 13일 토의록)		대일본교육회잡지, 76호	1888. 6. 1.
대일본교육회총집회(보도)		교육시론, 112호	1888. 5. 25.
덕육의 이야기	西村正三郎	교육시론, 113호	1888. 6. 5.

출처: 西谷成憲, 앞의 논문, 76쪽.

이상에서 본 바와 같이 1880년대 전개되었던 소위 덕육 논쟁은 민심 통합을 위한 덕육의 내용 및 방법, 즉 수신 교과서의 내용과 수신과의 위상을 어떻게 규정해야 하는가라는 논의에서부터 메이지 유신이후 일본 사회를 어떻게 규정해야 하는가, 그리고 일본인의 사상을 형성하는 데 영향을 준 종교 및 철학을 어떻게 받아들여야 하는가에 대한 논의에 이르기까지 폭넓은 것이었다. 이는 메이지 정부의 입장에서 혼란스러운 양상으로 비쳐졌고, 이를 통합시키기 위한 정책의 필요를 자극하는 배경이 되었다.

> 지방관 일동의 덕육함양에 관한 건의가 단서가 되어, 야마가타山縣有朋 총리대신의 주청奏請으로 천황 친임의 각의에서 덕육의 문제가 논의된 결과, 덕교의 기초가 되어야 할 요령要領의 칙유勅諭……를 기초하도록 에노모토榎本武揚 문부대신에게 칙명勅命이 있었다.[46]

1890년 2월 전국의 지방관이 모인 회의에서 제출된 '덕육함양에 관한 건의'를 빌미로 메이지 정부와 천황은 이후 일본 교육의 원리이자 이념이라 할 수 있는 교육칙어를 발포하기 위한 준비를 서두르게 된다.

---

46. 稻田正次氏, 『教育勅語成立過程の研究』, 講談社, 1971, http://www.seisaku-center.net/node/408 2016년 4월 1일 인출.

Ⅳ. 지육 편중의 교육에서 덕육 편중 교육으로

　1890년 교육칙어가 발포되기까지의 과정에서 전개되었던 도덕교육 논쟁은 '일본적 근대교육'이 어떤 과정을 거쳐 형성되었는가를 밝히는 데 중요한 단서를 제공한다.

　1870~1880년대는 메이지 유신을 통해 서구적 근대화를 추진하던 메이지 정부의 정책이 일본적 근대라는 특징을 만들어 가는 시기였다. 1870년대가 근대적 정치제도와 사회·문화적 수준을 유지하기 위해 평등과 인권을 강조하는 서구적 근대를 지향하는 시기였다고 한다면, 1880년대는 우승열패·약육강식의 사회에서 서구적 근대의 무분별한 수용에 위기감을 느낀 지식인들이 일본 나름의 통합 이데올로기를 구축해야 할 필요를 적극적으로 개진하던 시대였다. 따라서 1870년대에는 진보와 보수, 민권과 국권, 지육知育 지향의 교육과 덕육德育 지향의 교육이 대립하고 갈등하는 양상이 특징으로 나타났음에 비해, 1880년대에는 전자의 특징이 약화되고 후자의 특성을 중심으로 그 내용과 방법에 대한 논의가 진행되고 있었다.

　이러한 시대적 상황에서 이와쿠라 사절단에 참여했던 그룹은 귀국후 정치무대에서 서구의 근대적 제도와 문물을 도입하기 위한 정책을 수행했고, 이를 바탕으로 다나카 후지마로를 중심으로 하는 문부성 관료들은 서구의 교육제도, 특히 미국의 지방분권적 교육제도를 적극 수용해 1879년 교육령을 발포하기 위한 준비에 몰두했던 것이다. 반면, 이에 동의하지 않았던 천황을 중심으로 하는 그룹은 천황친정 운동을 추진하며 천황의 정치력 강화를 위해 노력했으나 이것이 순조롭게 진행되지 않자 교육을 통한 이데올로기 구축에 전념하였다. 천황의 의도는 1879년에 발포한 교학성지를 통해 전해졌으며, 이에 반감을 가지고 있던 이토 히로부미는 교육의로 대응했고, 다시 이를 반박하는 교육의부의를 모토다 나가자네가 작성함으로써 소위 교육의 논쟁이 전개되었다.

이러한 논쟁은 소위 자유주의 교육령이라 불리는 교육령이 발포됨으로써 천황 혹은 모토다 그룹이 일시 패한 듯 보였지만, 1880년 12월 교육령 개정이 이루어짐으로써 일본 교육 정책의 방향은 지육 중심에서 덕육 중심으로 일변하는 양상을 띠게 되었다. 교육의 논쟁은 진보와 보수, 지육 지향의 노선과 덕육 지향의 노선이 대립하는 양상을 보였을 뿐만 아니라 이토 히로부미를 중심으로 하는 메이지 정부와 모토다 나가자네를 중심으로 하는 궁, 즉 천황 사이의 주도권을 둘러싼 갈등이라는 의미도 지니고 있었다. 즉, 정치적 실권을 쥘 수 없었던 천황 중심의 그룹이 교육이라는 장치를 통해 이데올로기적 주도권을 장악하기 위해 교육 원리·교육 이념을 구축해 가는 과정이었다고 보아야 할 것이다.

1880년대의 소위 덕육 논쟁은 당시 지식인들 사이에서 덕육의 방법이나 내용, 그리고 '덕육의 표준을 무엇으로 삼아야 하는가'를 둘러싸고 벌어졌다. 정치 관료나 교육 관료, 그리고 교육 현장에 종사하는 교사 등의 지식인들은 당시 일본에서 회자되었던 다양한 철학, 종교, 윤리 등의 학설을 바탕으로 자신의 의견을 개진하는 양상을 보였다. 특히 후쿠자와 유키치, 니시무라 시게키, 가토 히로유키 등의 지식인들이 제시했던 도덕교육론이 하나로 통합되지는 않았지만 이들이 가진 공통된 특성 가운데 하나는 그들의 논리가 국민의 인권이나 평등권 추구보다는 국가를 우선시하는 방향으로 전개되었다는 점이다. 즉, 당시 일본의 지배층이 가졌던 인식의 최전선에는 국가의 안위가 놓여 있었고, 지식인이 수용했던 서구의 사상이나 제도도 이러한 국가주의적 사고 안에서 유효한 것으로 자리매김되는 경향을 보였다.

제3장
신민교육과 국민교육 논쟁: 1880년대 중반

메이지 정부는 헌법 제정과 국회 개설에 대비해서 1885년 12월 22일 태정관太政官 제도를 폐지하고 내각內閣 제도를 창설했다. 총리대신으로 임명된 이토 히로부미는 초대 문부대신으로 모리 아리노리森有禮, 1847~1889를 임명해 교육을 담당하도록 했다. 모리 아리노리는 '교육개혁이 국가의 장래를 도모'하기 위한 것이며 '교육을 통해 국가의 목적을 관철시켜야 한다'고 생각하고 있었다. 모리 문상 시기에 제정한 각종 학교령은 종래의 '학제'와 교육령이 취했던 포괄적인 입법 방식을 고쳐 학교의 종별에 따라 독자적인 법령을 편성하는 방식이었다.

제3장에서는 이러한 교육 시스템 구축 과정에서 근대국가를 만들기 위한 방법을 둘러싸고 나타난 상반된 노선, 즉 일본의 전통적 문화와 사상을 바탕으로 하는 국가 체제 혹은 교육 체제를 수립해야 한다는 입장과 서구의 근대적 문물과 제도를 수용함으로써 근대적 국민국가 혹은 교육 체제를 수립해야 한다는 입장에 대해 살펴보고자 했다. 특히 여기서는 모토다 나가자네와 모리 아리노리의 교육사상 및 교육 방법에 주목해 논의를 전개했다. 이는 1880년대 이전에 나타났던 교육사상의 흐름이 이후 일본 근대교육의 성격을 규정짓는 하나의 과정이었음을 보여 주는 것이기도 하다.

I. 1880년대 사회사상의 흐름

　메이지 유신은 에도 막부에 위임되어 왔던 정치적 권력을 천황에게 반환大政奉還함에 따라 이루어진 일련의 정치·사회적 변혁이었다. 이로 인해 정국의 주도권은 천황에게 이양되었으나 실권은 왕정복고를 선언했던 이와쿠라 도모미를 중심으로 하는 공가公家와 유력 번이 쥐고 있었다. 따라서 메이지 초기 정부의 정책은 전통적 가치 기준에 따라 천황의 권위를 강화하는 방향으로 추진되는 한편, 다른 한편에서는 사족의 반란이나 농민 봉기를 억누르며 징병제, 지조 개정, 태양력 실시를 포함한 근대적 제도를 구축하는 방향으로 전개되었다. 이 과정에서 아래로부터의 근대화 요구는 배제되었고, 부국강병과 식산흥업을 목표로 하는 위로부터의 근대화가 추진되었다.

　이 시기 정치 관료나 지식인은 당시 메이지 정부가 당면한 과제를 어떻게 해결할 것인가라는 방법을 둘러싸고 다양한 논의를 전개했다. 이들은 출신성분이나 유학 경험, 혹은 출사出仕 여부 등에 따라 당시의 사회·정치적 변동에 대처하는 다양한 입장을 피력했다. 이 시기 정치 관료 및 지식인들이 마음에 품었던 사회는 어떤 모습이었을까? 그들은 일본이 어떤 국가가 되길 바랐을까?

　1870년대 전반 근대적 국민국가 형성을 목표로 국민의 계몽을 역설했던 사상가들이 등장했다. 이들은 일본 최초의 근대적 계몽 학술단체로 알려진 메이로쿠샤明六社를 설립하여 활동을 전개했는데, 그 중심에 모리 아리노리가 있었다. 서양 유학을 통해 부국강병을 위한 인재양성의 필요를 절감했던 모리 아리노리는 미국 유학을 마치고 돌아와 서구의 학회를 모방한 학술단체 설립에 진력했다. 1873년 후쿠자와 유키치·가토 히로유키·나카무라 마사나오中村正直, 1832~1891·니시 아마네西周, 1829~1897·니시무라 시게키·쓰다 마미치津田眞道, 1829~1903·미쓰쿠리 쇼헤이箕作秋坪, 1826~1886·스기 코지杉亨二, 1828~1917·미쓰쿠리 린쇼箕作麟祥, 1846~1897 등을 발기인으로 메이로쿠샤가 결성되었다. 이들은 1874년 3월부터 발행된 기관지『메이로쿠 잡지明六雜誌』를 통해 국민계몽을 위한 학술활동을 전개했다. 이 잡지에는 1875년 9월 폐간되기까지 총 156편의 논문이 게재되었는데 그 내용은 자유·평등·행복·권리·과학 등 메이지 초기의 시대정신을 반영하는 서구의 근대적 관념에 관한 것이었다.

　메이로쿠샤의 회원이었던 이들 계몽사상가들은 잡지뿐만 아니라 저술이나 번역을 통해서도 근대사상을 소개하는 데 앞장섰다. 후쿠자와 유키치는『학문의 진보學問のすゝめ』(1872)를 통해 서구의 근대적 정치사상, 민주주의 이념, 시민국가의 개념 등을 제시하며 일본 국민의 의식개혁을 강조했고, 나카무라 마사나오는 새뮤얼 스마일스Samuel Smiles, 1812~1904의『자조론Self-Help』(1895)과 존 스튜어트 밀John Stuart Mill, 1806~1873의『자유론On Liberty』(1859)을 번역한『서국입지편西國立志編』(1871)과『자유지리自由之理』(1872)를 통해 공리주의와 자유주의를 소개하는 데 힘썼다. 모리 아리노리는 일부일처제를, 니시 아마네는 서양 철학의 수용을, 가토 히로유키는 입헌정치제도를 소개했으며 인간의 중요한 가치로 인민의 권리加藤弘之, 완전한 양심의 자유森有禮, 건강·지식·부유함西周, 그리고 합리적 정신福澤諭吉 등의 근대적 이념이

일본 사회에 회자되었다. 특히 '하늘은 사람 위에 사람을 두지 않고 사람 아래 사람을 두지 않는다'西周는 천부인권적 사상의 보급은 전통적 사상의 변화를 가져오는 데 기여했으며 민중의식을 계몽하는 견인차 역할을 하기도 했다.

그런데 인민의 무학과 노예근성을 타파함으로써 자립적 인간이 되어야 한다는 점을 강조한 계몽사상의 이면에는 인민의 우매성과 서구 사상의 우월성을 당연시하는 논리가 숨겨져 있었다. 계몽사상가들은 계몽을 통해 현재의 몽매함과 노예근성이 타파될 수 있다는 점을 강조하기는 했지만, 이를 위한 경제적·정치적 제 조건의 기반을 조성하거나 그것을 변혁해야 한다는 점에 관한 언급에는 소극적 태도를 보였다. 오히려 천황제 정부의 개화정책을 긍정하거나 개인의 선택과 자유보다는 집단의 목표가 우선시되는 논리를 강화하는 양상을 보이기도 했다. 특히 1870년대 초 서구의 계몽주의 사상을 설파하는 데 힘썼던 사상가들 가운데에는 1880년대 이후 자신의 주장을 바꿔 개인의 자유·독립·관용·개성 신장이라는 구호보다는 근면·견인불발·의무 등을 강조한다든지, 천황 중심의 국권 신장이나 팽창에 자발적으로 봉사하는 국민의 육성[1]을 교육의 목표로 설정하는 자도 있었다. 예를 들면 가토 히로유키는 1882년에 자신이 저술했던 책을 스스로 절판하면서 사회진화론과 우승열패론에 따른 논의를 『인권신설』에서 전개했으며, 후쿠자와 유키치도 같은 시기에 '정도正道를 버리고 권도權道에 따른다'고 선언했다. 이들은 이전에 주장했던 천부인권과 만국공법은 허망한 것이었다고 하면서 민권운동을 공격하거나 서구 열강과 더불어 아시아 침략을 꾀하기 위한 탈아脫亞를 주장하기도 했다.[2]

1. 西谷敬, 「日本の近代化のエートスの限界: 啓蒙主義の挫折」, 『奈良女子大學文學部敎育文化情報學講座年報』 2, 1997, 1~30쪽 참조.
2. ひろた まさき, 『文明開化と民衆意識』, 青木書店, 1979, 16~21쪽 참조.

한편, 1870~1880년대에 전국에 걸쳐 일어난 자유민권운동은 메이지 정부에 대해 헌법의 제정, 의회의 개설, 지조地租의 경감, 언론의 자유, 집회의 자유 보장 등을 요구하며 민권의 회복을 주장하는 정치·사회운동으로 전개되었다. 이 운동이 민지 계발과 민중의식의 계몽에 커다란 영향을 주기는 했지만 여기에 내재된 논리의 이중성에도 주목할 필요가 있다.

자유민권운동은 1873년 정한론을 주장한 아타가키 다이스케가 서구 시찰에서 귀국한 이와쿠라 도모미 등의 논리에 밀려 사이고 다카모리와 함께 하야한 사건明治六年政變에서 시작되었다. 이들은 정당愛國公黨을 결성해 민선의원설립건백서民選議員設立建白書를 정부에 제출했는데, 이것이 신문에 실리면서 사회운동으로 확산되는 결과를 가져왔다. 초기의 자유민권운동이 정부에 반감을 가진 사족士族이나 호농豪農을 중심으로 전개된 정치운동이었다면, 후반부로 갈수록 도시 부르주아나 빈곤층, 심지어는 도박 집단에 이르기까지 당시 정부의 방침에 비판적인 다양한 계층이 자신의 입장을 표명하는 사회운동으로 발전하는 양상을 보였다.

이에 대해 정부는 민권 확대 움직임을 경계하여 과격한 언동이나 정부 비방에 대해 '국체를 파괴하는 적'이라는 명분을 내걸며 탄압을 강화했고, 이에 대해 정부 타도를 내건 저항이 각지에서 일어났다.[3] 여기서 주목해야 할 것은 이들 저항운동에서 천황을 비판하는 논의가 없었다는 점이다. 가장 대표적인 인민봉기로 평가되는 1884년의 지치부秩父 사건에서는 신도적神道的 색채나 존황의식尊皇意識의 흐름도 엿볼 수 있다. 자유민권운동의 이론적 지도자로 알려진 우에키 에모리植木

---

3. 예를 들면, 福島事件(1882년 11월), 高田事件(1883년 3월), 群馬事件(1884년 5월), 加波山事件(1884년 9월), 秩父事件(1884년 10월), 名古屋事件(1884년 10월), 飯田事件(1884년 12월), 靜岡事件(1886년 6월) 등이다.

枝盛, 1857~1892나 나카에 초민中江兆民, 1847~1901 등은 서구의 아시아 침략을 '야만'이라 부르며 무력적 국권 확장에는 반대했지만, 황국사상皇國思想이나 천황친정天皇親政을 비판하기는커녕 오히려 황실 존재의 의의를 수용하는 태도를 보이기도 했다.[4] 이는 자유민권운동에 동조하거나 적극 가담했던 지식인들조차도 황국사상과 인민의 권리 신장이 양립 불가능하다는 점을 간파하지 못했음을 드러낸다. 즉, 일본의 경제적 이익이나 국가의 부강을 우선시하는 천황 중심의 애국주의가 당시 대부분의 정치 관료나 지식인, 그리고 인민에게도 공유되고 있었음을 짐작할 수 있다.

계몽주의나 자유민권운동의 흐름과 함께 1880년대 전반기에 일부의 정치 관료 및 지식인들을 중심으로 '일본어를 버리고 영어화해야 한다'든가 '서양인과의 혼혈을 추진해 인종을 개량해야 한다'는 등의 극단적 서구화 풍조가 나타났다. 소위 로쿠메이칸 시대라 불리는 일련의 흐름이 나타난 배경에는 메이지 정부가 최우선의 외교 과제로 삼았던 서구와의 불평등조약 개정이라는 난제가 놓여 있었다. 부국강병과 식산흥업을 목표로 서구와 같은 근대화를 이룩하려는 메이지 정부 앞에 막부 말기에 체결했던 불평등조약은 진정한 독립국가의 길을 가로막는 중요한 요소 가운데 하나였다. 당시 외무대신이었던 이노우에 가오루는 서구화한 일본을 선전하기 위해 외국인 접대소 겸 사교장인 로쿠메이칸을 만들었다. 1880년에 착공한 이 건물은 1883년에 완공되었는데, 같은 해 11월 28일 국내외 고관과 신사·숙녀를 포함해 약 600명이 모인 가

이노우에 가오루

---

4. 石田圭介, 『近代知識人の天皇論』, 日本教文社, 1987, 12~14쪽 참조.

로쿠메이칸의 외관

로쿠메이칸의 귀부인 자선회

운데 성대한 개관식이 열렸다. 466평의 2층짜리 벽돌로 지어진 로쿠메이칸은 정부 고관이나 상류계급의 사교장으로 활용되었고, 출입이 신분을 나타내는 하나의 상징이 되기도 했다. 이러한 노력에도 불구하고 불평등조약 개정은 실패로 끝났고 1887년 이노우에 가오루가 자리에서 물러나면서 이 시대도 막을 내리게 되었다.[5]

이러한 극단적인 서구화 풍조에 우려를 표시하며 일본 문화의 특징을 적극적으로 해석하려는 흐름이 이 시기에 등장했다. 당시 언론계를 양분하는 세력으로 1887년에 민우사民友社가, 1888년에 정교사政教社가 설립되었다.

민우사는 설립 초기 평민주의를 표방하며 정부의 서구화 정책을 귀족적이라고 비판하면서도 기관지 『국민의 벗國民之友』을 통해 진보적 언론이나 서구의 사회문제를 소개하는 등의 활동을 전개했다. 특히 도쿠토미 소호德富蘇峰, 1863~1957는 일본에 뿌리내린 평민 수준에서의 서구화를 지향했다. 그러나 청일전쟁 후 도쿠토미 소호는 제국주의로 전향했고, 민우사의 논조도 시론지時論誌보다는 문예지의 성격을 강하게 드러내는 방향으로 바뀌어 갔다. 한편 정치평론단체 혹은 국수주의적 문화단체로 지칭되었던 정교사는 『일본인日本人』, 『아세아亞細亞』, 『일본 및 일본인日本及日本人』 등의 기관지와 서적의 발행을 통해 메이지

---

5. 유모토 고이치, 앞의 책, 434~435쪽.

『국민의 벗』　　　　　『일본인』　　　　『일본 및 일본인』

정교사 발행 잡지의 표지

정부가 서구 문화를 충분히 소화한 상태에서 수용해야 한다는 입장을 표명했다. 특히 미야케 세쓰레이三宅雪嶺, 1860~1945와 시가 시게타카志賀重昻, 1863~1927 등은 국수보존주의를 내걸고 일본 전통문화의 우수성을 논하며 맹목적인 서구화 일변도의 사회 풍조에 반대해 일본 문화를 서구 문화와 동등하게 보아야 한다는 점을 강조했다.

이들 단체의 움직임은 일본 문화의 우월성이나 자부심을 전제로 한 것이기는 했지만 서구 문화의 수용에 무조건 반대한 것은 아니었고, 당시의 맹목적이고 귀족적인 서구 문화 수용의 풍조에 대해 비판의식이 작동해 나타난 것이었다. 따라서 이들의 활동이나 논조가 1890년대 이후의 국가주의적 특징이나 제국주의적 관점으로 변질되어 가는 것도 특이한 징후는 아니었다고 평가할 수 있다.

이상의 논의를 통해 인민의 권리를 강조하는 지식인의 사상과 국가의 부강을 우선시하는 정치 관료의 사상이 외견상 대립적이고 양립 불가능한 것으로 보였지만 이를 단정하기는 어렵다. 이들의 사상은 공통적으로 천황을 부정하지 않는 국가주의를 표방하고 있었고, 논쟁의 과정을 거치며 1890년 이후 일본이 천황 중심의 국체적 국가주의로 나아갈 수 있는 기반이 되었다.

Ⅱ. 국가주의 사상의 교육적 반영

1870~1880년대 전개되었던 사회사상의 특징은 크게 서구의 사상을 수용하는 입장과 일본적인 것을 강조하는 입장으로 나누어 볼 수 있다. 이들이 추구하는 사회와 국가는 어떤 모습이었을까? 이러한 사회와 국가를 만들어 나가기 위해 이들이 교육에 걸었던 기대는 무엇이었을까? 어떤 국민상을 기대했을까? 서구 사상의 수용이라는 입장에서 교육 정책의 방향을 제시했던 모리 아리노리와 유교적 덕목을 강조함으로써 유덕한 신민의 양성을 강조했던 모토다 나가자네는 어떤 교육 내용과 방법을 제시했을까?

1. 모토다 나가자네의 국가주의

모토다 나가자네는 구마모토熊本 번사藩士의 아들로 태어나, 에도 말기부터 메이지 시기에 걸쳐 활동하던 유학자였다. 11세에 구마모토번의 번교시습관藩校時習館에서 공부했고, 요코이 쇼난·시모쓰 규야下津休也, 1808~1883 등의 영향으로 실학당實學党의 한 사람으로 활약했다.

실학당이란 에도 말기 구마모토번에서 나가오카 고레가타長岡是容, 1813~1859, 요코이 쇼난, 모토다 나가자네, 시모쓰 규야 등 번정藩政의 개혁을 요구했던 번사들의 집단을 지칭한다. 실학당은 번교시습관의 교육 방식에 만족하지 않고 이퇴계李退溪의 치국안민, 이용후생, 실천 궁행을 학문의 근본으로 삼아 공부모임을 전개했다. 이 모임은 막부 말기의 혼란스러운 상황 속에서 정치적 권력투쟁의 장이 되었고 메이지 유신에 즈음해 정치적 실권을 획득하지만, 실학당 출신자가 가진 진보적 성향으로 인해 메이지 정부에서 배제되어 주로 민간이나 민권당의 일부로 활동했다.[6]

모토다 나가자네는 요코이 쇼난이 실각하자 일시적으로 실학당과 거리를 두지만, 1870년 실학당이 복권되자 번 영주의 시독侍讀[7]으로 추천되기도 했고 선교사宣教使와 참의參議를 맡기도 했다. 번의 명령과 오쿠보 도시미치의 추천으로 54세에 궁내성宮內省에 출사한 모토다 나가자네는 메이지 천황을 보좌하며 학문을 지도하는 시독侍讀·시강侍講·시보侍補의 직책을 거쳐 1886년에는 궁중

모토다 나가자네

고문관宮中顧問官, 1888년에는 추밀고문관樞密顧問官이 되었다. 궁중고문관에 취임한 이후 모토다 나가자네에 대한 천황의 관심은 각별해 다른 관리들에게는 양장이 정장으로 의무화되었으나 모토다 나가자네는 일본식 복장으로 근무하는 것이 허락될 정도였다.

모토다 나가자네는 실학을 중시하면서도 유교도덕을 본本으로, 지식재예를 말末로 파악했다. 문명개화를 서양의 압력에 의해 이루어진 국체의 위기로 파악했으며 번벌藩閥 정치에 대해서는 '충의를 저버리

---

6. '實學党', https://ja.wikipedia.org/wiki/ 참조하여 작성함. 2016년 11월 25일 인출.
7. 학문을 가르치는 학자 또는 그 직책을 가리킨다.

고 황실을 가볍게 본 처사'라고 비난했다. 그는 메이지 천황을 덕이 있는 군주로 키워 가는 것이 충신의 길이라고 생각했고 이를 실현하기 위해 노력했다.

그는 주자학적 대의명분론을 일본의 현실 사회에 철저히 적용시키려 했고 수신과 치국의 일체화를 꾀하는 한편 황실에 대한 숭배와 존경을 일종의 국교로 확립시켜야 한다고 주장했다. 모토다 나가자네의 정교일치政教一致 노선은 교육칙어를 통한 천황제 국가 확립으로 실현되어 갔다. 이러한 사상을 바탕으로 모토다 나가자네는 교학성지를 기초起草하였으며 『유학강요』를 편찬했고 '교육칙어'의 초안 작성에 참여하는 등 유교에 바탕을 둔 천황제 국가사상의 형성에 기여했다.

2. 모리 아리노리의 국가주의

모리 아리노리는 사쓰마번 가고시마鹿兒島에서 태어났다. 모리 아리노리는 일찍이 서양 학문에 깊은 관심을 가졌으며 1865년 일본 최초의 서양 유학생 중 한 사람으로서 영국의 런던대학에서 수학했다. 1868년 메이지 유신 이후 귀국해 신정부에 등용되었으며 의회 및 교육제도 조사관 등을 역임했다. 이후 미국 대리공사, 청국 공사, 영국 공사로 활동하면서 이토 히로부미와 인연을 맺게 되었

모리 아리노리

고, 주미공사의 직분을 마치고 귀국할 때 일부러 영국에 들러 허버트 스펜서Herbert Spencer, 1820~1903를 만나 헌법에 관한 조언을 요청할 정도로 스펜서의 사상에 경도되어 있었다.

미국에서 귀국한 모리 아리노리는 1873년 후쿠자와 유키치를 비롯한 일본 지식인과 함께 메이로쿠샤를 결성해 서양 사상을 보급하는 데 힘썼다. 이 단체 회원 중 가장 열렬하게 서양화를 주창했던 그는 양복을 입고 사교춤을 즐겼으며, 심지어 일본어를 로마자로 표기할 것을 주장하기도 했다. 1875년 도쿄東京의 긴자오와리쵸金座尾張町에 상법강습소商法講習所를 개설했고 도쿄학사회원東京學士會院의 초대 회원으로 활약했다.

1879년 11월에는 영국 주재 특명전권공사로 임명되어 당시 지식인들과 활발하게 교류했으며, 특히 허버트 스펜서와는 당구의 친구가 될 정도로 두터운 친분을 쌓았다.[8] 이후 1884년 참사원 의관이 되었고 1885년 초대 문부상이 되어 소학교령, 중학교령, 제국대학령 등을 제정함으로써 국가주의적인 근대교육제도를 확립하는 데 기여했다. 1889년 성지인 이세신궁伊勢神宮을 모독했다는 이유로 일본 신도神道 광신자에게 피살되었으나, '메이지 시기 6대 교육가'[9] 중 한 사람으로 꼽힐 정도로 일본 교육의 역사에서 차지하는 위상은 높다.

모리 아리노리는 42년간의 생애 가운데 해외 유학과 공사로서의 임무를 맡아 외국에서 9년 정도의 삶을 보냈다. 이러한 경험은 모리 아리노리가 일본과 일본인이 당시의 세계정세 속에서 어떤 위상과 정체성을 가져야 하는가를 끊임없이 되묻게 하는 배경이 되었다.[10] 모리 아

---

8. 德富猪一郎,『大正の青年と帝國の前途』, 民友社, 1916.
9. 1907년 5월 제국교육회(帝國敎育會), 도쿄부교육회(東京府敎育會), 도쿄시교육회(東京市敎育會)가 공동으로 주최하는 전국 교육가 대집회가 도쿄공업고등학교(東京工業大學의 전신) 강당에서 개최되었다. 여기서 '근세 교육에 공적이 있는 교육가'로 大木喬任(文部卿, 근대적 학제 제정), 森有禮(明六社 발기인, 문부대신, 학제개혁), 近藤眞琴(攻玉塾 창립, 수학·공학·항해술 분야에서 활약), 中村正直(同人社 창립,『西國立志編』등 번역서 발간), 新島襄(同志社 창립, 영어·기독교 분야에서 인재교육), 福澤諭吉(慶應義塾 창설, 법학·경제학 등 폭넓은 사상가) 등 6명의 교육가가 열거되었다('明治六大敎育家', https://ja.wikipedia.org/wiki/ 2016년 11월 28일 인출).
10. 長谷川精一,『森有禮における國民的主體の創出』, 思文閣出版, 2007, 3쪽.

리노리가 살았던 막부 말기부터 메이지 전반은 서구 열강의 식민지 경쟁이 치열하던 시기로 일본에게는 커다란 위기로 다가왔으나, 모리 아리노리는 이를 국가 변혁의 계기로 삼고 새로운 사회나 문화를 성장시킬 수 있는 기회라고 생각하고 있었다. 서양 열강의 식민지화를 피하기 위해서는 일본 사회의 전통이나 문화를 유지하는 것만으로는 불가능하다고 파악하고, 일본과 서양의 차이가 어디에 있는지를 분명히 함으로써 국가 독립을 위한 대책 마련이 가능하다고 보았다. 이를 위해 자각적 국민의 창출이 필요하다는 점을 역설했는데, 모리 아리노리는 영국 신문과의 인터뷰에서 일본인의 강한 애국심에 대해 다음과 같이 말한 바 있다.

> 나는 일본인의 마음에 커다란 신뢰를 두고 있습니다. 세계 어디에서도 좋습니다만, 앞에 있는 일본인을 마음대로 선택해 보세요. 그 인물이 아무리 미국화, 혹은 유럽화되었다고 해도 그들에게서 일본 내에 있는 사람들의 마음에 요동치고 있는 것과 같은 생생한 마음이 있음을 찾아낼 수 있을 것입니다.[11]

이러한 논리는 일본인이라면 일본인으로서의 확고한 정체성과 애국심을 가져야 하며 국민적 공동체라는 의식 함양을 위해서는 국가주의적 교육이 필요하다는 주장으로 이어졌다. 이처럼 애국심을 가지고 있지 않은 자는 일본인이라고 할 수 없다는 그의 논리는 국민적 공동체의 배제 논리와 연결될 수 있는 여지를 가지고 있었다. 모리 아리노리의 이러한 생각은 다음과 같은 언급과 궤를 같이한다.

---

11. The Japanese Ambassador of Public Affairs, *An Interview on his Departure from England*, 1884年 2月 26日(『森有禮全集』第三卷, 1972, 439쪽 재인용).

나의 이익을 위해서라면 모든 인도人道를 잊고, 세계 각지에서 침탈을 행하고, 강대국이 서로 결합해 약소국을 거부하는 것은 서구 제국주의의 본질…… 영국의 정치도 겉으로는 조리條理를 중시하는 듯이 보이지만 그 내실은 기교와 권모뿐…… 일본이 조선과 강제적으로 불평등조약을 맺은 것은 최상의 다행한 일幸事.[12]

한편에서는 이치理致와 조리條理와 인도人道를 말하지만, 다른 한편에서는 자신의 이익에 위배되는 행위를 불의不義와 부당함으로 파악했던 모리 아리노리의 논리를 어떻게 이해해야 할까? 이는 모리 아리노리가 서구 문명의 수용을 통한 민지의 계몽을 논했지만, 병식체조를 통한 부국강병을 추진해 갔던 이유가 될 수 있으며, 모리 아리노리를 국가주의자로 부르는 이유가 되기도 한다.

3. 신민교육과 국민교육의 간극

영국 공사 시절에 파리에서 맺은 모리 아리노리와 이토 히로부미의 인연은 이토 내각이 결성되었을 때 모리 아리노리를 문부대신으로 임명하게 된 결정적 계기가 되었다. 이에 대해 모토다 나가자네는 강렬한 반대 의사를 표명했다.

모리가 참사원의관이 되어 문부성 관리의 일을 겸임하게 되는 것은 대단히 우려할 일이고, 산조三條實美 태정대신과 아리스가와 노미야有栖川宮 좌대신도 모리가 종래 종교가였고, 그가 국가의 교육에 관계하는

---

12. 長谷川精一, 앞의 책, 5쪽.

것은 장래 나라에 해를 가져올 것이라고 건언建言했다. …… 나元田는 모리가 종교가인 증거를 말하며, 모리의 지능을 사용하는 것은 좋지만, 다른 관직으로 옮겨야 하고 문부성에 들이지 말 것을 논했다. 이토는 모리가 사쓰마 출신의 유력가로 함부로 사용할 수 없으며, 동시에 종교도 사메시마 나오노부鮫島尙信처럼 깊이 믿는 자가 아니므로 걱정할 필요는 없다고 답해, 논의는 이루어지지 않았다. 모리의 문부성 입성에 대해 문부경 오키 다카토大木喬任와 문부소보 구키 류이치九鬼隆一 등도 반대했지만, 이토는 그들을 강경히 설득해 이를 실현시켰다.[13]

1885년 12월 관제개혁으로 일본 최초의 내각이 탄생했고 내각의 수장인 이토 히로부미는 모리 아리노리를 문부대신으로 추천했으나, 모토다 나가자네를 비롯해 문부성 내의 관료들과 천황은 큰 우려를 표명했다. 그 이유는 모리 아리노리가 서구 사상의 영향을 많이 받은 기독교주의자라는 점이었다. 유교적 이념에 근거해 천황의 권한 강화를 주장하고 있던 모토다 나가자네에게 모리 아리노리의 등장이 위기로 여겨졌음은 충분히 짐작할 수 있다.

문부대신이 된 모리 아리노리는 유교 경전을 암송하는 방식의 수신교육에 비판적 태도를 드러냈다. 그는 수신교육이란 교사의 언행을 모범으로 학생이 보고 배우는 것이지 교과서에 실린 구절을 따라 한다고 이루어지는 것이 아니라고 보았다. 1887년의 '학과 요령'에서 모리 아리노리는 다음과 같이 말했다.

아동의 발육 정도를 구별하지 않고 막연하고 어려운 고인의 언행을 가르치는 것이 좋지 않음은 물론, 그 가운데에는 아주 본질에서 멀어진

---

13. 林竹二, 「森有禮硏究」, 『東北大學敎育學部硏究年報』 第16集, 1968, 99쪽.

것도 있어 소학생도의 머리로는 도저히 이해할 수 없는 것도 있고, 이것을 이해했다고 해도 단지 수신의 가르침으로 하지 않고 도리어 이를 방해하는 것도 있어, 세상에서는 종종 논어 등을 사용하는 경우가 있는데, 이 책 등은 수신서라고 하기보다 오히려 정사서政事書라고 하는 편이 적당하다.[14]

이러한 모리 아리노리의 교육 방침에 대해 모토다 나가자네는 '모리 문상에 대한 교육 의견서'에서 다음과 같이 주장했다.

자네森는 문부대신이 되어 교육의 개정에 착수하고, 그 주의는 충군애국에 있다고 말하지만, 자네의 본심은 결국 어떤 교육의 모습을 기대하고 있는가. 천황도 나元田도 그것을 걱정하고 있다. 자네가 나를 한학자류로 보고 있지만 나는 종래의 한학자와 같은 부유腐儒가 아니며, 공자를 믿고 있지만 그것은 불교자가 석가를 믿고 기독교자가 예수를 믿는 것과는 달리, 공자의 가르침인 충효의 대도大道를 그 시세에 활용하는 것이고, 오늘날 일본에서 이것의 실현을 자신의 학문 목적으로 생각하고 있다. 오직 일본은 일본의 도를 세우고, 일본 교육을 행할 수 있도록 열심히 할 뿐이니. 자네는 나와 달리 종래 미국에 유학해서 기독교 가운데 한 부류의 교사에 관해 대단히 고학苦學했다고 요코이 쇼난에게 들었던 바가 있으므로, 기독교의 가르침을 믿고 있다고 본다. 일본의 교육에 관해 기독교처럼 우리가 군부君父를 버리고 예수를 믿는 마음을 생기게 하는 정신은 없다고 말하지만, 나의 고향 사람舊縣人들 중에는 자네를 의심하는 자 많고, 필시 전국에도 자네를 종교신자로 생각하는 자도 많을 것이다. 자네는 지금 교육의 전권을 가진 문부의 대신이다. 자

---

14. '森有禮の道德思想について', http://www.liberalarts.cc/index.html 2013년 2월 12일 인출.

네가 믿는 것은 과연 무엇인가. 자네에게 과연 충군애국의 성誠이 있다
면 나에게 감추지 말고 알려 달라.[15]

　모토다 나가자네는 충효의 대도大道를 일본 교육의 근본으로 삼아
야 한다는 견해를 피력하며 정책의 변경을 요구했지만 모리 아리노리
는 자신의 방침을 바꾸지 않았다. 같은 메이로쿠샤 회원이었던 니시무
라 시게키, 후쿠자와 유키치, 가토 히로유키 등이 인민의 덕육함양을
위해 불교나 유교 등의 논리를 학교교육에 도입할 것을 주장했지만,
모리 아리노리는 학교교육을 통해 획일적으로 덕육을 함양하는 것이
교사와 학생의 종교적 자유를 빼앗는 결과를 초래한다고 하면서 이에
반대했다.[16]

　이처럼 주자학적 대의명분론을 일본의 현실 사회에 철저히 적용함
으로써 수신修身과 치국治國의 일체화를 꾀하고, 이를 통해 황실에 대
한 존경심의 확산을 목표로 했던 모토다 나가자네의 노선은 모리 아
리노리의 교육 정책과는 양립할 수 없는 것이었다. 그러나 모리 아리
노리의 암살로 그가 추진하던 교육 정책은 중단되었고 모토다 나가자
네의 정교일치政敎一致 노선이 교육칙어 발포와 함께 이후 천황제국가
의 이념으로 수용되어 가게 된다.

15. 長谷川精一, 앞의 책, 301쪽.
16. 牧原憲夫, 『明治七年の大論爭−建白書から見た近代國家と民衆−』, 日本經濟評論社, 1990,
　　12쪽.

Ⅲ. 신민교육과 국민교육의 내용 및 방법

1. 모토다 나가자네의『유학강요』

『유학강요幼學綱要』는 메이지 천황의 칙령을 받아 시강이었던 모토
다 나가자네가 편찬한 것으로 1882년 12월 2일에 궁내성에서 반포되
었다. 문부성이 아닌 궁내성 반포로 한 것은 천황이 직접 선택한 수신
서勅選修身書라는 의미를 부각시킨 것으로 교육칙어의 원형이라는 평가
를 받고 있다.『유학강요』를 통해 추구했던 바가 무엇인지는 첫 페이지
에 나오는 내용幼學綱要頒賜／勅諭을 보면 분명하다.

도덕은 교육의 근본主本인데 우리 조정我朝은 중국支那을 오로지 숭상
하는 바 구미歐米 각국도 역시 수신修身을 배우지만 그것을 우리 조정에
채용하는 것은 아직 긴요하지 않고, 지금 학과의 본말本末을 잘못 아는
자 적지 않으니 연소年少 취학에 즈음해 충효忠孝를 본本으로 인의仁義를
앞에 두도록 유신儒臣에 명해 이 책을 편찬케 하고, 아래 사람群下에 반
포頒賜해 명륜수덕明倫修德의 요지를 알려야…….[17]

17.『幼學綱要』, 宮內省出版, 1882, http://kindai.ndl.go.jp 2013년 2월 12일 인출.

『유학강요』는 천황이 모토다 나가자네에게 편찬을 지시하는 형태로 반포되었지만, 이는 곧 모토다 나가자네의 생각을 그대로 드러낸 것이기도 했다. 앞에서 살펴보았듯이 천황과 그 측근의 반대에도 불구하고 1870년대 중반의 계몽주의적 분위기에서 소위 자유교육령이라는 별칭을 가진 교육령(1879년)이 공포되었다. 이에 대해 모토다 나가자네는 인의충효仁義忠孝가 교육의 핵심이어야 함에도 불구하고 지식재예知識才藝를 근본으로 삼는 본말전도本末顚倒의 맹목적 서구화는 사회 질서를 어지럽히는 근원이 되므로 정부의 교육 정책은 덕육德育을 중시하는 방향으로 나아가야 한다고 주장했다. 그 구체적 교육 방법 가운데 하나가 아동이 지식을 갖기 전에 인의충효의 덕목을 두뇌에 확실히 각인하도록 철저히 반복시킬 수 있는 교재의 편찬이었다. 『유학강요』는 이러한 목적 달성을 위해 만들어진 수신서였다.

『유학강요』는 상·중·하 3책 7권으로 구성되었다. 구체적으로 효행孝行, 충절忠節, 화순和順, 우애友愛, 신의信義, 근학勤學, 입지立志, 성실誠實, 인자仁慈, 예양禮讓, 검소儉素, 인내忍耐, 정조貞操, 염결廉潔, 민지敏智, 강용剛勇, 공평公平, 도량度量, 식단識斷, 면직勉職 등 20가지의 덕목이 제시되었고, 그에 관련된 내용 설명이 사서오경四書五經이나 『효경孝經』 등에 나오는 어구를 인용하는 방식으로 이루어졌다. 더불어 내용을 알기 쉽게 이해할 수 있도록 일본과 중국의 역사에 관련된 사례 299가지와 62매의 그림도 활용되었다. 『유학강요』의 첫 번째 덕목으로 제시된 '효행'의 내용 구성을 보면, 먼저 효행이란 무엇인지를 설명하고, 다음으로 『효경』, 『대학大學』, 『중용中庸』 등에 나오는 효에 관한 어구를 인용하였으며, 마지막으로 일본의 역사에 나오는 사례를 제시하면서 그림으로 그 상황을 묘사하는 방식으로 구성되었다.

이렇게 완성된 『유학강요』는 각 학교에 반포되지 않고 지방관의회에 참가하기 위해 상경한 지방관에게 칙유勅諭라는 방식으로 보급되었다.

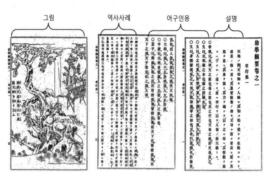

『유학강요』의 본문 일부

그리고 황족 이하 진임관秦任官 이상이나 관공립학교에는 신청하면 배포했고, 사립학교에는 실비를 징수하는 방식을 취했다. 그 결과 1882년부터 6년간 배포된 부수는 약 3만 2,000부였고, 교부된 것을 합하면 약 4만 1,000부에 이르렀다. 실제 교육 현장에서는 '천황폐하가 내린 것을 수업에서 더럽힐 수 없다'는 이유로 서랍에 넣어 두고 관리하거나 교장 등 소수에게만 관람이 허용되는 등의 조치가 취해지기도 했다. 계몽주의자인 모리 아리노리가 문부대신에 취임하면서 배포를 희망하는 횟수가 감소했고 1887년에 판권이 궁내성으로 옮겨진 다음 해부터는 배포가 정지되었다. 그런데 1920년대 중반부터 국가주의의 고양과 더불어 새로운 판본이 해설서와 더불어 간행되기 시작했고 교육칙어를 보완한다는 목적 아래 다시 활용되는 양상을 보였다.[18]

18. '教學聖旨と文教政策の變化', http://www.mext.go.jp/b_menu 2016년 3월 24일 인출.

2. 모리 아리노리의 『윤리서』

『윤리서倫理書』는 모리 아리노리의 지시에 따라 노세 사카에能勢榮, 1852~1895가 중심이 되어 초안을 잡은 것으로 1888년 3월 중학교·사범학교용 교과서로 문부성 편집국에서 출판되었다. 모리 아리노리가 암살됨으로써 실제로 사용되는 데까지는 이르지 못했지만, 이 책은 모리 아리노리의 윤리사상을 분명히 드러내 준다는 점에서 모리 아리노리가 구상한 인간교육의 방향을 이해할 수 있는 자료적 가치를 지닌다.

『윤리서』의 전체 구성은 범례를 포함해 '제1장 개론, 제2장 목적, 제3장 행위의 기원, 제4장 의지, 제5장 행위의 표준'으로 이루어졌다.[19] 이 교과서의 목적은 범례에도 제시되었듯이 "윤리 연구의 입장에서 사람과 사람 사이에 일어날 수 있는 감정이 행위가 되어 나타났을 때 그 정사선악正邪善惡을 판단하는 표준"[20]을 분명히 하는 데 있었다. 내용은 도덕적으로 선한 행위를 구체적으로 해설하는 것이 아니라 추상적이고 학술적인 설명을 중심으로 구성되었다. 또 도덕과 윤리의 관계가 밀접하다는 점을 지적하면서도 "원래 원리와 법칙의 구별 있으니

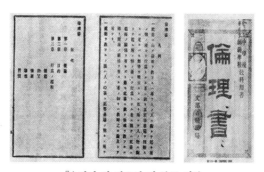

『윤리서』의 겉표지 및 본문 일부

---

19. 文部省編集局, 『倫理書』, 1888(『森有禮全集』 第一卷, 1972, 420~456쪽 참조).
20. 위의 책, 421쪽.

윤리는 원리이고 도덕은 법칙"이라고 말한 점에서, 이 책 자체는 도덕 법칙의 발견을 주요 과제로 한 것이 아니라 윤리의 표준을 분명히 하는 데 초점을 두었다고 보아야 할 것이다.

특히 아동의 덕성 함양을 위한 교원의 역할을 강조했다. 예를 들면, 아동에게 도덕적 정조를 내면화시키기 위해서는 구체적인 사례가 필요하겠지만, "증거를 상세히 미리 제시하면 교원의 임무가 줄어든다"라고 하면서 자료 선택의 재량이 교원에게 있음을 피력했다. 또 교사가 덕목만을 주입하면 수신교육이 이루어진다는 발상에서 탈피해 실제 사회생활 속의 다양한 장면에서 '좋은 행위'를 이끄는 원리를 교원이 깨닫고 실천한다면 수신교육은 제대로 이루어질 수 있을 것이라고 보았다. 이를 위해 3기질, 즉 순량順良, Obedience · 신애信愛, Friendship · 위중威重, Dignity을 고루 갖춘 교사상敎師像을 제시했으며 교원 각자가 막중한 책임감을 지녀야 한다고 역설했다.

초대 문부대신이 된 모리 아리노리가 스스로 감수했고 전국적으로 채용될 예정이었던 교과서 『윤리서』에는 다음과 같은 내용도 적혀 있었다.

사람은 서로 돕는 것으로 가장 행복한 상태에 도달한다. 즉 사람들이 서로 조화하게 되고, 그 목적을 달성한다. 자타병립自他並立함으로써 그 진보를 함께하는 것이다. 이것이 인간의 행위의 기준이다. 사회는 일인一人, 일가一家, 일촌一村, 일군一郡, 일국一國의 집합체이고, 각각이 그 직으로 하는 바를 완수하고, 함께 힘을 나누어 협력하지 않으면 그 집합체를 유지할 수 없다. 자타가 서로 병립하지 않을 때에는 사람들은 서로 저촉하고 서로 적의를 만들며 결국은 그 집합체를 붕괴시켜 버린다. 무릇 세계 중에서 존중해야 할 행위는 동감의 공정에서 일어난다. 인간이 궁극의 목적에 도달하기 위해 가장 타당한 길은 단지 자타가 협동하고

서로 병립하는 것뿐이다.[21]

　개인과 사회가 행복한 상태에 도달하기 위한 기본 요소를 서로 협동하고 함께 존립하는 것에서 찾은 모리 아리노리의 사상은 분명히 근대적 인권사상과 연결되는 듯이 보인다. 그러나 모리 아리노리가 말하는 '자'와 '타'를 구분하는 기준은 무엇인가? 그 구분은 누가 하는가? 모리 아리노리는 특명전권공사로서 중국에 파견되었을 때 "만국공법이란 이것을 지키는 나라에서만 사용되어야 하고 조선과 같이 공법이 무엇인지 모르는, 즉 이것을 도리어 억압하고 싫어하는 나라에서는 사용될 수 없다"[22]라고 말한 바 있다. 이러한 사고방식은 그가 외교관 시절부터 친하게 지냈던 영국의 사상가 허버트 스펜서의 영향을 받은 것이라 볼 수 있다. 여기서 '자'와 '타'를 구분하는 자의적 기준은 자타병립의 이면에 내재하는 타자 배제의 논리와 맞닿아 있음에 유의할 필요가 있다.

---

21. 위의 책, 448~455쪽 참조.
22. 長谷川精一, 앞의 책, 3쪽.

IV. 국가주의 교육의 스펙트럼

　메이지 초기 왕정복고를 내걸었던 집단의 목표는 천황을 정점으로 하는 지배기구를 창출함과 동시에 그 지배에 복종하는 국민을 육성하는 것이었다. 이 과정에서 분열된 정국을 수습하기 위한 집단 간의 주도권 싸움이 끊임없이 전개되었으며 자신들의 입지를 확보하기 위한 다양한 정책 방안이 제기되었다. 신도 국교화 정책의 추진과 실패, 루스정부 관료의 정한론과 이와쿠라 사절단에 참여했던 서구 지향 관료들의 반대와 숙청, 그리고 여기서 촉발된 각종 정당 결성과 자유민권운동의 전개 등은 1890년대 이후에 형성된 천황 중심의 국체적 국가주의의 형성이 각 집단 간의 이해관계를 둘러싼 갈등과 대립의 산물이라는 점을 말해 준다.

　이 과정에서 국력 신장과 식산흥업에 필요한 인재상을 둘러싸고 서구적 근대 지향의 입장과 일본적 근대를 지향하는 입장에 선 다양한 논의가 전개되었다. 전자의 경우는 일본이 서구와 같은 문명의 수준에 도달하기 위해서는 국민계몽이 필요하다는 점을 역설했으며, 후자의 경우는 맹목적 서구 수용의 태도를 비판하며 일본의 전통적 문화 속에서 일본이 처한 문제를 해결할 수 있다고 주장했다. 모리 아리노리와 모토다 나가자네는 전자와 후자의 경우를 대변하는 인물로 이들이 제안했던 방법은 서로 다른 방향을 향하고 있는 듯이 보였다. 그러나 당시 메이지 정부가 당면했던 과제를 해결하기 위해 국민의 권리보다는 국가의 안위를 최우선의 과제로 삼았다는 점에서 양측의 입장은 같은 곳을 바라보고 있었다. 즉, 이들의 노선은 국가주의 교육사상이라는 스펙트럼의 연장선상에 있었던 것이다.

모토다 나가자네는 유교적 사상을 바탕으로 천황대권을 실현하기 위해 도덕교육의 중요성을 강조한 반면, 모리 아리노리는 학교교육을 통한 도덕교육이나 교과서를 통한 암송식 수신교육의 폐단을 지적하며 교사의 언행을 모범으로 하는 교육을 중시했다. 모토다 나가자네에게 기독교주의자로 낙인찍힌 모리 아리노리의 교육 정책은 일본정신이나 일본적인 것을 외면한 서구 따라 하기의 상징으로 비쳐졌고, 이에 모토다 나가자네는 모리 아리노리의 문부성 입성에서부터 『윤리서』출간에 즈음한 의견서에 이르기까지 모리 아리노리 사상의 위험성을 일관성 있게 경고했다. 한편, 모리 아리노리는 인민의 계몽 및 덕성 함양을 위해 학교교육을 통한 도덕교육의 필요성을 주장한 여러 지인知人들의 주장을 비판하면서, 불교나 유교 등의 종교를 통한 학교교육이 교사와 학생의 종교적 자유를 억압할 수 있다는 점을 강조했다.

이처럼 메이지 전기라는 사회·정치적 상황 속에서 국가주의라는 폭넓은 스펙트럼 가운데 모토다 나가자네의 국수주의적 사상과 모리 아리노리의 계몽주의적 사상은 일면 양립 불가능한 것으로 비쳐졌다. 그러나 이들 사상이 서로 대립하고 갈등하는 가운데 1890년 이후 전개되는 국체적 국가주의 사상을 형성하는 조건이 되었다는 점도 부인하기 어려울 것이다.

제4장

학제개혁 논쟁:
1890년대 전반

메이지 유신 이후 정치·사회·문화·교육 등 각 분야에서 근대화를 추진했던 일본은 1890년 전후 대내외적으로 새로운 전환기를 맞이한다. 국내에서는 1889년 헌법이 제정되어 입헌국가로서 입지를 구축했고, 1890년 교육칙어를 발포함으로써 국민교육의 기본 이념을 확정할 수 있었다. 메이기 전반기를 거치면서 전개되었던 적극적인 서구 문화 수용의 움직임은 유교에 바탕을 둔 보수주의적 논리에 의해 와해되어 갔고, 일본의 특수성을 강조하는 일본주의가 시민권을 얻고 있었다.

　이러한 국가 통치 체제 전반의 틀이 확립되어 가던 것과 맞물려 경제적 지형에도 큰 변화가 나타났다. 1870~1880년대를 거치면서 대지주나 재벌을 중심으로 자본이 축적될 수 있는 조건이 만들어졌고, 이는 메이지 정부가 서구 열강을 따라가기 위한 근대국가 건설에 박차를 가할 수 있는 기반이 되었다.

　제4장에서는 1890년대 이후 전개되었던 일본 학제개혁 움직임에 관해 살펴본다. 일본은 메이지 유신 이후부터 줄곧 전국의 학교를 통일적으로 관리하기 위한 교육 시스템의 구축 및 정비에 몰두했는데, 1890년대의 정치·경제적 변화가 새로운 교육 체제 구축에 미친 영향은 무엇이었을까? 이노우에 고와시 문부대신이 제안했던 학제개혁에는 어떤 내용이 담겨 있었을까?

I. 근대적 학제개혁의 역사

1868년 왕정복고 선언으로 성립된 메이지 정부가 근대적인 정치·경제·사회 제도의 개혁에 박차를 가하기 시작한 것은 1870년에 들어서였다. 1871년 7월 단행된 폐번치현廢藩置縣은 기존의 행정구역이었던 번藩을 폐지하고 현縣을 설치한다는 것으로, 지방통치를 중앙의 관리 아래 두겠다는 정부 의지의 표명이었다. 폐번치현과 관련해 관제 개정이 이루어졌고 이 가운데 전국의 교육행정을 총괄하는 문부성이 설치되었다.

이후 메이지 정부는 전국의 통일적인 교육제도를 마련하기 위한 절차를 진행했다. 1871년 12월에 '학제'의 초안을 마련하기 위해 미쓰쿠리 린쇼를 중심으로 하는 12명의 학제조사팀學制取調掛이 구성되었고, 1872년 1월에 '학제' 초안이 완성되었다. 이런 작업은 '만국 학제의 가장 선량한 것'을 모범으로 받아들이면서 '내외의 편의便宜'를 참작해 만든다는 기본 취지' 아래 진행되었고, 이를 위해 조사팀이 양학자 7명, 국학자 2명, 행정사무 전문가 3명으로 구성되었다. 특히 미쓰쿠리 린쇼를 포함해 3명의 프랑스 학자가 조사팀에 포함되었다는 점은 통일적·획일적 특징을 가진 '학제'가 프랑스 교육제도의 영향을 받았다

---

1. 神山榮治, 「ナポレオン學制と明治五年」, 『講座 日本教育史 2』, 第一法規, 1984, 277쪽.

는 논의에 힘을 실어 준다.

1872년 메이지 정부는 '학제'를 발포했다. '학제'는 메이지 정부가 발포한 최초의 근대적 학교제도에 관한 법령으로, 중앙집권적인 교육 방침이라 할 수 있는 태정관포고 제214호와 학교행정 및 학교 설치에 관한 내용의 문부성포달 제13호로 구성되었다. 전자에서는 학교를 설치해 국민교육제도를 구축한다는 메이지 정부의 의도를 분명히 제시했는데, 보통 학제서문學事獎勵二關スル被仰出書이라 불린다.

사람이 스스로 몸을 세워 재산을 관리하고 업業을 일으켜 생生을 마치는 까닭은 다름 아니라 몸을 닦고 지智를 열어 재예才藝를 능하게 하는 바이다. 그러나 몸을 닦고 지를 열고 재예를 능하게 함은 배우지 않으면 가능하지 않다. 이것이 학교를 세우는 까닭으로 일용상행日用常行·언어言語·읽고 셈하기書算를 비롯해, 사관士官·농상農商·공업百工·기예技藝 및 법률·정치·천문·의료 등에 이르기까지 사람이 영위하는 바를 배워야 한다. 사람은 그 재능에 따라 공부하여 이것에 종사하고 난 후에 비로소 생生을 다스리고 재산을 일으키고 업業을 번성시킬 수 있다. 그러므로 학문은 몸을 세우는 재본財本이라고 해야 할 것으로 사람이란 누구나 배우지 않으면 안 된다. 내가 갈 길을 방황하고 기아에 빠지고 집안이 파산하고 몸을 손상하는 무리가 됨은 필경 불학不學에 의한 것으로 이러한 잘못을 만들게 된다. 종래 학교學校를 세우는 데 오랜 시간이 걸려 그 길을 찾지 못하고 그 방향을 그르쳤고, 학문은 사인士人 이상의 일로 농·공·상 및 부녀자에 이르러서는 이것을 도외시하고 학문이 무엇인지를 분간하지 못했다. 또 사인士人 이상의 드물게 배운 자도 곧잘 국가를 위한다고 외치며 몸을 세우는 기초임을 알지 못하고, 혹은 극단적으로 시가와 문장을 기억하고 암송詞章記誦하는 데 몰두하고 공리허담空理虛談의 길로 빠져 그 논論이 고상한 듯하지만, 이것을 몸으로 행하고 일을 능히 수행하지 못하는 자 적지 않았다. 이것은 연습沿襲의 나쁜 관습으로 문명이 아니다. 재예才藝를 능히 하지 못해 빈핍貧乏·파산破産·상가喪家의 무리가 많은 까닭이다. 이런 이유로 사람이란 배우지 않으면 안 된다. 이것을 배우는 데는 그 뜻을 오해하지 말아야 한다. 이에 따라 이번 문부성에서 학제學制를 정하고 점차 교칙教則을 개정해 포고에 이르게 됨에 따라 이후 일반 인민人民 화사족華士族 병사卒 농공상農工商 및 부녀자及び婦女子 반드시 읍邑에 불학不學의 집 없고 집에 불학不學의 사람 없도록 해야 한다. 부형父兄이 되는 자, 그 뜻을 잘 체인體認하고 애육愛育의 정情을 두텁게 하여 자제子弟로 하여금 반드시 배움學에 종사하도록 해야 한다. 고상高上한 배움에 이르러서는 그 사람의 재능材能에 맡기지만 어린 자제子弟는 남녀를 불문하고 소학小學에 종사하지 않는 자는 그 부형의 잘못으로 해야 한다.

단, 종래 연습沿襲이라는 나쁜 관습으로 학문은 사인士人 이상의 일로 하고 국가를 위해서라고 외침으로써 학비 및 그 의식衣食에 이르기까지 대부분 관官에 의뢰해 이것을 지급하지 않으면 배우지 않는 것이라고 생각해 일생을 돌보지 않는 자가 적지 않다. 이 모두 매우 당혹스러운 것이니, 이후 이런 폐해를 고쳐 일반 인민이 다른 일은 제쳐 두고 스스로 분발해 반드시 배움에 종사하도록 주의해야 한다.[2]

여기서는 정부가 학교를 설치해야 할 의무와 더불어 사람들이 교육을 받아야 할 필요성을 강조한 것 이외에도 남녀·신분의 구별 없이 모든 인민이 교육을 받아야 한다는 점을 분명히 했다. 이와 함께 학교에서 필요한 경비, 즉 교사나 감독관의 급여, 교사校舍 건축비, 학교 유

---

2. '學事獎勵ニ關スル被仰出書', 1872, http://www.geocities.jp/sybrma/61gakujisyourei.html 2016년 12월 15일 인출.

지비 등을 생도生徒의 수업료로 충당할 것을 규정했다.

이러한 기본적 교육 이념을 실현시키기 위해 구체적인 학교의 설치 및 운영에 관한 원칙이 문부성포달 제13호로 명시화되었다. 1872년 당시 '학제'는 109장으로 구성되었는데, 여기에는 대·중·소 학구의 사항 (1~19장), 학교에 관한 사항(20~39장), 교원에 관한 사항(40~47장), 생도 生徒 및 시업始業에 관한 사항(48~57장), 해외 유학생 규칙에 관한 사항 (58~88장), 학비에 관한 사항(89~109장) 등의 내용이 포함되었다. 다음 해인 1873년에 신관승려학교, 학과졸업증서 등에 관한 내용이 '학제 2편'에 추가되었고, 이후 여러 번의 개정을 통해 내용의 수정 및 삭제가 이루어졌다.[3] 이로써 메이지 초기의 학교제도에 관한 조항은 212장에 이르렀다. '학제'를 바탕으로 전국에 대·중·소의 학구學區에 각각 대학교, 중등학교, 소학교가 설치되었고, 정부가 이들 학교를 중앙집권적으로 관리할 수 있는 기반이 마련되었다. [그림 4-1]은 '학제'에 제시된 학교의 계통을 나타낸 것이다.[4]

근대적 학교제도를 통해 국민의 교육 수준을 향상시키려는 메이지 정부의 궁극적 목표는 근대화된 서구를 따라잡기 위해 필요한 부국강병과 식산흥업이었다. 그러나 위로부터의 획일적이고 중앙집권적인 방식으로 '학제'가 시행되는 가운데, 수업료로 인한 경제적 부담과 전통사상과 동떨어진 교육 내용 등은 밑으로부터의 비판과 저항을 불러일으켰고 소학교 방화나 파괴 등의 사건이 일어나기도 했다. 이처럼 '학제'가 시행되는 과정에서 드러난 문제 및 부작용은 어떤 방식으로든 시정되어야 할 필요가 있었다.

이어 공포된 것이 1879년 9월 태정관포고 제40호로 발포된 교육령

---

3. 學制二編, 1873; 學制二編中追加, 1873; 學制二編追加頒布, 1873; 記錄課編纂, 1874: 1~45쪽; 內閣官報局, 1889: 1588~1589쪽.
4. '學校系統圖', http://www.mext.go.jp/ 2016년 12월 5일 인출.

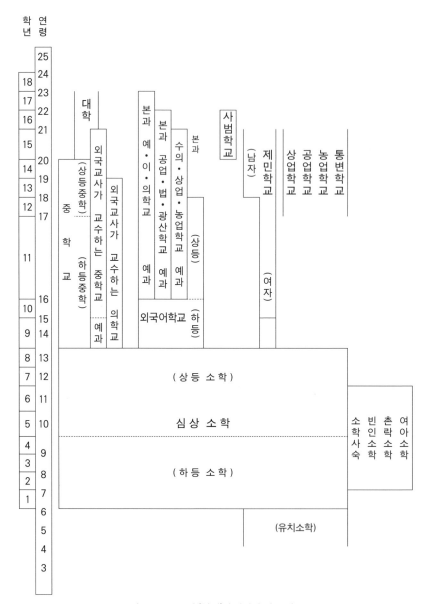

[그림 4-1] 1872년 '학제'에 나타난 학교 계통도

이었다. 1876년에 다나카 후지마로는 미국 여러 주의 교육제도를 조사하고 다음 해 귀국해 구체적인 학제개혁에 착수했다. 문부대보文部大輔였던 다나카 후지마로를 중심으로 문부성은 새로운 교육 법안을 제안했으며, 여러 차례 수정을 거쳐 47장으로 구성된 교육령이 발포되었다. 이와 동시에 '학제'는 폐기되었다.

교육령은 중앙집권적이고 획일적 성격을 가진 '학제'가 취학률 상승이나 학교 운영에 효과적이지 못하다는 문제를 해결하기 위해 제안되었다. 교육령의 특징은 기본적 원칙만을 제시하고 교육의 권한을 대폭적으로 지방에 위임해 지방의 실정에 따라 융통성 있게 운영할 수 있도록 했다는 점이다. 예를 들면, 학구學區에 관한 규정을 없애고 소학교의 설치 및 운영을 그 지역에 맡기거나, 학교에 관한 사무를 주민이 직접 선출한 학무위원이 담당하도록 하는 것 등이었다. 이런 방식은 미국의 교육위원회 제도를 모방한 것으로 지방교육행정의 독자성과 자주성을 보장한다는 취지에서 마련되었다. 취학률 상승을 위한 조항도 있었는데, 그 내용은 주로 취학인정의 폭을 넓히는 것이었다. 즉, 8년의 교육 기간을 원칙으로 하면서도 지방의 상황에 맞게 4년까지 단축할 수 있도록 하거나, 또 적어도 16개월 이상 취학한 경우나 정식 입학을 하지 않고 별도의 보통교육을 받은 경우, 그리고 교원의 순회교육을 받은 경우 등을 취학으로 인정받을 수 있게 했다.

그런데 교육령은 시행 과정에서 많은 혼란을 드러냈고, 〈표 4-1〉에서 보는 바와 같이 취학률도 기대한 만큼 높아지지 않았다. 이러한 결과는 일본의 전통적 가치나 관습을 존중해야 한다는 당시의 사회·정치적 분위기와 맞물려 서구 중심의 교육 방식에 대한 비판으로 이어졌다.

1880년 12월에 교육령 개정이 이루어졌다. 새로이 문부경文部卿에 취임한 고노 도가마河野敏鎌, 1844~1895는 교육령 개정太政官布告第59號을 공

〈표 4-1〉메이지 시기 학령아동의 취학률·출석률·통학률

		1873	1876	1879	1882	1885	1888	1891	1894	1897	1900	1905	1910
취학률 (%)	남	39.9	54.2	58.2	64.6	65.8	63.0	66.7	77.1	80.7	90.3	97.7	98.8
	여	15.1	21.0	22.6	31.0	32.1	30.2	32.2	44.1	50.9	71.7	93.9	97.4
	전체	28.1	38.3	41.2	48.5	49.6	47.4	50.3	61.7	66.7	81.4	95.6	98.1
출석률 (%)	전체	64.8	74.9	69.5	64.9	63.2	67.9	74.0	76.8	·	·	·	
통학률 (%)	전체	17.7	30.3	29.9	33.9	30.5	28.8	323	36.7	·	·	·	

'취학률=취학아동 수/학령아동 수×100'으로 산출. 취학률은 '學齡兒童數および就學兒童數', http://www.mext.go.jp/b_menu/hakusho/html의 내용을 바탕으로 작성. 축석률과 통학률은 海後宗臣 編, 『井上毅の教育政策』, 東京大學出版部, 1968, 99쪽 참조.

포했다. 이에 따라 [그림 4-2]와 같은 학교 계통이 성립되었다.[5]

교육령의 조문을 삭제하고 추가하는 방식으로 구성된 교육령 개정의 특징은 교육에 대한 국가의 통제를 다시 강화하는 방향으로 나아갔다는 점이다. 즉, 교육행정의 주요 사항에 대해서는 문부경의 인가를 받도록 했고, 취학의무와 수업연한을 분명히 제시해 방학을 제외하고는 항상 수업이 이루어지도록 했으며, 부현府縣에 사범학교 설치를 의무화하면서 교원의 연령이나 자격을 명확히 규정하는 조항을 넣었다. 예를 들면 "품행이 부정不正한 자는 교원이 될 수 없다(제37조)"는 등의 규정을 삽입해 교원의 사상이나 행동을 통제할 수 있는 장치를 마련했던 것이다. 이 밖에도 두 교육령에 나타나는 두드러진 특징으로 첫째, 1879년에는 언급되지 않았던 농학교, 상업학교, 직공학교가 학교의 종류로 분류되었다는 점, 둘째, 소학교에서 배워야 할 학과를 나열할 때 수신 교과의 위치가 바뀌었다는 점, 셋째, 학교 관리의 책임 측면에서 부지사현령府知事縣令에게 많은 역할을 부여했다는 점, 넷째, 중앙정부로부터 배부되는 보조금에 관한 규정이 1880년 교육령 개정에

---

5. '學校系統圖', http://www.mext.go.jp/ 2016년 12월 5일 인출.

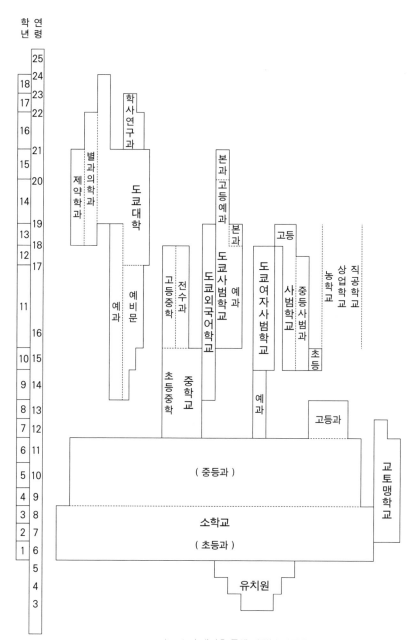

[그림 4-2] 1880년 교육령 개정을 통해 나타난 학교 계통도

〈표 4-2〉 1879년 교육령과 1880년의 교육령 개정에 나타난 특징

	1879년 교육령	1880년 교육령 개정
학교의 종류	제2조 학교는 소학교, 중학교, 대학교, 사범학교, 전문학교, 기타 각종학교로 한다.	제2조 학교는 소학교, 중학교, 대학교, 사범학교, 전문학교, 농학교, 상업학교, 직공학교, 기타 각종학교로 한다.
소학교 학과	제3조 독서, 습자, 산술, 지리, 역사, 수신. 토지와 정황에 따라 괘도, 창가, 체조 가능. 여자에게는 재봉을 설치한다.	제3조 수신, 독서, 습자, 산술, 지리, 역사. 여자에게는 재봉을 설치. 부득이한 경우는 지리, 역사를 감할 수 있다.
학교 설치 및 관리	제9조 마을町村이 단독 혹은 연합해 공립소학교를 설치할 수 있다. 제10조 마을 내의 학교 사무의 관리를 위해 학무위원 설치. 인원 및 급료는 마을에서 정한다.	제9조 각 마을은 부지사현령府知事縣令의 지시에 따라 소학교를 설치한다. 제10조 각 마을의 학무관리를 위해 학무위원을 두며 호장戶長이 위원이 된다. 인원 및 급료의 유무는 마을회의 의결을 거쳐 부지사현령의 인가를 받는다. 제11조 학무위원은 마을회의에서 2~3배 추천해 부지사현령이 선임한다. 단, 추천 규칙은 부지사현령이 기초해 문부경의 인가를 받는다. 제12조 학무위원은 부지사현령의 감독에 속하고 아동의 취학, 학교의 설치 보호 등의 일을 담당한다.
학교보조금	제28조-제31조(문부경으로부터 배부되는 공립 및 사립소학교의 보조금에 관한 규정)	(모두 삭제됨)

서는 모두 삭제되었다는 점 등을 들 수 있다. 특히 수신 교과의 위상이 강조되었다는 점과 부지사현령의 권한을 강화했다는 점은 서구의 근대화를 지향하는 분위기가 위축되면서 메이지 정부의 교육 방침이 중앙집권적이고 보수적 성향으로 바뀌어 가는 징표로 파악할 수 있다. 두 교육령의 특징을 정리하면 〈표 4-2〉와 같다.[6]

그런데 1879년의 교육령이 갑자기 개정된 것이라고 보기는 어렵다. 1870년대 후반에 들어서면서 사회·정치적으로 서구화 풍조의 유행에 대한 우려의 목소리가 커졌고, 1878년에 일본의 중부지방東山·北陸·東

---

6. '敎育令', 明治十二年九月二十九日太政官布告第四十號; '敎育令改正', 明治十三年十二月二十八日太政官布告第五十九號.

海을 순행巡幸하면서 학교교육의 실정이 우려할 만한 수준이라고 판단한 메이지 천황이 당시 교육의 문제와 더불어 교육이 나아가야 할 방향을 제시한 교학성지를 발포했다는 것은 앞에서 언급한 대로이다.

이처럼 1880년 전후의 사회·정치적 분위기는 서구 중심의 사상이나 교육 정책 대신에 유교주의적 가르침에 입각한 교육을 강화해야 한다는 방향으로 나아가고 있었다. 당시 후쿠자와 유키치, 니시무라 시게키, 가토 히로유키 등의 학자를 중심으로 전개된 소위 덕육 논쟁이나 메이지 정부가 발포한 소학교교칙 강령小學校教則綱領, 소학교교원 심득小學校教員心得, 학교교원 품행규칙學校教員品行規則 등은 당시의 보수적 분위기를 대변한 것이었다고 볼 수 있다.

이러한 흐름 속에서 1886년 3~4월에 걸쳐 각급 교육기관의 학교령學校令이 공포되었다.

> 제국대학령, 1886년(메이지 19년) 3월 2일, 칙령 제3호
> 사범학교령, 1886년 4월 10일, 칙령 제13호
> 소학교령, 1886년 4월 10일, 칙령 제14호
> 중학교령, 1886년 4월 10일, 칙령 제15호
> 학교설비 등을 규정한 제학교통칙, 1886년 4월 10일 칙령 제16호

메이지 정부는 헌법 제정과 국회 개설에 대비해서 1885년 12월 22일 태정관太政官 제도를 폐지하고 내각內閣 제도를 창설했다. 총리대신으로 임명된 이토 히로부미는 문부대신으로 모리 아리노리를 임명해 교육을 담당하도록 했다. 모리 문상 시기에 제정된 이들 학교령은 종래의 '학제'와 교육령이 취했던 포괄적인 입법 방식을 고쳐, 학교의 종별에 따라 독자적인 법령을 편성하는 방식을 취했다는 특징을 보였다. 이런 방식의 교육 시스템 구축으로 메이지 정부는 교육에 대한 국가

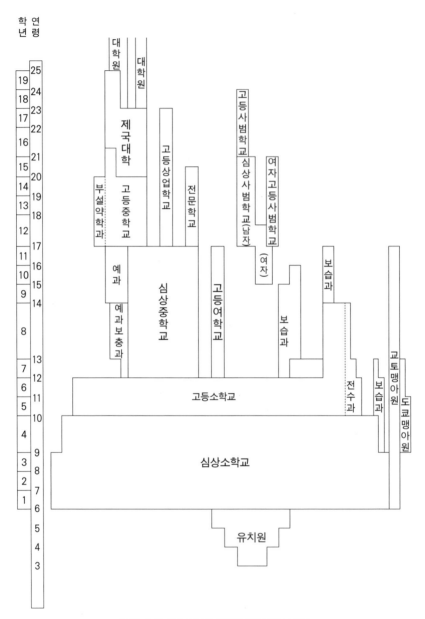

[그림 4-3] 1886년 학교령에 나타난 학교 계통

의 지배를 더욱 공고히 할 수 있었다. [그림 4-3]은 1886년 발포된 제 학교령을 바탕으로, 그 이후의 소학교령·중학교령·사범학교령 개정까 지를 포함해 작성된 것이다.[7]

　이상에서 본 바와 같이, 1890년 이전 일본의 학교제도는 '학제 → 교 육령 및 개정교육령 → 학교령'의 발포라는 변화 과정을 거치며 체계화 되어 갔다. 이후 이루어지는 근대 일본의 학교제도를 총괄해 보았을 때, 1886년에 이루어진 학교령 체제는 이후 수정되고 보완되는 과정을 거치기는 했지만, 그 기본 골격은 1945년까지 그대로 유지되었다. 그렇 다면 1890년 이후의 학제개혁은 어떤 모습으로 전개되었을까? 이노우 에 고와시의 교육 구상은 학교령과 어떤 점에서 같은가, 혹은 다른가?

---

7. '學校系統圖', http://www.mext.go.jp/ 2016년 12월 5일 인출.

II. 1890년대 이노우에 고와시의 학제개혁안

1. 이노우에 고와시의 삶과 사상

이노우에 고와시井上毅, 1844~1895는 1844년 구마모토번 하급무사의 아들로 태어나 메이지 초기부터 정부의 관료로 활약했고, 당대의 저명한 정치 관료와 교류하면서 일본적 근대의 특징을 규정해 가는 데 중요한 역할을 담당했던 인물이다. 하급무사 출신이었던 이노우에 고와시가 문부대신의 지위에까지 오를 수 있었던 것은 그의 타고난 재능이 큰 역할을 한 것으로 보인다.

> 아장아장 걸을 때부터 습자手習의 흉내를 내기도 하고…… 글자를 가르치면 금방 외웠고…… 지능이 무리 가운데 우수해 신동이라는 호칭을 들었다고 한다. 3~4세에 『백인일수百人一首』를 남김없이 암기했다. 현아賢兒라고 할까, 신동神童이라 할까. 실로 기묘한 아이다.[8]

> 12~13세에 백문白文의 문선을 유창하게 암송하고, 14~15세 무렵에는 좌전, 사기 등의 윤독輪讀에 발군의 역량을 나타냈다. …… 태어난 자질

---

8. 靑年修養會 編, 『近代日本偉人の靑年時代』, 東京: 大洋社版, 1938, 181쪽.

에 더해 학문을 좋아하고…… 오직 즐기는 것은 독서로서, 깊은 밤까지 책을 손에서 놓지 않고 책상에서 떠나지 않으니.[9]

이러한 재능과 품성을 인정받은 이노우에 고와시는 1862년부터 1865년까지 3년 동안 번교시습관의 거료생居寮生으로 발탁되었다. 그는 번의 명령으로 에도江戶와 나가사키長崎에 유학하면서 프랑스학을 학습했는데, 이는 그가 서구의 법제를 연구하는 데 기초가 되었다. 1871년에 메이지 정부의 사법성 관직에 올랐고, 다음 해에는 유럽 각국의 사법제도를 조사하기 위한 사절단의 수행원이 되어

이노우에 고와시

프랑스 헌법과 프로이센 법제를 연구할 기회를 갖게 되었다. 1년여 동안의 프랑스 유학을 마친 후 이노우에 고와시는 1875년『왕국건국법王國建國法』두 권을 간행했는데, 이는 프랑스어로 된 프로이센과 벨기에의 헌법 조문에 해석을 덧붙여 번역한 책이었다. 여기서 그는 프랑스의 민약헌법과 프로이센의 흠정헌법을 비교하면서 군민君民의 조화나 국가의 질서 유지를 위해서는 흠정헌법이 훨씬 적합하다는 의견을 제시하였다. 이러한 그의 판단은 그가 메이지 헌법을 기초할 때 제시한 헌법의식과 유사한 것으로 그의 사상이 이즈음부터 형성되었다고 보아도 좋을 것이다.

귀국 후에 이노우에 고와시는 오쿠보 도시미치에 등용되었고 뒤이어 이와쿠라 도모미나 이토 히로부미의 막후에서 활동했다. 그가 당시의 저명한 정치 관료와 교류할 수 있었던 것은 자신의 의견이나 생

---

9. 海後宗臣 編, 앞의 책, 3~4쪽.

각을 적극적으로 피력했기 때문이었다. 즉, 내무경內務卿이었던 오쿠보 도시미치가 대만 문제로 고민하고 있을 때 이노우에 고와시는 청淸에 대한 의견서를 제시함으로써 그에게 발탁되었고, 이와쿠라 도모미는 국헌기초國憲起草에 관한 의견을 이노우에 고와시에게 요청하기도 했다. 또 이토 히로부미는 이노우에 고와시가 작성한 서구 시찰 보고서를 보고 그의 안목에 관심을 보이던 중 교육에 관해 모토다 나가자네와 논쟁이 일어났을 때 '교육의' 원안의 기초를 그에게 맡긴 바 있다. 이처럼 이노우에 고와시는 당시의 고위층 정치 관료에게 자신을 적극적으로 드러냈으며 정치 관료들도 이노우에 고와시의 능력을 인정하고 그를 적극 활용했던 것이다.

1876년에 이노우에 고와시는 『헌법의견공憲法意見控』을 출간했다. 여기서 그는 서구 여러 나라의 법제도를 모방해 일본의 헌법을 제정하려는 방법에 대해 문제를 제기하며, 일본의 사상에 맞는 국전國典의 연구가 필요하다고 강조했다. 그는 영국 모델의 헌법을 수용하려 했던 오쿠마 시게노부의 의견에 반대하면서, '흠정헌법고欽定憲法考' 등의 조사서를 제출해 점진주의적인 프로이센형 국가 구상을 피력했다. 이러한 이노우에 고와시의 행보는 이후 군인칙유軍人勅諭, 헌법 본문憲法本文, 황실전범皇室典範, 교육칙어教育勅語 등의 기초 작성으로 이어졌다. 특히, 교육칙어는 천황제 이데올로기 구축을 위한 기본 이념이 되었고, 이후 일본 근대의 특징을 결정짓는 출발점이 되었다는 점에서 이노우에 고와시의 사상이 가진 특징을 가늠하게 해 준다.

이 밖에 이노우에 고와시는 외교 교섭에도 관여했는데, 조선에서 발생한 임오군란 및 갑신정변의 상황을 정리하기 위해 일본 측 전권대신이었던 이노우에 가오루를 수행해 1885년 1월 한성조약漢城條約을 체결하는 데 참여했으며, 이토 히로부미 전권대사의 일행에 가담해 1885년 4월 청국과 텐진조약天津條約을 체결할 때에도 관여했다. 외교적 교섭이 국제법적 질서 위에서 처리되었던 당시 상황에서, 이노우에 고와시가 배운 국제법에 대한 전문적 지식은 조선과 청국과의 외교적 관계에서 일본의 입장을 유리하게 이끌어 가는 데 중요한 역할을 했다고 보아야 할 것이다.

1893년 3월에 이노우에 고와시는 제2차 이토 히로부미 내각의 문부대신으로 발탁되었다. 그는 재임 기간 동안 초등교육에서 중등교육·실업교육·고등교육·여자교육 등의 학제개혁뿐 아니라, 교원양성과 교과용 도서, 그리고 고등 및 지방교육회에 관련된 사항에 이르기까지 각분야에 걸친 교육개혁을 기획했다. 하지만 병세의 악화로 그의 교육개혁에 대한 구상은 실현되지 못했고, 1894년 8월에 문부대신 직책을 사임한 후 1895년 1월 사망했다.

이노우에 고와시는 이른바 천황을 정점으로 하는 일본의 중앙집권적 국가의 확립에 공헌한 인물이었다. 헌법을 통해 국가의 모습을 구상했고, 교육칙어를 통해 천황 중심의 이데올로기를 보급하는 데 기여했으며, 교육 시스템의 재구축을 통해 국가에 봉사하는 국민을 양성해야 한다고 주장했다. 그가 문부대신으로 있으면서 주장했던 교육개혁의 상당수는 그의 의도대로 실현되지 못했다. 그러나 메이지 초기부터 이노우에 고와시가 걸어온 길을 더듬어 보면, 그는 일본 근대의 틀과 방향을 만들어 가는 데 중요한 역할을 담당했었다고 보아야 할 것이다. 이노우에 고와시가 지향했던 국가나 국민, 그리고 교육의 모습이 올바른 것이었나에 관한 논의와는 별개로, 그는 당시 일본이 목표로 했던 부국강병과 식산흥업의 정신을 충실히 실천에 옮기려 노력했고, 국가에 봉사하는 인재양성을 위해 교육 시스템의 전반적 개혁을 주장했던 국가주의자였다.

2. 이노우에 고와시의 교육 구상

이노우에 고와시가 문부대신으로 취임한 시기에 일본은 헌법을 제정하고 교육칙어를 공포하면서 이른바 천황 중심의 근대적 통치 이념을 구축하고 있었고, 국내 산업의 진흥과 발달에 힘입어 자본주의적 경제질서 구축의 필요성을 인식하고 있었다. 문부대신으로 임명된 이노우에 고와시는 이러한 정치·사회·경제적 요구에 부응하는 교육 시스템을 구상해야 할 책임을 갖게 되었다. 자본주의 시스템을 바탕으로 활성화된 국가산업에 필요한 인재를 양성하는 것이 국가교육 또는 공교육의 목표라고 생각한 이노우에 고와시는 학교교육 전반에 걸친 교육개혁을 구상했다. 교육개혁은 소학교에서 대학까지 일관된 원칙에 따라 진행되어야 하며, 개혁 논의의 주도권은 정부가 가지고 있어야 한다는 것이 이노우에 고와시의 기본 입장이었다. 그는 다음과 같은 학교 및 교육에 관한 개혁이 이루어져야 한다고 제안했다.

첫째, 이노우에 고와시는 초등교육의 취학률 확대를 위한 방안을 구상했다. 메이지 정부는 '학제' 반포 이후 학교제도를 개정할 때마다 취학률을 높이기 위한 각종 방안을 마련해 왔다. 그러나 '학제' 반포 이후 20여 년이 지난 시점에서도 취학률은 만족할 만한 수준에 도달하지 못하고 있었다. 이노우에 고와시는 대일본교육회 제10회 총집회에서 당시의 교육 상황을 다음과 같이 파악하고, 취학률을 높이기 위해 실현 가능한 방안이 무엇인지를 모색했다.

> 오늘날 현황을 고찰하건대…… 우리 20년간 경영은 불과 학령아동 중 취학자 100명 중 50명에 이르는 결과에 멈춘 것은 심히 유감스러운 바이니…… 우리 동포 자제의 반수는 교육 사회의 범위 밖에 있어, 이들 가엾은 다수 자제는 칙어의 은혜에 접할 수 없고, 안으로는 효孝와 밖

으로는 장유長幼의 가르침을 들을 수 없고, 또 독·서·산의 수업을 받을 수 없으니, 세상 점점 더 문명으로 나아감에도 불구하고, 이전과 같이 암흑의 구舊세계에 침전함은 우리가 가슴 아프게 탄식할 바이니.[10]

부국강병과 신산흥업을 목표로 하는 국민교육제도 창출을 목표로 해 왔던 메이지 정부에게 취학률은 국가의 운명을 결정하는 중차대한 과제 가운데 하나였다. 그러나 1890년의 취학률은 50% 정도에 머물러 있었고, 출석률과 통학률을 감안한다면 실제 취학률은 앞의 〈표 4-1〉에서 보는 바와 같이 정부의 공식적 통계보다 훨씬 낮은 수치였다.

이러한 상황에서 이노우에 고와시는 취학률을 높이기 위한 각종 방침을 구상했다. 그는 수업료 감면과 취학아동 증가에 대비한 학교 시설 확보, 빈민 아동에게 취학 기회를 제공하기 위한 특수한 교육기관 설치, 그리고 여자 취학 장려 등의 방안을 제시했다. 그런데 이런 정책들을 성공적으로 수행하려면 막대한 경비가 필요했다. 기존의 방식대로 교육비를 부모나 시정촌市町村에 부담시켜서는 취학률 확대라는 목적이 달성될 수 없었다.

이노우에 고와시는 초등교육 활성화를 위해 필요한 경비를 국가가 지원하는 방안을 제안했다. 이를 실현시키기 위해 18가지 법안이 제출되었고, 이들 법안에 대해 담당 부서 및 민간교육 관계자의 다양한 의견이 제시되었다.

이노우에 고와시가 구상한 소학교교육비 국고보조계획은 그가 문부대신으로 있을 때가 아닌, 사이온지 긴모치西園寺公望, 1849~1940 문부대신의 시기에 시정촌립 소학교교원연공가봉국고보조법안市町村立小學校教員年功加俸國庫補助法案으로 공포될 수 있었다. 그 내용은 이노우에

---

10. 海後宗臣 編, 앞의 책, 97~99쪽.

고와시가 구상했던 것과는 다른 모습이었지만, 이는 이노우에 고와시의 제안이 있었기에 완성될 수 있었다. 이처럼 이노우에 고와시의 초등교육 확대 방안은 그가 재임했던 기간에는 뚜렷한 성과를 볼 수 없었지만 그의 구상은 이후 전개된 학제개혁의 기반이 되었다.

둘째, 이노우에 고와시는 실제 생활에 필요한 교육의 필요성을 강조하면서 실업교육의 진흥에 힘을 쏟았다. "후진국의 개화는 거의 자력에 의존하지 못"하는데, 현재 일본은 나라의 상황을 고려하지 않은 투자나 소비정책을 채택하고 있다는 것이 이노우에 고와시의 현실 인식이었다.

> 법령제정의 진전에도 불구하고 물질적 진보를 생각하니 일부를 제외한 농업은 증식增殖을 이루지 못하고 하천 및 구거溝渠는 황폐에 빠지고 산림은 거칠어지고 공업은 나아가지 못하니……[11]

이런 위기 상황을 타개하기 위해 그는 국가 생산력에 어울리는 정책 수립을 주장했다. 이노우에 고와시가 주목했던 것은 1890년 전후의 자본주의적 산업의 발흥과 이에 필요한 공업적 지식과 기능을 갖춘 인재의 육성이었다. 이에 국민교육의 전체 시스템에 '실용의 교육'이라는 원리를 관철시키려는 것이 이노우에 고와시의 구상이었다.

물론 1890년 이전에도 실업학교는 존재했다. 이들 학교와 이노우에 고와시가 구상했던 실업교육은 어떤 차이가 있는 것일까? 이에 대해 히시다 다카키[12]는 메이지 초기에도 농·공·상업의 학교가 있기는 했지만 그것은 중학교 범주에 포함되었고, 이후 추가된 '학제 2편'에서

---

11. 森川輝紀, 『教育勅語への道』, 三元社, 2011, 325쪽.
12. 菱田隆昭 外, 「日本の中等教育課程と教育法に關する基礎的研究－明治期における中等教育の確率と長野縣－」, 『常磐大學人間科學部紀要 人間科學』 第24卷 第2號, 2007.

이들 학교는 모두 전문학교에 포함되었다고 설명한다.

　　1880년 12월의 교육령 개정에 의해 농학교·상업학교·직공학교가 중
학교나 전문학교와는 별종의 학교로 더해졌는데, 다음 해인 1881년의
중학교교칙대강에서는 고등중학과로 농업·공업·상업의 전수과를 둘
수 있도록 했다. 1883년에 농학교통칙, 1884년 8월의 교육령 재개정으로
농·공·상 등의 학교는 전문학교가 되었다. 이처럼 농업·공업·상업학교
를 함께 다룬다는 생각이 메이지 전기에 있었지만, 그것이 중등교육인
지 전문교육인지를 정하고 있지는 않았다.[13]

　즉, 1890년 이전에도 실업교육기관이 있었지만 교육 목표나 대상 및
내용에서 분명한 자기 자리를 찾지 못하고 있었다는 것이다. 그런데
1890년 이후 제조업이 활성화됨에 따라 일본의 산업계는 현장의 기술
자나 유능한 실무자를 필요로 했고, 1893년 문부대신에 취임한 이노
우에 고와시는 이에 필요한 인재양성 방안과 실행을 위한 각종 규정
을 구상하기 시작했다.

　이노우에 고와시가 문부대신으로 있었던 기간은 불과 1년 반 정도
로 짧았지만, 이 기간 동안 그는 실업교육 활성화를 위한 각종 정책
을 제안했다. 성문화된 실업교육 관계 법령으로는 실업보습학교규정
(1893. 11. 22. 文部省令 第16號), 실업교육비국고보조법(1894. 6. 12. 法律
第21號), 공업교원양성규정(1894. 6. 14. 文部省令 第12號), 간이농학교규
정(1894. 7. 25. 文部省令 第19號), 도제학교규정(1894. 7. 25. 文部省令 第20
號) 등이 있다. 또 성문화되지는 못했지만 이때 상업학교규정의 초안

---

13. 石川松太郎 編, 『敎育の歷史』, 放送大學敎育振興會, 1995, 74쪽; 菱田隆昭 外, 앞의 논문,
　　10쪽.

이 마련되었고 오사카大阪관립공업학교를 설립하는 계획이 추진되기
도 했다.[14]

　이러한 법령을 통해 실제로 다양한 유형의 실업교육기관이 생겨났
는데, 실업보습학교에서는 근로아동을 대상으로 일요일·야간·계절 등
에 한해 소학교 보충수업을 겸해 간략한 실업교육을 실시했고, 도제학
교에서는 직공이 되기 위해 필요한 교과를 가르쳤다. 도제학교의 범주
에는 여자교육의 활성화를 위해 재봉·수예·자수·염색 등을 전수하
는 여자직업학교와 더불어 농한기를 이용해 농업교육을 하는 간이농
학교도 포함되어 있었다. 이렇게 설치된 학교 상황을 보면 〈표 4-3〉과
같다.

〈표 4-3〉 메이지 시기 실업학교 및 실업보습학교 설치 상황

학교 종별 연도	실업학교		실업보습학교
	갑종*	을종**	
1875	1	–	–
1880	15	–	–
1885	26	–	–
1890	23	–	–
1894	29	4	19
1897	75	18	108
1900	113	23	151
1903	199	38	1,349
1906	164	143	4,211

*갑종은 중학교와 같은 수준의 실업학교(기예학교 포함)를 말함.
**을종은 중학교 이하의 실업학교를 말함. 여기에 '도제학교'도 포함됨.
출처: '設置者別·學校種別學校數', http://www.mext.go.jp/b_menu/hakusho/html/을 바탕으로 정리.

　셋째, 이노우에 고와시가 실제 생활에 필요한 실업교육을 강조했다
는 점은 앞에서도 언급한 바인데, 이런 구상은 중등교육과 고등교육

14. 海後宗臣 編, 앞의 책, 489~490쪽.

재편의 연장선상에서 진행되었다. 이노우에 고와시는 당시 일본의 중등교육이 실제 생활에 필요한 지식보다는 상급학교에 진학하기 위한 준비에 치중하고 있으며 고등교육기관이었던 대부분의 대학이 학술연구기관이었다고 판단하고 있었다.

중학교교육은 일국의 정신이어야 할 중등사회의 사인士人을 교육함으로써 주안으로 해야 하는데, 종래 중학교의 목적은 고등교육의 예비가 되는 교육을 제공하는 데 편중되니. 적절한 제도를 세워 그것을 교정하고, 동시에 중학교의 수를 늘려, 가능한 한 다수의 생도로 하여금 그 교육을 받을 수 있게 한다. 이것이 중학제도의 혁신을 필요로 하는 이유이니.[15]

즉, 중등교육이 상급학교 진학을 위한 준비에, 그리고 제국대학이 학술 연구에 몰두함으로써 행정 관료의 전문성 확보가 서구에 비해 뒤떨어진다는 점을 지적했던 것이다. 1894년 3월 고등사범학교 졸업생을 관저로 초청해 행한 연설에서 이노우에 고와시는 실업 및 실업교육의 중요성에 대해 다음과 같이 말했다.

제군(고등사범 졸업생) 지방에 부임해 교육의 일을 담당하는데 교육칙어의 선봉자이고, 교육칙어의 금기錦旗 아래…… 국민의 정신을 양성하는 것이 보통교육에 있어서 제1의 목적이니…… 애국심 없으면 국민 아니니…… 다음으로 실업교육이니…… 만국의 국제상 경쟁장리競爭場裡에 서서 함께 경쟁한다고 말하기 위해서는 우선 나라의 경제를 바로 세워야 하니, 따라서 지금 우리가 가장 결점이라고 느끼는 바는 실업이며 실

---

15. 海後宗臣 編, 앞의 책, 201쪽.
16. 森川輝紀, 앞의 책, 326쪽.

업교육이니……'.[16]

　이러한 문제의식 아래 이노우에 고와시는 부현府縣에서 가능한 한 많은 중학교를 설치할 수 있도록 학교 설치 및 설비에 대한 규제를 완화해야 한다고 주장했다. 더불어 중학교 수업 시간의 비중을 줄이고 외국어 부담을 경감시킬 것을 제안했다.

　　문명국은 행정관, 재판관, 재무관, 공업가, 토목가, 농업가 등 모두 고등교육을 받은 사람인데 일본은 불행하게 고등의 사업을 하는 사람에게 고등교육을 받은 사람의 비율이 낮고 높아질 전망이 없다.[17]

　이를 위해 이노우에 고와시는 실제 생활에 필요한 지식 전수를 기본 방향으로 하는 중등학교의 재편, 즉 심상중학교의 교육 기회를 확대하고 학과 및 교육 방법을 개정하는 계획을 추진했다. 더불어 고등중학교 개혁을 제국대학 개혁과 관련지으면서, 고등중학교를 고등교육기관으로 간주하고 이를 전문대학에 포함시켜 당시의 경제 상황에 필요한 실업교육 중심의 학교 체계를 구상했다.[18] 〈표 4-4〉는 1893년 10월경에 제시된 고등중학 개정안인데, 실제로 1890년대 중반 이후 고등중학교는 폐지되었고 중등교육을 마친 자는 대학의 예비교육기관이라는 성격을 가진 고등학교에 진학하거나 실제 생활에 필요한 지식을 전수하는 전문학교로 진학할 수 있는 선택지를 갖게 되었다. 이후 일본의 학교 체계는 전 국민이 의무적으로 다녀야 하는 교육기관으로 소학교를 기초 단계로 하여, '심상중학교-고등학교-제국대학'으로 연

---

17. 海後宗臣 編, 앞의 책, 198쪽.
18. 위의 책, 52쪽.

〈표 4-4〉 이노우에 고와시의 고등중학 개정안

연령	학년	기존 학교 체계	개혁안	
		대학원		
26				
25		분과대학	대학원	
24		(3년 혹은 4년)		
23				
22	5			
21	4	고등중학교	대학	
20	3			
19	2	고등중학교	대학	
18	1	예과	예과	
17	5			
16	4			중등
15	3	심상중학교	중학	교육
14	2			
13	4			
12	3	고등소학교	고등소학교	
11	2			
10	1			
9	4			
8	3	심상소학교	심상소학교	
7	2			
6	1			

출처: 海後宗臣 編, 앞의 책, 53쪽.

결되는 계통과 '실업학교-전문학교'로 연결되는 계통으로 나뉘어 정착
되어 갔다. 이렇게 성립된 1900년의 학교 계통도를 보면 [그림 4-4]와
같다.[19]

　이 밖에도 이노우에 고와시는 교원 양성을 위해 설립한 고등사범학
교나 여교사 양성을 위한 도쿄여자고등사범학교의 개혁을 시도했으며
여자교육 확대를 위해 새로이 여자고등학교 설치를 구상했다. 또 사립
학교를 문부성의 보호·감독 아래 두어야 한다는 입장도 피력했는데,
이러한 구상은 1899년 사립학교령으로 공포되었다.

19. '學校系統圖', http://www.mext.go.jp/ 2016년 12월 5일 인출.

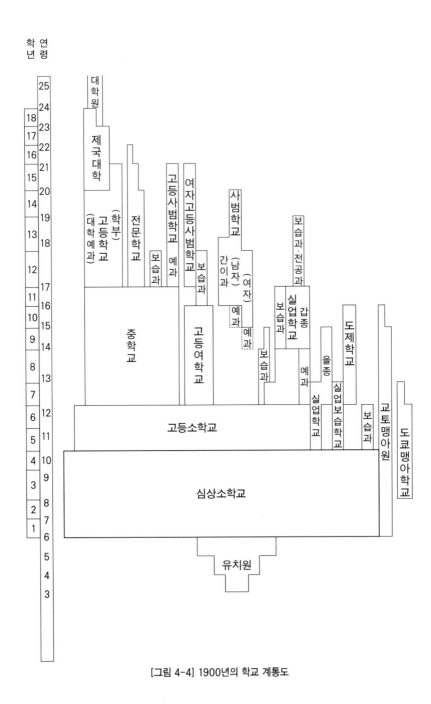

[그림 4-4] 1900년의 학교 계통도

이상과 같이 이노우에 고와시의 교육 구상은 당시 일본이 처해 있던 정치·사회·경제적 상황에 맞는 인재를 가장 효율적으로 육성할 수 있는 방법이었으며, 부국강병과 식산흥업이라는 국가의 목표 달성을 위해 교육이 일조해야 한다는 이노우에 고와시의 철학이 반영된 결과였다고 보아야 할 것이다.

Ⅲ. 교육 구상과 현실 정치의 괴리

이노우에 고와시가 구상한 학교제도에 관한 개혁안은 일본의 근대교육 시스템 전반을 당시의 정치·사회·경제적 상황에 맞게 재편하는 것이었다. 따라서 그 범위는 초등에서 대학에 이르기까지 국민교육의 전 체제에 걸친 것으로 교육행정, 교육재정, 교육 내용 및 방법에 이르기까지 광범위했다. 이러한 목표 달성을 위해 그는 국가가 강력한 중앙집권적 통제력을 가져야 한다고 보았고, 국민은 국가의 목표를 달성하기 위해 일사불란하게 움직여야 하는 존재여야 했다.

즉, 이노우에 고와시는 당시 일본이 서구와 같은 근대화를 이루기 위해 국가산업의 진흥을 통해 국력 향상이 필수적 요소라고 인식했고, 이를 위해 문부대신의 자리에 있으면서 교육을 통한 국가경쟁력 향상 및 강화 방법을 구상했다. 그는 국력 향상이라는 목표를 달성할 수 있는 학교 시스템을 구축하려 했고, 그 계획에 따라 움직이는 국민의 모습을 기대했다.

그런데 이노우에 고와시가 구상한 교육개혁의 많은 부분은 그가 의도한 대로 실현되지 못했다. 그 이유는 무엇일까? 물론 그가 정책을 제안하고 그것을 시행하기까지의 재임 기간이 너무 짧았다는 점이 가장 큰 요인으로 지적될 수 있을 것이다. 이와 함께 고려해 볼 수 있는 것은 목표가 아무리 타당한 것이라 해도 그것이 현실적으로 다양한 집단의 요구를 충족시키지 못할 때 그 목표를 실현해 가기까지 많은 어려움이 따른다는 점이다. 하나의 정책이 기획되고 입안되고 시행되려면 다양한 집단의 의견 제시와 수렴 과정이 필요한데, 이노우에 고와시의 교육 구상에는 이러한 측면에 대한 고려가 미약했던 것으로 보인다. 예를 들면, 취학률 상승을 목표로 이노우에 고와시가 구상했던 취학보조에 관한 정책이 여러 차례 논의를 거치면서 교원의 가봉을 충당하는 방식으로 결정되었고, 학생들의 취학을 위한 직접적 결과로 연결되지 못했던 점은 논의 과정에서 학생이나 부모의 요구보다는 행정 관료나 교사의 요구가 더 강력하게 반영된 결과였다고 평가할 수 있다. 이처럼 이노우에 고와시의 교육 구상이 교육을 담당했던 행정 관료에 의해 일본이 근대국가로 거듭나기 위해 설정된 것이었고, 국력 신장이라는 목표를 달성하기 위해 제시된 가장 효율적인 방안이었다고 할지라도 관민이 혼연일체가 되어 일사불란하게 움직이지 않는다면 실현될 수 없는 것이었다.

그렇다면 이노우에 고와시 학제개혁의 특징은 무엇일까?

먼저 실업교육을 중심에 두는 학교교육 시스템 전체의 재구축을 시도했다는 점을 들 수 있다. 앞에서 살펴보았듯이 이노우에 고와시는 당시 일본에서 진행된 자본주의 경제 발전에 부응하기 위한 인재양성의 필요성을 절감했고, 교육을 통해 이러한 목표가 달성될 수 있다고 보았다.

그가 구상했던 실업교육은, 실업학교를 세우고 그 안에서 실업교육을 실시했던 종전의 방식과 달리, 학교 시스템 전체를 실업교육 중심으로 재편하는 것이었다. 당시의 교육이 실제 생활과 동떨어진 지식과 정보를 전수하는 데 치중하고 있었다는 문제의식 아래, 그는 국민교육의 전 체계에 실용이라는 원리를 관철시키려고 했다. 실업교육을 활성화하기 위해 실과중학교를 설치하고 공업 위주의 전문학교를 만들었으며, 대학 준비를 위한 고등중학교를 폐지하고 이를 실용 위주의 전문교육기관으로 대체하는 등, 그때까지 이론을 중심으로 수행해 왔던 학교교육을 실업교육 중심으로 바꾸겠다는 구상을 제안했던 것이다. 이러한 구상은 이후 실제 생활에 필요한 전문교육과 학문 중심의 대학교육으로 이원화하는 기반이 되었고, 이러한 체제는 1945년까지 계속되었다.

다음으로 이노우에 고와시의 교육 구상이 국가의 정체성을 도외시한 공업입국이나 경제성장을 위한 실용적 지식의 습득만을 강조한 것은 아니었다는 점을 들 수 있다. 이노우에 고와시는 이러한 교육이 신민교육의 내면화를 통해 달성 가능하다고 생각했다. "신흥의 나라는 고금동서古今東西를 불문하고 절검근면節儉勤勉으로 상하일치上下一致의 기풍 확립"[20]을 서둘렀다는 점을 강조했던 것이다.

이노우에 고와시에게 실업교육은 일본이 근대국가로 거듭나기 위한 도구였고, 교육의 바탕은 애국심 교육과 국체교육에 기반을 두어야 했다. 그는 문부대신으로 취임하기 이전부터 주장했던 국민교육에 관해 사범학교 졸업생을 대상으로 다음과 같이 연설했다.

교육은 실로 놀랄 만한 것이다, 교육으로 나라를 강하게 할 수 있다. 또 교육으로 국가를 약하게 할 수 있다, 교육으로 나라를 풍요롭게 할 수 있다, 또, 교육으로 나라를 빈곤하게도 할 수 있다, 교육의 방침을 잘못했을 때 나라는 문약文弱해지고, 빈궁해진다. 고로 제군과 함께 교육의 책임은 막대한 것이다.[21]

나라의 독립을 지키기 위해서는 국민교육을 제일 귀중한 것으로 해

---

20. 森川輝紀, 앞의 책, 324쪽.

야 한다. 국민교육의 재료는 첫째로 보통교육의 생도에게 본국의 역사를 가르치는 것, 둘째로 국어를 가르치는 것이다. 이것이 국민교육의 재료이다. 국전國典은 이 나라의 조상 및 선철先哲의 업적을 알리고, 이 나라의 귀중함을 감촉感觸시키고, 이 나라가 부모의 나라임을 두뇌에 각인시키는 것이다.[22]

내가 국학國學을 교육에 활용함은 덕육·지육·체육 가운데 혼합시켜 일반보통교육의 정신분자精神分子로 활용할 계획이니, 어떻게 활용하는가 하면 나라의 역사·국어·국문을 교과 가운데 중요한 것으로 하여 국민의 특성을 양성하는 것이 필요하다고 생각한다.[23]

이노우에 고와시는 교육이 국가부강을 위해 중요한 기능을 담당하고 있다고 보았으며, 애국심을 가진 사람을 키우기 위해서는 국민교육이 필요하다고 했다. 특히 자국의 언어문장을 중시해 이를 '보통교육의 맨 처음에 두어야 한다'고 보았으며, '국문의 융성을 위해 한문이 폐지되어야 한다'고 주장하기도 했다.

국어국문은 국민의 사상 교류의 수단으로서 유용한 동시에 유일한 것으로, 그 점에서 국어교육이 국민의 국가의식 형성에서 담당하는 역할은 중요하다. …… 국어국문이 발달하고, 의지를 표명하는 재료가 풍족한 나라는 일국의 문명도 더불어 융성으로 향해 국민의 지식 매년 진보함은 자연의 결과이니…… 문명세계에 나라를 세우는 자는 각각 그

---

21. 梧陰文庫B-3238(井上毅傳記編纂委員會 編, 『井上毅傳 史料篇』 第二, 1971, 452쪽); 兼重宗和, 「井上毅の教育思想-とくに歴史·地理教育政策より-」, 『德山大學論叢』 第11·12 合倂號, 1979, 205쪽.
22. 井上毅, 『國典講究ニ關スル演說』(井上毅傳記編纂委員會 編, 『井上毅傳 史料篇』 第五, 1971).
23. 森川輝紀, 앞의 책, 319쪽.

자국의 언어문장을 존중하고 그것을 보통교육의 맨 앞에 두어, 가장 오
랜 시간을 주어 학습케 한다.[24]

이처럼 보통교육 가운데 국학 및 국어·국문을 중요한 교과로 자리
매김해, 이를 바탕으로 국민의 특성을 양성해야 한다는 것이었다. 그
는 일본이 역사적으로 국문보다 한문을 중시하는 풍조가 있다는 점
을 제시하면서, 이는 국체의식의 고양에 도움이 되지 않는 것이라 보
고 정부 편찬의 역사나 지리 교재를 국문으로 만들 것과 더불어 '황
실의 선조가 인도인이라든가 조선과 동종'이라는 내용이 실린 일본사
교과서는 완전히 폐기되어야 한다고 주장했다.[25]

이노우에의 국체존중 사상이나 국가주의자로서의 발상은 그가 관
료로서 발을 들여놓으면서부터 형성된 것이었다. 그는 국민통합의 이
데올로기로 국체를 상정했었고, 국체의식의 내면화를 위한 국민교육
의 중요성을 설파했던 것이다. 단지 방법 면에서 오륜오상五常五倫 등의
유교적 덕목을 어린 시절부터 두뇌에 각인시킨다는 기존의 교육관과
는 달리, 지적 발달 단계에서 국체교육을 실현시킨다는 점에서 차이를
보였다.

마지막으로 이노우에 고와시의 학제개혁이 1885년 초대 문부대신이
었던 모리 노리아리의 학제개혁과 함께 메이지 시기를 특징짓는 것으
로 평가받는다는 점을 들 수 있다. 그렇다면 이들 학제개혁의 특징은
무엇일까? 1880년대 중반, 그리고 1890년대라는 사회·정치적 상황은
이들의 학제개혁에 어떻게 반영되었을까?

이노우에 고와시의 교육 구상은 1886년 모리 아리노리 문부대신이

---

24. 海後宗臣 編, 앞의 책, 79쪽.
25. 梧陰文庫B-3238, 앞의 책; 兼重宗和, 앞의 논문, 207쪽.

추진했던 학교령의 연장선상에 있다. 이들이 추진한 학제개혁의 궁극적 목표는 근대국가로서의 일본, 그리고 국가의 목표 달성에 필요한 인재양성을 위한 근대적 교육 시스템 구축이었다. 이런 점에서 모리 아리노리나 이노우에 고와시는 모두 국민보다는 국가를 우선시하는 입장에 서 있었다고 보아야 할 것이다. 하지만 그들이 구상하고 추진했던 학제개혁의 내용은 정치·사회적 배경의 변화에 따라 다른 양상으로 나타났다. 즉, 모리 아리노리의 학제개혁은 헌법이나 교육칙어가 공포되기 이전에 각 학교 종별의 목적을 분명히 함으로써 초·중·고등이라는 학교의 체계를 구조화하면서 외형적인 근대교육의 시스템을 구축하는 데 초점을 두고 있었다. 반면에 이노우에 고와시의 학제개혁은 헌법과 교육칙어가 공포되어 국가의 이념적 방향이 구축된 상태에서 추진되었다는 점, 그리고 이를 내실화할 수 있는 구체적 방안이 제시되었다는 점에서 차별성을 가진다. 1890년대 초반은 일본 국내의 산업이 활성화되고 자본주의적 국제 경쟁이 격화되는 상황이었고, 이에 대응할 수 있는 새로운 교육 방침의 구상이 필요했던 시기였다. 이노우에 고와시는 이에 적합한 학교 체제를 구상함으로써 당시 일본이 처한 상황을 돌파하려 했던 것이다.

제5장
교육칙어와 기독교의 충돌 논쟁:
1890년대 이후

1890년에 발포된 교육칙어는 교육의 기본 원리와 실천 도덕을 규정한 것으로 일본 근대교육의 특징을 대변하는 것이었다. 메이지 정부는 교육칙어를 각급 학교에 보급하면서 국가에 충성하고 천황을 위해 목숨을 바칠 수 있는 신민의 양성을 꾀했다. 각종 국가기념일이나 학교 행사에서 교육칙어를 낭독하고 천황의 사진에 대해 최경례를 의례화함으로써 교육칙어에 대한 '무례함'을 천황의 권위에 대한 도전으로 받아들이는 분위기를 만들어 갔다. 불경不敬이라는 낙인은 천황제 이데올로기의 보급에 방해가 된다고 여겨지는 인물이나 사건에 부여되었던 것으로, 여기에 포함되었던 관료나 지식인은 많은 논란에 휩싸였고 공식적인 활동이 불가능한 상태에 빠지기도 했다.

　　제5장에서는 1891년 우치무라 간조内村鑑三, 1861~1930가 연루된 불경 사건과 1926년 이노우에 데쓰지로井上哲次郎, 1856~1944의 저서에 문제가 제기되었던 불경 사건을 다룬다. 아이러니한 것은 전자의 불경 사건에서 천황의 권위를 뒷받침하는 논리의 선봉에 섰던 이노우에 데쓰지로가 후자의 불경 사건에서는 불경을 저지른 인물로 떠올랐다는 점이다. 메이지 시기 천황제교육의 이데올로그였던 인물이 다이쇼大正 시기를 지나 쇼와昭和 초기에 체계이 논리를 부정한, 혹은 체제에 어긋나는 논리를 폈다고 불경으로 낙인찍힌 이유는 무엇이었까?

I. 교육칙어의 발포와 보급 실태

1. 교육칙어의 발포

1890년 10월 교육에 관한 칙어教育ニ關スル勅語, 教育勅語가 발포되었다. 이는 1889년 2월 대일본제국헌법과 함께 일본이 천황 중심의 국가체제를 확립해 가는 기반이 되었다. 대일본제국헌법이 절대적 권한을 가진 천황의 존재를 법률적으로 보증했다면, 교육칙어는 이를 이데올로기적으로 뒷받침하는 효과를 발휘하는 것이었다.

짐이 생각건대 우리 황조황종皇祖皇宗이 원대한 이상을 가지고 덕德을 실현하기 위해 나라를 세운 것 깊고 넓다. 우리 신민의 지극한 충과 효를 바탕으로 만민의 마음을 하나로 하여 대대로 그 아름다움을 이루도록 함은 우리 국체國體의 정화精華이니 교육의 연원淵源 또한 실로 여기에 있다.

그대 신민은 부모에게 효도하고 형제와 우애하며 부부 서로 화목하고 친구를 서로 믿으며, 스스로 공손하고 겸손하며 모든 사람을 평등하게 사랑하고, 학문을 닦고 기술을 익힘으로써 지능智能을 계발하고 덕과 재능을 성취하며 나아가 공익을 널리 하여 세상의 의무를 다하고, 항상 국헌을 존중하고 국법에 따라 일단 유사시에는 의용義勇으로 봉공奉公함으로써 천양무궁天壤無窮한 황운皇運을 보필해야 한다.

이러한 것은 오직 짐朕만의 충량한 신민에 머무르는 것이 아니라 선조의 유풍遺風을 현창顯彰하는 것이기도 하다. 이러한 도道는 실로 우리 황조황종皇祖皇宗의 유훈遺訓으로서 자손신민子孫臣民 모두가 준수해야 할 바, 이는 예로부터 지금에 이르기까지 그릇됨이 없고 이를 중외中外에 베풀더라도 도리에 어긋나지 않는다. 짐은 그대들 신민과 함께 이를 가슴에 새겨 잊지 않을 것이니 모두 그 덕을 하나로 할 것을 간절히 바란다.

메이지 23년 10월 30일

무츠히토睦仁

교육칙어에서는 황실의 준엄함과 신민으로서의 책임과 의무를 강조하면서, 나열된 12가지의 도덕을 충실히 준수하는 것이 천황의 신민인 자가 지녀야 할 도리라는 점을 분명히 밝혔다. 이러한 내

천황의 직인 및 서명이 들어간 교육칙어

용은 일본이 1945년 제2차 세계대전에서 패망하기까지 일본의 수신과 및 도덕교육의 기본 지침이 되었고, 조선교육령이나 대만교육령에서 교육 전반에 걸친 규범이 되었다.

교육칙어 성립의 직접적 계기는 1890년 2월 지방장관회의에서였다.[1] 1880년대를 거치면서 전개된 지식인들의 소위 덕육 논쟁은 각종 잡지 등의 매체를 통해 사회적 이슈가 되었고 '덕육의 내용을 무엇으로 삼아야 하는가'에 대한 백가쟁명식 논의로 이어졌다. 이런 논쟁이 오히려

---

1. 이명실, 「메이지 전기 일본의 도덕교육 논쟁에 관한 연구」, 『교육사학연구』 26(1), 2016 참조.

덕육의 혼란을 초래할 것이라 판단한 지방의 관리들은 1890년 2월에 개최된 지방장관회의에서 '덕육함양에 관한 건의'를 채택했고, 이것을 문부대신 에노모토 다케아키에게 제출했다. 그런데 5월에 내각이 교체되면서 에노모토 다케아키는 경질되었고 지방장관회의의 건의는 무산될 위기에 놓이게 되었다. 이때 메이지 천황이 '교육상의 기초가 되어야 할 잠언箴言의 편찬'을 새로 임명한 문부대신 요시카와 아키마사 芳川顯正, 1842~1920에게 명했고,[2] 이것이 도덕교육에 관한 칙어 작성의 계기가 되었다. 처음에 문부성은 나카무라 마사나오에게 칙어의 초안 작성을 의뢰했다. 그런데 나카무라 마사나오가 작성한 초안을 검토한 법제국 장관 이노우에 고와시는 이 안案에 기독교적 표현이 포함되어 종교적 논란을 일으킬 염려가 있고, 서구의 철학적 이론이 포함되어 있다는 이유를 들어 나카무라 마사나오 안案을 폐기하고 자신의 구상을 제안하였다.

교육에 관한 칙어는 보통 정치상의 칙어와 분명히 구별되어야 한다. 그런데 정치상의 칙어라 할 수 있는 대일본제국헌법이 1889년에 발포되었으므로, 교육에 관한 칙어는 이와 구별되는 것으로 사회상 군주의 저작공보라는 성격을 가질 필요가 있다.[3]

이노우에 고와시의 의도는 분명했다. 교육칙어는 '군주의 저작공보'의 성격을 지녀야 하고, 국민통합 이데올로기의 기능을 해야 한다는 것이었다. 문서의 형식도 처음에는 잠언箴言의 형태를 띠는 것으로 구상되었으나, 당시 총리대신이었던 야마가타 아리토모山縣有朋, 1838~1922

---

2. 所功, 「教育勅語の成立と展開」, 『産大法學』 44(4), 2011, 55~56쪽.
3. 위의 논문, 57쪽.

와 문부대신이었던 요시카와 아키마사에 의해 '칙어의 초안을 기초起
草하는 방식'으로 전개되었다. 이와 별도로 모토다 나가자네도 독자적
안을 준비했지만 이노우에 고와시의 안案을 기본으로 십여 차례의 서
신을 통한 검토[4]와 수정 과정을 거친 안案이 1890년 9월 각의閣議에
제출되었고 '칙어 안'으로 확정되었다. 이처럼 모토다 나가자네와 이노
우에 고와시의 검토와 수정을 거쳐 완성되었던 교육칙어는 유교주의
와 입헌주의가 타협해 이루어진 산물이라는 평가를 받는다.

2. 교육칙어의 보급

1890년 10월 30일 메이지 천황은 총리대신 야마가타 아리토모와
문부대신 요시카와 아키마사를 궁으로 불러 교육칙어를 하사했다. 여
기에는 교육칙어가 천황 개인의 의사를 표현한 것이며 초법적인 것이
라는 점을 분명히 하려는 의도가 내포되어 있었다. 실제로 교육칙어에
는 다른 정치상의 칙어와는 달리 대신大臣의 서명이 없었고 발포도 내
각의 절차를 밟지 않은 채 천황이 직접 국민에게 가르침을 알린다는
방식을 취했다. 교육칙어를 전달받은 다음 날인 10월 31일 문부대신
요시카와 아키마사는 칙어봉승勅語奉承에 관한 훈시를 발표했다.[5]

삼가 생각건대…… 천황폐하 깊이 신민의 교육에 진념軫念해 칙어를
내려니…… (이를) 봉승奉承하고…… 칙어의 등본을 만들어 널리 그것을
전국의 학교에 반포하니 무릇 교육의 직職에 있는 자는 항상 성의를 봉

---

4. '教育ニ關スル勅語', https://ja.wikipedia.org/wiki/ 2016년 6월 13일 인출.
5. 芳川顯正, 「文部大臣訓示」, 『官報』, 1890年 10月 31日; 이명실, 앞의 논문, 2016, 135쪽.

체奉體해 연마훈도의 의무를 태만히 하지 말고, 특히 학교의 식일式日 및 그 외 편의便宜한 일시를 정해 생도를 회집會集하여 칙어를 봉독하는 동시에 뜻을 덧붙여…… 생도가 밤낮으로 패복佩服하도록…….

이러한 훈시를 통해 교원에게는 칙어의 뜻을 바탕으로 교육에 전념토록 했으며, 학교에서는 기념일 이외에도 날짜를 따로 정해 학생에게 칙어를 봉독奉讀하고 그 의미를 설명해 주었다. 교육칙어 발포 직후인 11월 3일이 천황의 탄생일인 천장절天長節이었다는 점은 교육칙어의 전국적 배포가 미리 계획된 것이었으며 정부의 적극적인 개입이 전제되어 있었음을 말해 준다. 신문 『일본』은 칙어봉독에 관한 가토 히로유키 제국대학 총장의 동향을 다음과 같이 전했다.

대일본교육회 및 교육보지사教育報知社는 직접 이 봉조鳳詔를 인쇄해 널리 교육 사회에 배포했다고 들었는데, 제국대학을 비롯해 부하府下의 관립, 공공 기타 모든 학교에서는 천장절天長節이라는 길일吉日을 시작으로 매년 이날 칙어선시회勅語宣示會를 열어 칙어를 낭독하고, 오래토록 성지聖旨를 받들어…… 가토加藤 총장 등은 이를 위해 대학의 각부各部를 둘러보고 이 뜻을 전하니…….[6]

이처럼 메이지 정부는 각종 훈시나 규정 등을 통해 교육칙어를 전국의 각 학교에 보급할 기반을 만들어 갔다. 그러나 메이지 정부의 의도가 전국 각 지방의 곳곳에까지 동일한 모습으로 전개된 것으로 보이지는 않는다. 가고타니 지로는 정부의 적극적인 교육칙어 보급에 대

6. 『日本』1890年 11月 3日; 籠谷次郎, 『近代日本における教育と國家の思想』, 阿吽社, 1994, 37~38쪽.

〈표 5-1〉 교육칙어 보급에 대한 각 지역의 태도

	특징	해당 지역
제1유형	등본의 도착을 기다리지 않고 사본을 만들어 봉독식을 행함.	오사카, 야마구치, 오이타
제2유형	독자적 칙어 사본을 만들지는 않았지만, 『관보』에 있는 것을 사용해 봉독하도록 함.	이와테, 아키타, 야마가타, 야마나시, 시마네
제3유형	등본이 도착한 후 봉독에 관한 구체적 지시를 함.	사이타마, 시즈오카, 효고
제4유형	등본 교부에 즈음해 봉독만을 지시함.	교토, 나라, 와카야마

출처: 籠谷次郎, 『近代日本における敎育と國家の思想』, 阿吽社, 1994, 110~113쪽.

해 각 부현府縣이 취한 방식을 〈표 5-1〉과 같이 네 가지 유형으로 정리했다.

이처럼 각 부현의 태도는 아주 적극적인 지역에서부터 등본의 내용을 단순히 전달하는 데 그치는 곳까지 다양했다. 특히 교토의 경우, 1891년 1월 1일 신년축하식을 겸해 봉독식을 행했던 학교의 모습이 "중경中京 부근의 각 학교에서는 생도들이 미복美服을 차려입고 학교에 오는 자가 많아도 중심부에서 떨어진 학교는 불참자가 많아, 왠지 살풍경"[7]이라고 묘사되었는데, 이는 봉독식에 대한 일반인의 인식이 모든 지역에서 긍정적이지 않았음을 말해 준다. 이뿐 아니라 "(교육칙어를) 우편으로 보내왔고 사무소의 소사가 가지고 와서 교장의 책상 위에 두었다"든가 "교장은 봉독할 칙어등본을 단상에 방치하고…… 등본은 바람 때문에 높이 날아올라 교정에 있다"는 등의 구술이나 "나의 학교에서 그때 어떤 행사가 있었는가 지금은 생각하지 않는다"라는 회고담[8]은 칙어등본이나 봉독식에 대한 태도가 다양했음을 짐작케 한다.

이에 문부성은 1890년 10월에 발포된 소위 제2차 소학교령 제15조

---

7. 『日出新聞』 1890年 1月 9日; 籠谷次郎, 앞의 책, 113쪽.

"소학교 매주 교수 시간의 제한 및 축일대제일 의식 등에 관해서는 문부대신이 정한다"라는 규정에 따라, 1891년 6월 문부성령 제4호로 소학교축일대제일의식규정小學校祝日大祭日儀式規程을 발포했다. 이 규정은 일본이 정한 국가기념일에 행하는 의식을 표준화한다는 의미를 담고 있는데, 특히 학교 의식 가운데 교육칙어를 봉독하는 구체적 방법, 칙어의 내용을 바탕으로 훈시를 해야 한다는 것, 그리고 기념일의 종류와 의식의 내용 및 참가 대상까지 포함하고 있었다.

소학교축일대제일의식규정[9]

제1조 기원절紀元節, 천장절天長節, 원시제元始祭, 신상제神嘗祭 및 신상제新嘗祭[10]에서 학교장, 교원 및 생도 일동이 식장에 모여 다음과 같은 의식을 행한다.

일, 학교장 교원 및 생도는 천황폐하 및 황후폐하의 어영御影을 받들어 최경례를 행함과 동시에 양 폐하의 만세萬歲를 봉축奉祝한다. 단, 아직 어영御影을 배대拜戴하지 않은 학교는 이를 생략한다.

이, 학교장 또는 교원은 교육에 관한 칙어를 봉독한다.

삼, 학교장 또는 교원은 공손히 교육에 관한 칙어에 따라 성의聖意를 회고誨告하고, 또 역대 천황의 성덕盛德과 홍업鴻業을 말하고, 또 축일대제일祝日大祭日의 유래를 말하는 등 축일대제일에 상응하는 연설을 하여 충군애국忠君愛國의 지기志氣를 함양하도록 노력한다.

사, 학교장, 교원, 생도는 그 축일대제일에 상응하는 창가를 합창한다.

---

8. 籠谷次郎, 앞의 책, 115~116쪽.
9. 『官報』 第2388號, 1891年 6月 17日.
10. 여기서 기원절(紀元節)은 일본의 건국기념일, 천장절(天長節)은 천황의 탄생일, 원시제(元始祭)는 1월 3일에 천황즉위를 기념해 천황이 직접 지내는 제사, 신상제(神嘗祭)는 10월 17일에 천황이 햅쌀을 이세신궁(伊勢神宮)에 바치는 제사, 신상제(新嘗祭)는 11월 23일에 천황이 햅쌀을 신에게 바치는 궁중 행사(현재는 '근로감사의 날'로 국민 축일)를 말한다.

제2조 효명천황제孝明天皇祭, 춘계황령제春季皇靈祭, 신무천황제神武天皇祭 및 추계황령제秋季皇靈祭 때에는 학교장, 교원 및 생도 일동이 식장에 모여 제1조 제3항 및 제4항의 의식을 행한다.

제3조 1월 1일에는 학교장, 교원 및 생도 일동이 식장에 모여 제1조 제1항 및 제4항의 의식을 행한다.

제4조 제1조에 제시한 축일대제일에는 편의상 학교장 및 교원은 생도를 인솔해 체조장에 가거나 야외로 나가 유희·체조를 행하는 등 생도의 심정을 쾌활히 하도록 노력한다.

제5조 시정촌장市町村長 등 학사에 관계하는 시정촌市町村 관리는 가능한 한 축일대제일의 의식에 참가한다.

제6조 식장의 상황을 고려해 생도의 부모친족 및 기타 시정촌 주민이 축일대제일의 의식을 참관할 수 있도록 한다.

제7조 축일대제일에 생도에게 다과 또는 교육에 도움이 되는 그림 등을 주어도 좋다.

제8조 축일대제일의 의식에 관한 순서 등은 부현지사府縣知事가 그것을 정한다.

이처럼 문부성의 방안은 학교를 매개로 교육칙어의 보급이 효율적으로 이루어지도록 하는 것이었다. 즉, 의식을 행해야 할 기념일을 정하고 의식의 순서와 방법을 제시했으며, 교직원과 학생 등의 학교 관계자뿐 아니라 학부모나 각 지방 관리를 포함해 지역 주민들에게까지 칙어의 취지를 알릴 수 있는 방법이 강구되었던 것이다. 이 밖에도 교육칙어의 취지를 더욱 철저히 전파하기 위해 이노우에 데쓰지로가 저술한 『칙어연의勅語衍義』가 문부성의 검정을 거쳐 간행되었고, 이를 사범학교의 중학교의 수신 교과서로 활용하였다. 또 소학교교칙대강小學校敎則大綱 가운데 "제2조 수신은 교육에 관한 칙어의 취지에 따라 아동의 양심을 계배啓培하고 덕성을 함양해 인도 실천의 방법을 가르치는 것을 요지로 한다"[11]라는 것을 덧붙임으로써 더욱 철저한 교육칙어 취지의 보급을 꾀했다. 이런 과정을 통해 교육칙어는 일본인들의 머릿속에 뿌리 깊은 흔적을 남겼고, 일본이 천황 중심의 군국주의로 나아갈 수 있는 이데올로기적 기반이 되었다.

---

11. '小學校教則大綱', 明治二十四年十一月十七日文部省令第十一號, http://www.mext.go.jp/b_menu/ hakusho/html/others/detail/1318015.htm 2016년 7월 19일 인출.

II. 1891년 불경 사건의 전모

1. 불경 사건의 발생

1891년 1월 9일 동경의 제일고등중학교 강당에서는 교육칙어를 정중히 받들려는 의식[12]이 개최되고 있었다. 1890년 10월 30일 발포된 교육칙어가 이 학교에 하사된 것을 기념하기 위해 마련된 자리였다. 식장의 정면 중앙에는 천황과 황후의 사진御眞影이 걸려 있었고, 그 앞 탁상에는 메이지 천황明治天皇의 친필 서명宸書이 들어간 교육칙어가 놓여 있었다.

당시 전국에 배포되었던 칙어에는 두 종류가 있었다. 하나는 약 3만여 공사립 학교에 배포된 칙어등본이고, 다른 하나는 제국대학과 문부성 직할 학교에 전달된 천황의 서명과 직인이 있는 칙어였다. 전자의 경우는 부현府縣을 통해 각 학교로 전달되었고 후자는 문부대신이

학교행사의 칙어봉독

---

12. 內村鑑三, 「ベル宛內村鑑三書簡」, 1891年 3月 6일(山往止已, 『日本近代思想大系6 敎育の體系』, 岩波書店, 2000, 386쪽 수록).

직접 문부성 직할 학교에 전달하는 방식을 취했다. 제일고등중학교에 전달된 교육칙어는 후자에 속하는 것이었다.

칙어봉독勅語奉讀의 절차가 끝난 후 교원과 학생들은 한 사람씩 앞으로 나아가 사진과 교육칙어에 경례를 하는 것으로 경의를 표했다. 촉탁교원인 우치무라 간조가 칙어 앞에서 취한 행동은 어떻게 비쳤을까?

> '그들 앞에서 하나님을 부정할 수는 없다.' 그렇게 결심했을 때 그의 차례가 왔다. 그는 성큼성큼 단 위로 올라가 칙어 앞으로 가서 그대로 한 바퀴 단 위를 돌아 내려왔다. 단상에 섰을 때 조금 머리를 숙인 것처럼 보이기는 했으나 그것은 결코 보통의 경우 행하는 경례도 아니었을 뿐만 아니라, 최경례는 더더욱 아니었다.[13]

이러한 묘사는 우치무라 간조의 행동에 비판적 태도를 가진 자들에 의해 이루어진 것이었다고 짐작할 수 있다. 그러나 이러한 비판이 가능했던 것은 우치무라 간조의 행동을 한 개인의 신앙적 행동이 아니라 기독교도가 천황제 국가에 대해 갖는 반역적 행위로 보는 정치 지도자나 지식인이 존재했기 때문이었다.

우치무라 간조의 이런 태도를 본 학생과 교사들은 "국가의 원수를 모욕하고 학교의 신성을 더럽힌 우치무라와 같은 악당·매국노를 학교에 둔다면 학교 전체를 파괴하는 편이 낫다"[14]고 하면서 우치무라 간조의 행동을 비난했다. 사태의 악화에 놀란 이 학교의 교장 기노시타 히로지木下廣次, 1851~1910는 우치무라 간조에게 다시 경례할 것을 요구

---

13. 政池仁, 『內村鑑三』, 三一書店, 1953, 95~96쪽.
14. 內村鑑三, 「ベル宛內村鑑三書簡」, 1891年 3月 6日.

했고 우치무라 간조도 이에 동의했다.

그러나 각종 신문과 잡지에서 이 문제를 우치무라 간조 불경 사건
內村鑑三の不敬事件 혹은 제일고등중학교 불경 사건第一高等中學校不敬事件
으로 다루면서 사건은 전국으로 파급되었다. 우치무라 간조는 유행성
독감으로 병상에서 의식불명 상태였지만 본인도 알지 못하는 사이에
우치무라 간조의 이름으로 된 변명서가 게재되거나 본인 서명으로 된
사직 청원이 제출되기도 했다. 우치무라 간조는 1891년 2월 3일 의원
해촉依願解囑이라는 형태로 학교에서 면직 처분을 받았고, 교원의 길을
걸을 수 없었던 우치무라 간조는 본격적인 전도자의 길을 찾아 자신
의 행보를 계속하게 된다.

일단락된 듯이 보였던 우치무라 불경 사건은 당시 도쿄제국대학東
京帝國大學 문과대학 교수였던 이노우에 데쓰지로가 잡지『교육시론敎育
時論』에 '종교와 교육의 관계에 관한 이노우에 데쓰지로의 담화'[15]를 발
표하면서 다시 세상의 관심거리가 되었다. 그는 "교육칙어와 기독교는
상용될 수 없는 것"이라고 단정하며 일본의 국가적 목표 수행을 위해
기독교 제거가 필수적이라는 주장을 피력했다.

> 일본의 교육주의는 1890년의 교육칙어에 기초하며 교육칙어는 국가
> 주의인 동시에 애국주의이지만, 기독교는 세계주의로 국가주의가 아니
> 며, "군부君父 위에 천부天父 있고 기독교 있다"라고 말함은 충효주의에
> 반反하는 것이며, 그러므로 기독교와 교육은 충돌한다.[16]

이노우에 데쓰지로의 이러한 논조에 대해 기독교 교육사상가이

---

15. 井上哲次郎, 「宗敎と敎育との關係につき井上哲次郎氏の談話」, 『敎育時論』 第272號. 1892年
　　11月.
16. 위의 글.

우치무라 간조   이노우에 데쓰지로

며 일본조합기독교회日本組合基督教會의 목사였던 가시와기 기엔柏木義円, 1860~1938은『동지사 문학同志社文學』에 두 차례에 걸쳐 '이노우에 데쓰지로 박사의 의견을 평한다'라는 부제가 붙은 '칙어와 기독교'[17]라는 글을 게재하여 이노우에 데쓰지로의 주장을 반박했고, 우치무라 간조도 '문학박사 이노우에 데쓰지로에게 드리는 공개장'[18]을『교육시론』에 게재했다. 이런 논쟁에 기독교회는 물론 불교계·사상계·교육계·저널리즘이 합세함으로써 이 사건은 대논쟁으로 확산되는 양상을 보였다. 이 과정에서 우치무라 간조 개인의 사건은 기독교와 교육칙어 혹은 기독교와 국체의 문제로 파급되었고 신교信教의 자유나 국가·황실과 기독교의 대립이라는 문제로까지 발전[19]해 갔다.

---

17. 柏木義園, 「勅語と基督教(井上博士の意見を評す)」, 『同志社文學』 59·60號, 1892年 11月·12月.
18. 內村鑑三, 「文學博士井上哲次郎君に呈する公開狀」, 1893年 3月.
19. 內村鑑三, 「ベル宛內村鑑三書簡」, 1891年 3月 6日.

2. 불경 사건의 전개

평범한 해프닝으로 끝날 수 있었던 하나의 사건이 사회·정치적 반향을 일으키며 국체의 문제로까지 전개되었던 배경은 무엇일까? 서구의 문화 및 사상에 대한 동경으로 긍정적 이미지를 가지고 있던 기독교가 교사나 학생뿐 아니라 저널리즘이나 불교계로부터 공격의 대상이 되었던 이유는 무엇일까?

먼저, 당시 일본이 처해 있던 대내외적 상황과 이에 따른 사회·정치적 위기감이 일본 민중들에게까지 폭넓게 확산되었다는 점이다. 당시 메이지 정부가 해결해야 할 최대의 정치적 과제는 서구와 맺은 불평등조약을 개정하는 것이었다. 메이지 시기에 걸쳐 정부가 추진했던 불평등조약의 개정 경위를 보면 〈표 5-2〉과 같다.[20]

조약 개정을 원활히 진행하기 위해 메이지 정부는 일본의 법률·습관·풍속을 서양과 같이한다는 서구화 정책을 취했고 기독교에 대한 일반적 인식도 긍정적으로 나아갔다. 그러나 1880년대 두 차례의 조약 개정이 연이어 실패로 끝나자 서구화에 대한 반동 풍조와 더불어 일본의 전통적 가치를 재평가하는 분위기가 나타났다.

일본이 사상과 풍속에서 거의 서양의 한 주州와 같은 경향은 가장 위험한 현상이니…… 서구 여러 나라가 국어로, 문자로, 풍속 습관으로 힘써 국민적 특질을 유지하려는 것을 보았으니, 이로써 분명히 국민에게 선언하니 '모방하지 말라', '국수國粹를 보존하자', '일본 국민의 특질인 충군애국의 정신을 배양하자'라고. 그들은 드디어 사상의 조류를 바꾸고, 국민적 정신은 승리를 얻을 것이니.[21]

---

20. '條約改正', https://ja.wikipedia.org/wiki/를 바탕으로 재구성.

〈표 5-2〉 메이지 시기 불평등조약 개정

연도	외교 책임자	교섭 내용	경과 및 결과
1872	이와쿠라 도모미 (岩倉具視, 우대신)	개정 교섭 타진	구미 순회, 조약 개정을 위한 예비 교섭(실패).
1873 ~1879	데라시마 무네노리 (寺島宗則, 외무경)	관세자주권 회복	정부 내의 반대 및 독일 과 영국의 반대로 실패
1879 ~1887	이노우에 가오루 (井上馨, 외무경, 제1차 이토 내각 외상)	영사재판권의 철폐와 관세자주권의 일부 회복	외국인 판사 임용. 민권 파의 비판. 교섭 중지, 외상 사임
1888 ~1889	오쿠마 시게노부 (大隈重信, 구로다 내각 외상)	영사재판권의 철폐 (각국과 개별 교섭)	치외법권 철폐(미국, 독 일, 러시아와 성공). 오 쿠마 테러로 좌절.
1890 ~1891	아오키 슈조 (靑木周藏, 제1차 야마가타, 제1차 마쓰가타 내각 외상)	영사재판권의 철폐 (각국과 개별 교섭)	영국과 대등교섭 개시. 법권 회복·세권 일부 회 복에 영국 동의. 황태자 암살미수사건(大津사 건)으로 외상 사임.
1892	에노모토 다케아키 (榎本武揚, 제1차 마쓰가타 내각 외상)	영사재판권의 철폐와 관세자주권의 일부 회복	의회의 분규로 중단
1894	무츠 무네미츠 (陸奧宗光, 제2차 이토 내각 외상)	영사재판권의 철폐와 관세자주권의 일부 회복	일영통상항해조약 조인 (영사재판권 철폐, 대등 최혜국 대우, 관세자주 권 일부 회복) 다른 14개국과 같은 내 용의 조약 조인.
1899	아오키 슈조 (靑木周藏, 제2차 야마가타 내각 외상)	-	무츠개정조약 발효, 내 지잡거 개시
1911	고무라 주타로 (小村壽太郎, 제2차 가쓰라 내각 외상)	관세자주권의 완전 회복	일미신통상항해조약 조 인, 열국과 개정 조인(한 국 병합)

이러한 분위기에서 '우리나라의 정신은 신·유·불 삼도三道'라는 인식이 전파되었고, 대일본홍도회大日本弘道會·일본국교대도사日本國教大道社 등의 단체 조직이나『일본인』등의 잡지 발간을 통해 서구화주의에 대항하는 일본주의가 고취되었다. 이런 움직임의 표적이 되었던 것이 기독교였다. 우치무라 간조 불경 사건이 일어난 지 한 달이 지난 1891

---

21. 山路愛山,「現代日本教會史論」,『現代日本文學大系 6』, 筑摩書房, 1969, 262쪽; 關川悅雄,
「近代日本における人間形成の問題-內村鑑三 '不敬事件'を中心にして-」,『教育學雜誌』10,
1976, 30쪽.

년 2월 기독교 목사인 우에무라 마사히사植村正久, 1858~1925는 『복음주보福音週報』에 교육칙어 예배를 정면에서 반대하는 글을 게재했는데, 이 잡지는 다음 호부터 발행 금지 처분을 받았고 종간되는 처지에 놓이게 되었다. 이는 일본주의 및 반反기독교 풍조가 확산되고 있으며, 잡지에 대한 사상 통제가 공공연히 전개되고 있음을 말해 준다.

다음으로 이 사건이 전국적으로 파급될 수 있었던 가장 큰 요인 가운데 하나는 저널리즘의 역할이었다. 이노우에 데쓰지로가 저술한 『교육과 종교의 충돌教育と宗教の衝突』(1893) 서문에는 다음과 같은 내용이 담겨 있다.

> 이 책의 전반부는 교육시론教育時論, 교육보지教育報知, 일본교육잡지, 대일본교육회잡지, 나라의 교육國の教育, 동양학예잡지東洋學藝雜誌, 천측天則, 치바현 교육잡지千葉縣 教育雜誌, 이바라키현 교육잡지茨木縣 教育雜誌, 호쿠리쿠 교육北陸 教育 등에 게재되고, 또 불교잡지 가운데 불교, 정토교보淨土教報, 밀엄교보密嚴教報, 일종신보日宗新報, 명교신지明教新誌, 호교護教, 불교공론佛教公論, 교우잡지教友雜誌, 전등傳燈, 활천지活天地, 법우法雨, 능인能仁, 진불교군眞佛教軍, 꽃의 원생花の園生, 삼보총지三寶叢誌, 사명여하四明餘霞 등에도 나왔으며, 그 외 유니테리언파의 종교 및 규슈 일일신문九州 日日新聞 등에 게재된 것이고……[22]

이는 이노우에 데쓰지로가 제시한 문제가 전국 각 지역의 교육 관련 잡지뿐 아니라 불교계와 기독교계 잡지 등을 통해 공론화되어 큰 사회적 파장을 일으키고 있었음을 말해 준다.

당시 도쿄제국대학 교수였던 이노우에 데쓰지로의 글은 우치무라

---

22. 井上哲次郎, 앞의 책, 1893, 2~3쪽(緒言).

간조 개인의 행동을 기독교와 교육칙어의 대립, 일본 국체의 문제로까지 확산시키는 데 결정적 역할을 했다. 이노우에 데쓰지로의 인간적 품성과 학문적 태도, 그리고 학식에 대한 비판이 없었던 것은 아니다. 당시 평론가이며 영어학자였고, 성서를 일본어로 번역하는 사업에 참여했으며, 『플루타르코스 영웅전』과 『칼라일의 프랑스혁명사』 등을 번역했던 다카하시 고로高橋五郎, 1856~1935는 기독교도의 논리를 옹호하며 이노우에 데쓰지로를 다음과 같이 비판했다.

> 방약무인傍若無人으로 자신의 박학다식을 세상에 시험 삼아 자랑하고…… 그의 논술은 머리에서 발끝까지 부조리하고 전후 모순됨이 일목요연하다. …… 거의 철리哲理를 묻지 않고…… 학자다운 귀납적 태도가 없다.[23]

다카하시 고로의 반박에도 불구하고 일본주의 및 국가주의가 강조되는 당시의 분위기를 타고 이노우에 데쓰지로의 주장은 시대를 이끄는 하나의 논리가 되고 있었다. 우치무라 간조의 개인적 행동이 국가의 부정否定이나 종교의 대립 문제로까지 확산되었던 표면적 이유는 비교적 높은 사회적 지위에 있었던 이노우에 데쓰지로가 앞장서 천황제교육의 필요성을 강조했다는 점에 있었지만, 이를 뒷받침하는 당시의 사회·정치적 분위기도 큰 몫을 했다고 볼 수 있다. 당시 메이지 정부는 민심의 이데올로기 통합을 위한 장치로서 교육칙어의 전국적 확산이 필요한 시기였고, 이에 걸림돌이 된다고 여겨졌던 기독교에 대한 통제를 위해 우치무라 사건을 적극적으로 활용했다고 해석할 수 있다. 이로 인해 한 개인의 삶은 파탄의 지경에 이르는 결과를 가져왔다.

---

23. 高橋五郎, 앞의 책, 1~4쪽(序).

우치무라 불경 사건은 국가 주도의 이데올로기에 반反하는 어떤 시도도 용납될 수 없음을 보여 주는 하나의 좋은 사례였다. 이 밖에도 1892년에는 제2의 우치무라 사건이라 할 수 있는 구마모토영학교熊本英學校 사건, 야마가고등소학교山鹿高等小學校 사건이 발생하는 등, 이후에도 불경 사건은 지속적으로 나타났고 그때마다 처벌과 배제의 장치가 동원되면서 일본적 근대교육의 모습이 만들어졌던 것이다.

3. 이노우에 데쓰지로의 기독교주의 비판

이노우에 데쓰지로는 『교육과 종교의 충돌』의 서문에서 기독교도 요코이 도키오橫井時雄, 1857~1927와 우치무라 간조가 했던 반박 등을 거론하며 이들의 논지가 타당성이 없다고 주장했다. 본문에서도 교육칙어와 기독교의 주의가 서로 양립할 수 없음을 밝히면서 '종교=기독교'임을 분명히 했다.

> 교육에 관한 칙어가 제시하는 바에 맞서는 것은 불자佛者도 아니고, 유자儒者도 아니고, 또 신도자神道者도 아니고, 오직 기독교도耶蘇敎徒만이 그것에 맞서니. 가령 기독교도는 칙어 자체에 맞서는 것이 아니라 칙어에 절하는 것에 맞선다고는 하지만 이는 단지 표면상의 구실에 불과하고, 실은 칙어의 주의主意를 좋아하지 않는 것이니.[24]

그렇다면 이노우에 데쓰지로는 기독교를 어떻게 파악하고 있었을까?

> 기독교耶蘇敎는 유일신교唯一神敎로 그 무리는 스스로가 믿는 한 개의

신 이외에는 천조태신天照太神도, 미타여래彌陀如來도, 어떤 신도, 어떤 불佛도 결코 숭경崇敬하지 않으니, 유일신교는 마치 주군독재主君獨裁와 같이…… 다른 신이 그 영역 내에 병존함을 허용하지 않고 홀로 자기 종교의 신만을 진정한 신으로 하고…… 어떤 신도 모두 진정한 신으로 간주하지 않으니…… 다신교는 그에 반해 공화정치와 같이 다른 종교의 모든 신이 병존하는 것을 허용하는 경우 많고……. [25]

이와 같이 이노우에 데쓰지로는 기독교가 유일신을 믿는 종교라는 점이 문제라고 비판하였다. 다신교인 불교는 옛날부터 온화한 역사를 이루어 왔고, 유일신을 믿는 기독교는 격렬한 변동을 겪어 왔다고 했다. 그리고 다신교는 공화정치와 같고 유일신교는 주군독재와 같다고 설명했다. 논리적 근거를 제시하기보다는 전자의 긍정성과 후자의 부정성을 대비시킴으로써 자기 주장의 타당성을 피력해 갔던 것이다.

더 구체적으로 보면 이노우에 데쓰지로는 기독교주의의 문제를 네 가지로 나누어 설명했다. 첫째, 이노우에 데쓰지로는 칙어의 주의主意가 국가주의라고 보았다. 칙어란 원래 일본에서 행해져 온 보통의 실천윤리를 문장으로 표현한 것으로, 그 윤리는 일가一家에서 행해져야 할 효제孝悌에서 시작해 일가一家에서 일촌一村, 일촌에서 일향一鄕으로 나아가 드디어 공동애국共同愛國에 이르러 끝난다고 하면서 다음과 같이 덧붙였다. [26]

일신一身을 수양하는 것도 국가를 위해서이고, 부모에게 효도하는 것도, 형제와 우애하는 것도 필경 국가를 위해서이다. 몸은 국가를 위해

---

24. 井上哲次郎, 앞의 책, 1893, 4쪽.
25. 위의 책, 7~8쪽.
26. 위의 책, 33~34쪽.

바쳐야 하고, 군주를 위해 죽어야 하는 것이니, 이것이 우리나라 사람이 옛날부터 실행해 온 것이라면 오늘부터 이후에도 더욱 그것을 계속해 신민臣民으로서의 의무를 다해야 하니.

이처럼 국가를 위해 자신을 희생하는 것은 일본의 신민臣民이라면 마땅히 해야 할 도리인데 기독교도는 이런 점에서 국가적 정신이 부족하다고 주장했다. 따라서 기독교는 국가를 강조하는 칙어와 양립할 수 없다고 결론 내렸다.

둘째, 옛날부터 동양의 가르침은 모두 충효忠孝를 바탕으로 하고 칙어 역시 이를 최대의 윤리로 하는 데 비해, 기독교는 충효의 가르침과 거리가 멀어 동양의 전통적 가르침과 함께할 수 없다고 하였다.

> 기독교가 직접 충군忠君의 길을 가르친다는 것은 결코 적합하지 않고, 우리나라의 기독교도가 백방부회百方附會하며 기독교에도 충군의 가르침이 있음을 창도唱導하는 것은 모두 강변强辯에 불과한 것이니.[27]

> 기독교耶蘇는 군君 위에 진군眞君 있고 부父 위에 진부眞父 있어 오직 신神을 진군진부眞君眞父라 하고 군君과 부父를 가군가부假君假父라 한다. 또 신 아래 어떤 사람도 동등하다 하고 계급이 없어야 한다고 한다. 환언하면 사회평등주의이다. …… 기독교耶蘇는 조금도 가족의 염려를 하지 않으며 기독교는 충효를 중시해야 한다고 하지 않는다. 가령 드물게 효도에 관해 말해도 결코 그것에 중점을 두는 것은 아니다.[28]

따라서 기독교가 대부분 효도에 관한 것을 말하지 않는 것은 이를

---

27. 위의 책, 85쪽.

중요하다고 여기지 않기 때문이며, 이것이 기독교주의의 문제라고 이노우에 데쓰지로는 파악했다. 즉, 이노우에 데쓰지로는 군君에 대한 충忠과 부父에 대한 효孝를 삶의 기본 윤리로 삼는 칙어의 주의와 이를 부차적인 것으로 간주하는 기독교의 주의가 과연 양립할 수 있는가에 대해 문제를 제시했던 것이다.

셋째, 칙어의 주의는 철두철미하게 현세적인 것으로 조금도 내세적 요소를 포함하고 있지 않다는 점을 제시했다. 즉, 시대적 조류는 사회·국가·교육·법률·군사 등의 분야에서 개량·진보를 요구하고 있음에도 불구하고 기독교는 내세來世의 가르침만을 중시하므로 기독교와 칙어의 주의가 충돌할 수 있다는 것이다.[29]

마지막으로 기독교와 칙어의 주의가 양립할 수 없는 요인 가운데 하나로 이노우에 데쓰지로는 박애의 문제를 제기했다.

> 기독교의 박애는 묵자墨子의 박애와 다른 점을 찾을 수 없으니 기독교의 박애라고 하기보다는 오히려 겸애兼愛라고 함이 올바르다고 해야 한다. 나는 맹자가 묵자를 배척하듯이 무조건 기독교를 배척하지 않으니…… 단지 나는 기독교의 박애와 동양 고래古來의 박애가 어떻게 의미를 달리하는가를 변명하는 데 불과하니.[30]

즉 박애博愛 또는 범애汎愛라는 용어는 공자나 맹자, 기독교의 가르침 모두에서 찾아볼 수 있지만 그 의미는 다르다고 했다. 공자가 말한 순후順厚나 맹자가 '널리 중인衆人을 사랑愛한다'고 한 것, 그리고 교육칙어에서 '박애 대중에 고루 미친다'는 어구는 모두 공자의 박애주의

---

28. 위의 책, 109쪽.
29. 위의 책, 116쪽.
30. 위의 책, 120쪽.

와 비슷한 의미이지만, 기독교의 박애는 묵자墨子의 겸애兼愛와 같은 것이라고 이노우에 데쓰지로는 파악했다. 따라서 무차별적 박애를 강조하는 기독교와 차별적 박애의 의미를 내포한 칙어는 양립할 수 없다는 것이었다.

이상과 같이 이노우에는 교육칙어에서 제시하는 국민도덕의 핵심 내용을 제시하면서 이에 어긋나는 점이 기독교의 주의에 있음을 강조했다. 이노우에의 발상은 기독교 비판이라는 목표를 설정해 두고 일본의 특수성을 일반화하면서 자신의 논리 체계를 만들어 가는 방식을 취했다. 이를 바탕으로 교육칙어에 나타난 국가주의·충효·박애 등의 의미가 옳고 정당한 것이라는 기반 위에서 이에 어긋나는 점을 기독교의 주의에서 찾았고, 칙어와 기독교가 양립할 수 없음을 논증해 갔던 것이다. 이러한 해석 방식은 이노우에가 일본적 특수성을 정당한 것으로 설명하기 위해 채택한 것이었지만 시대의 변화에 따라 새로운 국면의 정당성이 요구되었을 때 부정해야 하는 대상이 되기도 했다.

III. 교육과 종교 충돌 논쟁의 진상

1. 이노우에 데쓰지로 불경 사건의 전모

이노우에 데쓰지로는 교육칙어의 공적 해설자이며 국민도덕론을 제창해 천황제교육의 정통 이데올로그로 알려진 인물이다. 그런데 1925년에 간행된 그의 저서 『우리 국체와 국민도덕我が國體と國民道德』에 불경의 내용이 포함되어 있다는 격문檄文이 1926년 9월 25일 도야마 미쓰루頭山滿, 1855~1944 등에 의해 배포되었다.[31] 이어 9월 28일에는 구사와 마사쓰네草生政恒와 이오키 료조五百木良三, 1871~1937가 하마구치 오사치浜口雄幸, 1870~1931 내무대신 앞으로 이 책의 발포를 금지해 달라는 청원서를 제출했다. 이때까지 이 책은 5판이 인쇄되어 이미 2,500부가 판매된 상태였고 문제 제기가 이루어진 시점에는 6판을 준비 중이었다. 이에 대한 내무성의 의견은 다음과 같았다.

> 그때의 담당자로서는 저자의 지위와 경력, 현재의 신분에 비추어 생각했고, 이 책 서문의 취지에 비추어 그 내용은 모두 우리 광휘光輝한 국체정신의 선양을 위한 것이라고 믿었을 뿐 아니라, 또 그 대체의 경향

---

31. 頭山滿, 『文學博士井上哲次郎氏ノ神宮皇室ニ對スル大不敬事件』, 出版者不明, 1926.

을 개관해도 용이하게 유해한 사상을 내포한다고 인정할 수는 없고, 세목에 있어서는 감히 그것을 정사精査하지 않고 불문에 부치니…….[32]

이노우에 데쓰지로의 지위나 경력에 비추어 보아 내용에 큰 문제가 없다는 것이 내무성의 입장이었다. 더불어 내무성의 검열 과정이나 내용에 문제가 있었다고 보기도 어려웠다. 그러나 문제 제기가 이루어진 이상 이에 대한 타당한 조치가 뒤따라야 함은 분명했다. 발행자는 즉각 저자와 논의해 판매 중지 결정을 내렸고, 이미 판매한 것도 회수한다는 뜻을 표명했다.[33]

이로써 이노우에 불경 사건은 일단락되었다. 앞에서 살펴본 우치무라 불경 사건과 비교해 볼 때, 이 경우에는 관련자 모두가 이의 제기 없이 신속한 조치를 취했고 이노우에 데쓰지로 자신도 처분에 대해 반론을 제기하지 않았다. 이후 이노우에 데쓰지로는『우리 국체와 국민도덕』의 논조를 철회하고 이전에 출간했던『국민도덕개론國民道德概論』(1912년)에 내용을 보태어『신수 국민도덕개론新修 國民道德概論』(1928년)을 출간했다. 결과적으로 이노우에 불경 사건은 국체론을 하나의 방향으로 나아갈 수 있게 만든 발판의 역할을 했다.

1926년의 이노우에 불경 사건은 국체의 정당성을 일본적 특수성이 아닌 보편적 논리 위에서 새로이 설명하려는 시도가 국수주의자들에 의해 거부당했던 사건이었다. 그렇다면 이노우에 데쓰지로가 새롭게 구성했던 국체론의 실체는 무엇이었나? 이전에 제기했던 국체론과 다른 점은 무엇인가? 천황제 이데올로기의 정통 이데올로그였던 이노우에 데쓰지로가 이런 곤경에 빠진 진짜 이유는 무엇일까? 과연 사건의

32. 森川輝紀, 앞의 책, 130~157쪽.
33. '이노우에 불경 사건'에 관해서는 森川輝紀의 앞의 책, 130~131쪽과 156~160쪽, 그리고 堀孝言彦의『日本における近代倫理の屈折』, 未來社, 2002, 87~93쪽에 자세함.

실체가 저서의 내용에만 국한된 것일까? 이런 내용을 살펴보기에 앞서 이노우에 데쓰지로가 기존의 국체론을 새로이 설명할 수밖에 없었던 배경에 관해 살펴보도록 하자.

먼저, 1895년의 청일전쟁과 1905년의 러일전쟁으로 인한 변화를 제시할 수 있다. 두 번의 전쟁으로 일본은 열강 대열에 합류할 수 있는 기회를 얻었고 제국주의 국가로서 국제적 지위를 상승시킬 수 있는 기회를 마련했다. 그러나 국내의 경제 상황은 불안정했고 국민의 생활은 날로 황폐해졌으며 사회주의와 개인주의 사상이 널리 유포되고 있어 메이지 정부의 위기감은 고조되고 있었다. 이 과정에서 세계와 어깨를 나란히 하면서 국내의 불안한 민심을 전환시키기 위한 새로운 방안 모색이 요구되었다. 당시의 정치 관료 및 지식인들에 의해 제시되었던 제2차 교육칙어 계획, 교육칙어 철회 풍설 사건, 교육칙어 추가안 등은 일본 국민의 도덕이 세계에도 통용될 수 있다는 점을 입증하기 위한 시도였으며, 이를 통해 국내의 민심을 안정시키려는 의도가 숨어 있었다.

이러한 과정에서 1908년에 발포된 무신조서戊申詔書는 제2차 가쓰라 내각桂內閣, 1908. 7~1911. 8이 국민사상 안전 대책의 일환으로 발포한 것으로, 그 내용은 황실을 중심으로 화려함을 경계하고 상하 모두가 근검역행勤儉力行함으로써 부국 증강에 힘쓸 것을 국민에서 요구하는 것이었다. 즉, 국내외 사회·정치·경제적 변화에서 오는 위기를 국민도덕의 강화로 해소하려는 것이 메이지 정부의 선택이었다. 조서가 발포된 이후 각 지방의 관공서나 소학교에서는 봉독회捧讀會를 열어 학생들뿐 아니라 일반 국민을 대상으로 그 중요성을 강조했는데, 그 보급 방식은 교육칙어의 경우와 같았다.

이러한 노력에도 불구하고 1910년대의 시대적 조류는 일본의 사회·정치적 상황을 더욱 요동치게 만들었다. 1912년 메이지 천황이 죽고 다이쇼 천황이 즉위했으나 천황의 자질 문제가 제기되었고 그 위상은 확고히 정립되지 못한 상태였다. 이와 더불어 제1차 세계대전과 1918년의 쌀 소동으로 이어지는 국내외의 상황은 대중운동 및 사회주의 운동을 고양시키는 계기를 만들어 냈으며, 대정 데모크라시의 분위기와 1923년 9월의 관동대지진關東大震災은 사회·정치적 혼란을 더욱 가중시키는 요인이 되었다. 이에 위기감을 느낀 제2차 야마모토 곤노효에 내각山本權兵衛內閣, 1923. 9~1924. 1은 국민정신작흥에 관한 조서國民精神作興ニ關スル詔書를 발포했다. 여기서는 국가 부흥의 기본은 국민정신의 강건에 있다고 하면서 부화방종浮華放縱의 습관이나 경조궤격輕佻激의 풍조를 배격하고, 질실강건質實剛健하고 순후중정醇厚中正한 정신의 확립과 충효의용忠孝義勇의 아름다움을 고양토록 할 것을 국민에게 요구했다.

이 과정에서 천황제교육의 이데올로그였던 이노우에 데쓰지로도 당시의 시대적 조류에 맞는 국민도덕론을 구상했다. 그러나 재구성된 국민도덕론이 오히려 만세일계의 혈통을 근거로 하는 국체론과 상치될 수 있다는 의심을 받게 되었고, 이에 따라 이노우에 데쓰지로의 국민도덕론이 불경으로 낙인찍혔던 것이다. 그렇다면 『교육과 종교의 충돌』에서 제기했던 논의와 1910년대 시대의 조류에 따라 재구성된 국민도덕론은 어떤 차이를 보이는가? 그리고 1926년 이노우에 불경 사건의 핵심은 무엇이었나?

2. 이노우에 데쓰지로의 저서에 나타난 논조의 변화

1890년 교육칙어 빌포 이후의 천황제교육은 일관성 있게 교육칙어의 취지를 바탕으로 하는 국민도덕을 전국적으로 보급하는 데 목표를

『내지잡거론』
(1889년)

『교육과 종교의 충돌』
(1893년)

『국민도덕개론』
(1912년)

『우리 국체와 국민도덕』
(1925년)

『신수 국민도덕개론』
(1928년)

이노우에 데쓰지로의 저서

두고 있었다. 그런데 그 과정은 순조롭게 진행되지 않았다. 청일·러일 전쟁과 이어지는 천황의 교체, 그리고 쌀 소동과 관동대지진 등의 국내외적 상황은 교육칙어 체제에 대한 수정을 끊임없이 요구하고 있었다. 즉, 당시의 관료나 지식인들은 일본의 특수성 위에 성립된 기존의 천황제교육의 논리가 일본의 세계적 위상에 걸맞지 않는다고 보았고, 이를 수정의 대상으로 인식하고 있었다.

이노우에 데쓰지로도 이를 고심했던 학자 가운데 하나였다. 1893년 『교육과 종교의 충돌』에서 일본의 특수성을 강조했던 논조는 1912년 출간된 『국민도덕개론』에서 변화의 양상을 드러냈고, 1918년의 『증정 국민도덕개론增訂 國民道德槪論』에서는 당시의 시대적 조류를 반영해 국체나 신도神道를 서양 사상이나 문명과의 관계를 통해 파악해야 한다는 논리를 제기했다.

먼저 『국민도덕개론』의 출간 경위를 알아보자.

내가 창설한 동아협회東亞協會에서 1910년 7월 2일부터 15일까지 동경 외국어학교에서 '국민도덕의 연구'라는 제목으로 국민도덕에 관한 각종의 항목에 관해 강술하니. 당시 속기록이 있었지만 그것을 세상에 공표할 기회를 얻지 못하고…… 1910년 12월 당시 문부대신 고마쓰바라 에이타로小松原英太郎는 나에게 명해 사범학교 수신과 담임의 교원을 위해 5일부터 13일까지 문부성수문관文部省修文館에서 '국민도덕의 대의'를 강술하니. 당시 강의 요령要領을 필기토록 했지만 이 역시 인쇄되지 못하고…… 다음 해 7월 문부대신이 다시 나에게 명해 중등교원강습회에서 국민도덕을 강술토록 하여 26일부터 30일까지 도쿄제국대학 강의실에서 '국민도덕개론'을 강술하니…… 여기에 정정訂正, 증보增補를 더해…… 이를 세상에 널리 알리니…….[34]

이노우에 데쓰지로의 『국민도덕개론』은 당시의 고등교육기관이나 중등 교원강습회에서 강의했던 내용을 정정·보완해 편찬한 것으로, 이후 수신 교과서로 사용될 정도로 도덕교육의 골격을 이루는 중요한 저작물이었다. 이러한 위상을 갖고 있던 『국민도덕개론』의 내용을 살펴보면, 1893년에 출간된 『교육과 종교의 충돌』에서 보았던 가족국가관, 즉 충효를 도덕의 기본으로 삼았던 입장이 상당히 유연해졌음을 알 수 있다.

가족제도에서는 가장의 권세가 지나치게 강하기 때문에 가족은 충분 발달을 이룰 수 없었고, 또 가족에 대해 인격의 존엄을 충분히 인정하지 않고, 이는 옛날부터의 폐해입니다…….[35]

---

34. 井上哲次郎, 앞의 책, 1912, 1~3쪽(序).
35. 위의 책, 235쪽.

가족제도를 본위로 하여, 가족제도의 단점을 개인주의로 보완하는 데 힘을 기울이는 것이 실제의 방법으로서 제일 온건한 것이라고 생각합니다. …… 양자는 결코 융합조화融合調和할 수 없다고 생각해서는 안 되며, 분명히 융합조화할 수 있다고 생각합니다.[36]

이노우에 데쓰지로에게 가족제도는 국가의 질서를 규정하는 기본 전제였지만 서양 문명의 수용이 당위로 주어진 상황에서 이노우에 데쓰지로는 자신의 논조를 수정하지 않을 수 없었다. 즉 가족주의와 개인주의가 가진 장단점을 제시한 후에 충효를 기반으로 하는 가족국가관의 논리를 보완하는 방식을 취했다. 그러면서도 동양의 도덕을 논리의 중심에 두었다는 점에는 변함이 없었다.

인격의 존엄에 상응하는 자주독립의 정신이라면 꼭 서양에서 구하는 데 이르지 않고 동양에도 옛날부터 있었다. …… 동양 고래의 가르침에 독립자존의 정신은 충분히 있었다. 그것은 개인주의라고 하지는 않았어도 선한 의미의 개인주의와 일치한다.[37]

개인주의가 서양의 전유물처럼 인식되는 풍조이지만 개인주의적 정신이 동양에서도 존재하고 있음을 설파하였다. 그 예로 유교와 불교뿐 아니라 경세제민經世濟民을 목표로 보덕사상報德思想을 설파한 니노미야 손토쿠二宮尊德, 1787~1856의 사상을 인용하면서 개인주의의 긍정적 측면을 피력했다.

또 『국민도덕개론』 제12장 '국민도덕과 인도人道'에서는 인도를 일반

---

36. 위의 책, 253쪽.
37. 위의 책, 249~251쪽.

인류가 행해야 하는 도리道라고 하면서 보편적 성질을 가진 것으로 보았고, 그리고 국민도덕國民道德을 '특수한 역사·경우 등에 응해 실행하는 도덕'이라고 하면서 다음과 같이 말했다.[38]

특수한 국민은 각자 그 특수한 역사, 경우 등을 가지고 있으므로 자연히 그 국민으로서 실행하는 바의 도덕이 있어, 다소 차이가 있을 것입니다.

즉, 특수성을 가진 국민도덕과 보편성을 가진 인도가 양립할 수 있는가의 문제에 대해 이노우에 데쓰지로는 국민도덕과 인도는 결코 모순되는 것이 아니라 반드시 일치하는 성질을 가지고 있으며, 인도의 특수적 표현을 국민도덕으로 보아야 한다고 역설했다. 여기서 주목해야 할 것은 국민도덕과 인도와의 '모순 없음 혹은 양립 가능'을 설명하면서도 현실에서 나타나는 모순에 대해 지적했다는 점이다.

실제로 몇몇 표면상 모순이 나타나지 않은 것도 아니다. 예를 들면 조금도 인도를 생각하지 않고 편협 고루한 국민도덕에 열중한다면, 결국 인도에 모순되는 데 이르지 않는다고 말할 수 없습니다. …… 국민도덕의 폐해는 인도의 이상으로 교정할 수 있고, 역시 인도의 폐해는 국민도덕의 실제로 교정할 수 있으니.[39]

이상에서 보는 것처럼 이노우에 데쓰지로가 기존의 가족주의나 국민도덕의 논리를 폐기한 것은 아니었다. 단지 청일·러일전쟁을 겪으면

38. 위의 책, 306~307쪽.
39. 위의 책, 309쪽.

서 변화된 일본의 위상 및 상황을 자신의 논리 속에 반영하려고 노력했던 것이다. 이 연장선상에서 일어난 사건이 소위 이노우에 불경 사건이었다. 1925년에 출간한 『우리 국체와 국민도덕』에서 이노우에 데쓰지로는 '삼종三種의 신기神器' 가운데 "원래의 경鏡과 검劍은 오래전에 소실되어 지금은 모조模造로 된 것이 존재하지만, 오직 옥玉만은 원래의 것이 그대로 궁중에 보관되어 있다"[40]라고 서술했다. 이는 고대에는 삼종의 신기가 황위계승의 정통성 여부를 가늠하는 기준이었지만 현재는 더 중요한 것이 있다는 점을 강조하기 위한 언급이었는데, 여전히 삼종의 신기를 중시하는 전통적 국체론의 입장에서 이는 천황의 정통성을 의심하는 언설로 비쳐졌던 것이다. 그렇다면 이노우에 데쓰지로의 진심은 무엇이었을까? 『우리 국체와 국민도덕』의 서문에서 그 단서를 발견할 수 있다.

　　우리나라 국민도덕의 중심 문제는 즉 국체의 문제이다. …… 그런데 세계대전 이후 사회개조를 기도한 자가 자칫 극단 궤격詭激한 사상에 빠져 우리 국체를 근저根底부터 파괴하려 한다. …… 아무리 생각해도 우리 국체는 세계에 하나로, 둘도 없는 우수한 것이다. …… 그런데 우리 국체라는 것을 이미 뻔한 것으로 생각해 그것을 잘 알지 못하는 자가 많다. 혹은 그 정신적 방면을 도외시하고 단지 피상적으로 생각하거나, 혹은 영국 또는 구舊독일제국 혹은 구舊러시아제국 등과 똑같이 생각하거나, 혹은 민주사상과 어떤 의미에서도 상용할 수 없는 과거의 유물로 상상하거나…… 대전 후 우리에게 국제도덕을 고조高調하고, 국제교육을 역설하고, 영구평화의 실현을 꿈꾸는 자 많고, 국민도덕 등은 하등 가치가 없는 것처럼 생각하는 경향도 있지만…… 국민도덕을 올바로 해

---

40. 井上哲次郎, 앞의 책, 1925, 97쪽.

석할 때 결코 국제도덕이나 국제교육과 모순되는 바 없을 뿐 아니라.[41]

위의 글에서 이노우에 데쓰지로가 국체를 국민도덕의 중심이라고 본 기본 전제는 변함이 없는 듯하다. 그의 인식에 현실 세계는 국체가 해이解弛해지고 서구의 사상에 현혹된 극단적 사상이 난무하는 그런 곳이었다. 또 국민도덕보다는 국제도덕이나 국제교육이 강조되는 세계였다. 이에 국체의 중요성을 더욱 강조하기 위해 펴낸 것이 『우리 국체와 국민도덕』이었다고 볼 수 있다. 그러나 국수주의자들이 주목한 것은 서술의 의도가 아니라 서술의 구체적 내용이었고, 이노우에 데쓰지로라는 인물이 가진 사회적 위상이었다.[42]

외래의 위험한 사상은 그 해로움이 많아 모두가 그것의 두려움을 보고 그것을 경계警戒해야 함을 아는데, 이노우에와 같은 학계의 장로長老이며 사회의 상류에 있는 자가 공연히 그것을 입에 담아 그것을 글로써 순진무구한 청년자제에게…… 그 해독이 미치는 바 홍수맹수洪水猛獸보다도 심각하다고 해야 한다.

도야마 미쓰루가 이노우에 데쓰지로의 불경을 문제 삼았지만, 실제로 그가 우려했던 것은 국체의 정통 해설자로 알려진 이노우에 데쓰지로가 끼칠 수 있는 파급효과였다고 보아야 할 것이다. 시대적 필요에 따라 국체론을 계속 재구성해 가는 이노우에 데쓰지로의 논조를 국수주의자들은 단속해야 할 대상으로 주목하고 있었을는지도 모른다. 때마침 불경의 문제가 제기되었던 1926년은 천황의 교체기였다. 여

41. 위의 책, 1~5쪽(序).
42. 森川輝紀, 앞의 책, 158쪽.

기에는 자칫 일어날 수 있는 사회·정치적 혼란을 단속한다는 의미도 포함되었던 것은 아니었을까.

이노우에 불경 사건이 있은 후 1928년에 『신수 국민도덕개론』이 출간되었다. 이노우에는 출간 이유를 다음과 같이 쓰고 있다.

> 사회주의, 공산주의, 과격주의, 무정부주의 및 신디칼리즘Syndicalism 등과 같이 사회개조의 제諸 주의가 어떤 결함, 약점을 가지고 있나……
> 대전 후 우리나라에 발흥한 사회문제 및 사상문제를 대상으로 지금까지 국민도덕에 관한 문제 중 결함이 되었던 점을 보완하는 것이다.[43]

이러한 취지를 달성하기 위해 1912년의 『국민도덕개론』 '제9장 가족제도와 사회주의'가 『신수 국민도덕개론』에서는 '제9장 사회개조의 제諸 주의와 국민도덕'으로 바뀌었다. 여기서는 제1차 세계대전 후에 나타난 사회개조에 관한 주의와 주장을 제시하면서 이를 국체론적 입장에서 비판했다.

> 우리 일본은 만세일계의 황통을 숭상하고 있는데 황실은 억압을 하지 않고 인민은 또 그에 반항하지 않는다. 그러므로 서양 과거의 역사를 단지 우리 일본에 응용한다는 생각은 잘못이다.[44]

> 우리 일본은 러시아와는 대단히 역사를 달리한다. 우리 황실이 건국이래 왕도를 취하고 인정仁政을 실시해 온 이 진짜 정신을 이해하지 못하고, 마음으로 피아彼我의 구별을 말하지 않고 러시아와 같은 무정부주

---

43. 井上哲次郎, 앞의 책, 1928, 4쪽(序).
44. 위의 책, 270쪽.

의를 실행하려고 하는 것은 거의 환각 혹은 착각에 빠진 자라고 말해도 지장이 없을 것이다.[45]

위의 서술에서 볼 수 있는 것은 이노우에 데쓰지로의 주장이 변함없이 만세일계의 황통을 숭상하는 일본의 모습을 견지한다는 점이다. 이노우에 데쓰지로의 국체론이 1893년『교육과 종교의 충돌』출간 이후에 어떤 전환의 과정을 겪었는가에 대한 해석[46]은 연구자마다 다르지만 이노우에 데쓰지로의 논조 변화가 당시 일본이 처해 있던 국내외의 사회·정치적 조류와 무관하지 않음은 분명했다. 청일·러일전쟁 이후 1910~1920년대의 세계사적 변동 속에서 일본의 위상을 확립하기 위해 부심했던 한 학자 혹은 지식인의 모습을 이노우에 데쓰지로가 잘 대변해 준다.

---

45. 위의 책, 278쪽.
46. 모리카와 데루미치(森川輝紀)는 앞의 책(129~168쪽)에서 1910년대의 이노우에 데쓰지로의 국체론이 '혈통론에서 왕도론'으로 바뀌었으나 '이노우에 불경 사건'을 계기로 다시 '전통적·혈통적 국체론'으로 회귀되는 경향을 보인다고 파악했다. 이에 비해 겐조 데이지(見城悌治)는『신수 국민도덕개론』에서도 '민주주의가 군주주의와 조화할 수 있다'는 논의가 없어지지 않았고, 왕도주의적 논조를 완전히 방치한 것은 아니었다고 하면서 모리카와 데루미치의 의견을 반박했다.

IV. 불경 사건, 그 이후

1891년의 우치무라 불경 사건과 1926년의 이노우에 불경 사건은 체제 유지에 방해가 된다고 판단되는 행동이나 사상에 대해 불경이라는 이름을 붙여 이들을 통제하려 했던 대표적인 사례였다. 불경이라는 낙인은 천황에 대한 부정否定을 의미했고, 나아가 일본이라는 국가에 대한 부정否定과 연결되었다.

우치무라 불경 사건을 통해 당시 널리 유포되었던 서구화에 대한 위기의식은 '천황을 부정否定하는 기독교도'라는 인식으로 치환되었다. 이 과정에서 불경으로 낙인찍힌 당사자들은 기독교의 주의와 교육칙어의 정신이 양립할 수 있음을 스스로 인정해야 했다. 이러한 의도는 이노우에 불경 사건에서도 그대로 관철되었다. 메이지 시기 천황제교육의 정통 이데올로그로서의 위상을 굳건히 했던 이노우에 데쓰지로가 불경이라는 공격을 받으리라는 상상을 하는 것은 쉽지 않았을 것이다. 1926년 불경한 서술로 발매 금지 처분을 받았던 『우리의 국체와 국민도덕』이 1925년 출간 당시 내무성의 검열을 통과한 것도, 그리고 5판으로 인쇄될 정도의 판매를 기록한 것도 그동안 이노우에 데쓰지로가 쌓아 온 공적에 기인한 것이었다. 그렇지만 아무리 이노우에 데쓰지로와 같은 경력을 가진 인물이라도 천황의 위상이나 체제에 위협이 된다고 판단되는 행위 및 사상에 대해서는 엄격한 기준이 작동한다는 점을 이 사건은 잘 말해 준다.

천황의 권위에 대한 도전으로 인식되었던 소위 불경 사건은 일본이 패망하기까지 지속되었는데, 이는 역으로 천황제교육 이데올로기가 확고히 자리 잡을 수 있는 방향타로서의 역할을 하고 있었다. 여기서 불경을 일으킨 주체가 어떤 의도나 생각을 가졌는지에 관해서는 논의 대상이 되지 않았다. 단지 불경의 대상으로 기독교가 비판의 표적이 되었고, 저술의 내용을 불경으로 낙인찍은 집단의 의도만이 확대되어 그들만의 논리가 유포되었던 것이다. 이런 과정을 통해 교육칙어의 이념이 전국적으로 확산될 수 있었으며, 절대 권력을 가진 천황의 이미지가 형성되어 갔다. 그렇다면 불경 사건 이후 일본의 교육 정책에는 어떤 변화가 나타났을까?

먼저 기독교에 대한 사상 통제가 강화되었다. 1870년대 일본의 개화 분위기 속에서 기독교에 대한 인식은 영어를 배워야 한다는 필요성과 맞물려 일부 호의적인 집단을 형성했었다. 그런데 1880년대 중반 이후 불평등조약 개정 실패와 이에 따른 국수주의자들의 위기의식은 근대 교육의 모습을 천황을 정점으로 하는 방향으로 나아가도록 하는 요인이 되었다. 1890년 교육칙어 발포와 이후에 일어난 우치무라 불경 사건은 천황제교육의 성격을 방향 짓는 중요한 계기가 되었다. 특히 이노우에 데쓰지로가 저술한 『교육과 종교의 충돌』에서 제기한 교육칙어와 기독교주의의 양립 불가능성에 대한 논조는 저널리즘의 활약에 힘입어 사회·정치적 이슈로 확대되기도 했다.

우치무라 불경 사건을 계기로 기독교에 대한 반감이나 경계심이 고양되었고, 이는 기독교계 학교를 단속해야 할 필요성으로 이어졌다. 1894년의 고등학교령을 통해 기독교계 학교는 문부성의 인가를 받아야 했고, 1899년 문부성훈령 12호의 발포로 인가를 받은 학교에서 '종교교육을 실시하거나 또는 종교의식을 행하는 것'이 금지되었다. 전자의 방침이 기독교계 학교를 문부성의 관리 체제 안으로 포섭하는 것이었다면, 후자는 문부성 관할하의 학교에서 가르치는 교육 내용을 관리하고 통제하는 방침이었다. 이로써 기독교계 학교는 자신의 방침을 지키기 위해 학교를 폐쇄할 것인가, 아니면 자신의 방침을 포기하고 학교로 남을 것인가를 선택해야 하는 입장에 놓이게 되었다. 문부성의 입장에서는 기독교계 학교가 어떤 선택을 하든지 문제 될 것이 없었다.

이처럼 우치무라 불경 사건에서 시작된 기독교 비판의 분위기는 구체적으로 기독교 학교에 대한 통제 정책으로 현실화되었다. 이후의 교육 정책은 교육칙어를 기본 이념으로 전개되었고, 이에 위배되는 사상에 대해서는 철저한 관리와 통제를 관철시키는 방향으로 나아갔던 것이다.

다음으로 불경 사건을 미연에 방지하기 위해 교육 내용의 통제가 더욱 본격화되었다. 천황제교육의 이데올로기를 전 국민에게 확산시키기 위해 수신과 교과서가 만들어졌고 교과서 검정의 단계(1886~1903년)를 거쳐 국정화가 진행되었다. 이는 천황제교육의 방향이 국민사상의 기본이 되는 수신 교과서를 통해 관철되고 있음을 말해 준다. 1890년대 중반 이후부터 이노우에 데쓰지로가 자신의 국민도덕론을 중등교원이나 사범학교 수신과 교원을 대상으로 하는 강습회에서 설파한 상황은 앞에서 살펴본 대로이다.

수신 교과에서 교과서를 사용하기로 한 방침은 1891년에 정해졌고, 1894년경부터 검정을 거친 수신 교과서 발행이 본격화되었다. 검정교과서 제도는 1886년부터 도입되었지만 수신 교과의 수업은 '오로지 교원의 구수口授에 일임'한다는 방침에 따라 수신 교과에서는 별도의 교과서를 두지 않고 '교원의 높은 학덕과 언행'을 바탕으로 아동에게 감화를 주도록 하는 교육이 이루어지고 있었다.[47] 그러나 1890년 교육칙어가 발포된 이후 수신 교과서의 필요성이 제기되었고 문부성은 방침을 바꿔 교과서 발행을 계획했던 것이다. 수신교육의 방향에 관해 1891년 문부성령 제11호 소학교교칙대강小學校敎則大綱에는 다음과 같은 내용이 담겨 있다.

> 수신은 교육에 관한 칙어의 취지에 따라 아동의 양심을 계배啓培하고 덕성을 함양해 인도실천人道實踐의 방법을 가르치는 것을 요지로 한다. …… 심상소학교에서는 효제孝悌, 우애友愛, 신실信實, 예경禮敬, 의용義勇, 공검恭儉 등의 실천 방법을 가르치고, 존왕애국尊王愛國의 지기志氣…… 국가에 대한 책무…… 사회의 제재염치制裁廉恥의 중요함을 알리고…….[48]

여기서 제시된 기본 덕목들이 검정교과서의 내용에 반영되기는 했지만 실제로는 더욱 다양한 덕목들도 교과서에 포함되어 있었다. 예를 들면 1893년에 발행된 고등소학교 수신 교과서의 목차를 보면 성실·독립·면학·근면·청렴·사려·효행·관대·정절 등의 내용이 포함되어 있었다.[49] 이는 1904년 문부성에서 출간한 국정교과서에 제시된 내용과 차이를 보이는데, 예를 들면 국정교과서의 목차에서는 성실·근검·공익 등의 내용과 더불어 천황폐하, 몸을 세우자, 직무에 근면하라, 황실을 존중하라, 축일제일祝日祭日, 산업을 일으키자[50]와 같이 천황·황실·축제일 등의 내용을 찾아볼 수 있었다. 이는 천황제교육의 이데올로기를 효율적이고 효과적으로 전파하기 위한 수단으로 수신 교과 및

---

47. 文部省普通學部局長通牒, 「小學校ノ修身敎科書ニ關スル件」, 1891年 10月 7日.
48. '小學校敎則大綱(抄)', 明治二十四年十一月十七日文部省令第十一號, http://www.mext. go.jp/ b_menu/hakusho/html/others/detail/1318015.htm 2016년 12월 15일 인출.
49. 井上賴國, 『高等小學修身書 第一上 生徒用』, 坂上半七, 1893.
50. 文部省, 『高等小學修身書 第一學年兒童用』, 秀英舍, 1904.

수신 교과서가 활용되고 있었으며, 그 내용이 점점 천황 중심의 국가주의로 획일화되어 가고 있음을 말해 준다.

이후 천황제교육의 이데올로기는 전체 교과로 파급되었고, 수신 교과서는 구성 면에서 교육칙어의 취지나 어구를 설명하거나 교육칙어의 전문全文을 게재하는 등의 방향으로, 내용 면에서 유교적 가족국가관의 윤리가 더욱 강화되는 경향을 보이게 된다.[51]

한편, 이노우에 데쓰지로의 불경 사건은 천황의 권위를 의심하는 것처럼 보이는 사상이나 행위에 대해 그가 누구이건 단속 대상이 될 수 있음을 보여 주었다. 1910년대 후반 쌀 소동의 여파가 아직 수그러들지 않은 상황 속에서 일어난 1923년의 관동대지진과 1925년 다이쇼 천황의 죽음 등은 사회·정치적 불안을 가중시키는 요인으로 작용했고, 당시의 체제를 유지하기 위해서 정부는 혼란의 가능성을 최소화하기 위한 방책을 강구하지 않을 수 없었다. 체제 유지에 방해가 되는 요소를 제거함으로써 천황제 이데올로기를 강화하고, 사회·정치적 안정화를 꾀하는 일거양득의 효과가 이노우에 데쓰지로의 불경 사건을 통해 달성되었던 것은 아닐까?

이노우에 데쓰지로의 불경 사건이 일어났던 1920년대 중반 이후로 일본의 근대교육은 더욱 천황제 이데올로기를 공고히 하는 방향으로 전개되었다. 특히 1930년대가 되면서 신적인 존재로서의 천황 이미지가 확고히 구축되었고 불경의 행위나 사상에 대한 통제가 더욱 강화되었다. 이후의 천황제교육의 이데올로기는 전쟁 준비를 위한 사상 통제의 기능을 다하기 위한 방향으로 더욱 획일화·일원화되는 경향을 띠었고 군국주의 체제 만들기에 박차를 가하게 된다.

이러한 논의가 우리에게 주는 시사점은 일제강점기의 식민지 교육

---

51. 海後宗臣·仲新, 『日本教科書大系 近代編第3卷 修身(3)』, 講談社, 1978, 623~633쪽.

정책을 통해 우리에게 각인된 천황이나 천황제의 이미지가 일본에서도 1930년대가 되어서야 확고히 자리 잡았으며 이러한 모습을 갖추기까지 다양한 대립과 갈등이 존재했었음을 깨닫게 해 준다는 점이다. 이러한 인식은 일제강점기 식민지 교육 정책의 구체적인 이해나 분석을 위해서도 중요하다. 지배와 피지배라는 단순 도식 속에 감추어진 것들, 즉 어떻게 그러한 지배가 가능했으며 그러한 체제가 어떻게 유지될 수 있었는지에 대한 탐색 작업의 필요성을 우리에게 제공한다.

　더불어 우치무라 간조와 이노우에 데쓰지로가 연루되었던 불경 사건은 독일의 나치즘이 형성되던 시기에 체제 유지를 위해 집시와 공산주의자들과 기독교도와 유대인을 차례로 배제해 갔던 방식과 유사한 특징을 지닌다. 이러한 사건들은 체제 유지를 위해, 혹은 다양한 의견이나 생각을 한 가지 방향으로 몰아가기 위해 국가권력이 작동할 때 어떤 일이 벌어질 수 있는가를 단적으로 드러내는 사례들이다. 이런 사건이 가지는 위험성은 개인의 자유로운 행위나 사상이 국가권력의 의도에 따라 재단될 수 있다는 것이며, 장소나 시간을 불문하고 어느 사회에서나 나타날 수 있다는 점이다.

제6장

교육의 중립성 논쟁:
1890년대 후반

일본에서는 1873년부터 신교信敎의 자유가 공식적으로 인정되었지만 기독교의 전파는 직접적인 선교활동보다는 일본어 연구, 성서의 배포, 의료 및 교육 사업, 번역 및 저술 등의 우회적 방법을 통해 전개되었다. 이 가운데 특히 기독교계 학교의 설립은 장기적 전망을 가지고 조직적·체계적으로 일본 지식층에게 기독교를 보급시킬 수 있다는 점에서 선호되는 방법이었다. 기독교계 학교는 1863년 요코하마에 헵번숙이 세워진 이래 1890년까지 학교의 체계를 갖추어 가면서 약 70여 개 정도가 설립되었다. 그러나 1891년 우치무라 간조의 불경 사건에서 보는 바와 같이 기독교와 교육칙어＝천황의 권위는 양립할 수 없다는 인식이 널리 사회에 퍼져 나갔고 기독교계 학교는 단속의 대상이 되기 시작했다.

제5장에서는 메이지 정부가 기독교계 학교를 통제해 가는 방식에 주목했다. 특히 선교 본국의 지원과 일본 정부가 부여하는 특전, 즉 세속적 이익 사이에서 기독교계 학교가 자신의 진로를 결정해 가는 양상에 관해 다루었다. 이 과정에서 제기되는 교육의 중립성에 관한 논쟁을 통해 1890년대 이후 기독교계 학교가 메이지 정부의 방침에 어떻게 타협하며 자신의 입지를 확보해 갔는가를 드러내 보고자 했다.

I. 기독교의 보급과 기독교계 학교의 성립

1. 기독교의 보급과 각 계층의 인식

일본의 기독교 전파는 18세기부터 19세기에 걸쳐 이루어진 서구 개신교의 해외선교 사업에 힘입은 바 컸다. 일본 선교는 서구 기독교 해외 선교사들의 염원이었고, 특히 중국에서 활동했던 선교사들이 깊은 관심을 보였다. 일본의 개국 사실을 알게 된 서구의 여러 교회는 선교사를 일본에 파견했고, 이들은 외국인 거류지에서 활동을 개시했다. 그런데 이들의 선교는 직접적인 방식보다는 일본어 연구, 교서의 배포, 의료 및 교육 사업, 번역 및 저술 등의 간접적인 방식으로 전개되었다.

일본에 개신교 선교사들이 들어온 것은 1850년대 말부터였다. 서구의 장로교파, 개혁파, 회중교회會衆敎會·組合敎會 선교사들이 잇달아 들어와 각지에 지부station와 지점out-station을 설립해 선교활동을 벌였고, 1872년 3월에는 요코하마에 일본인이 참여한 최초의 프로테스탄트 교회가 설립되었다.

일본 정부가 기독교 포교를 허용한 것은 1873년 2월의 일이었다. 그 이전까지 메이지 정부의 기독교 정책은 "일본 신을 모독하고 풍속을 문란시켜 부모 형제간의 불화를 야기시킨다는 것"[1]을 이유로 도쿠카와德川 정부가 유지하던 금교정책을 답습했다. 그런데 다른 나라가 일본의 기독교 금지정책을 구실로 조약 개정 교섭을 거부하자 적극적 개화정책을 취하고 있던 메이지 정부는 기독교 금지 정책을 포기할 수밖에 없었다. 1873년 메이지 정부의 정책 변경은 서구의 선교사들이 대거 몰려오는 계기가 되었다.[2] 특히 감리교회, 보급복음신교 전도회 등 미국을 중심으로 하는 선교활동이 가장 활발히 이루어졌다. 〈표 6-1〉은 1896년 당시 일본에 들어와 있던 서구 교파의 상황을 나타낸 것이다.

그런데 기독교 금지 조치가 해제되었다고 해서 신교信敎의 자유가 완전히 보장된 것은 아니었다. 조약 개정은 정치적 필요에 의해 어쩔 수 없이 이루어진 것이었으므로, 기독교의 전파력이 갖는 위험성은 계속 논란의 대상이 되었다. 일반 민중들 가운데에는 기독교에 대해 배타적 태도나 경계심을 드러내는 자도 있었다. 그들은 기독교와 기독교도를 다음과 같이 비난했다.

예수교회의 신자가 되었답시고 일본의 주체를 잊어버리는 놈들, 예수를 국왕보다 존경하는 놈들, 예수를 믿는답시고 가업을 태만히 하는 놈들, 하나님을 친부모라고 생각하고 믿는 놈들, 예수를 믿는답시고 조상을 숭배하지 않는 놈들, 예수를 믿는답시고 처자식을 배척하는 놈들, 예수의 서적을 차에 싣고 시장에서 장사하며 다니는 놈들, 예수의 등을 들고 다니면서 전도하는 놈들, 예수의 신도가 되는 일요일에는 안식일이라면서 헌금하는 놈들……[3]

---

1. 『日本外交文書』 第5卷, 592쪽; 서정민, 『일본기독교의 한국인식』, 한울 아카데미, 2000, 70쪽 채인봉.
2. 土肥昭夫, 김수진 옮김, 『일본기독교사』, 기독교문사, 1991, 15~17쪽 참조.
3. 土肥昭夫, 앞의 책, 41쪽.

〈표 6-1〉 주요 외국 선교회 일람표

외국교파 및 선교회(약칭, 전도 개시 연도)	선교사	지부 station	지점 out-station	관계 교파
Domestic and Foreign Missionary Society of the Protestant Church in the USA(PE, 미국성공회국내외선교회, 1859)	3	23	195	일본성공회
Church Missionary Society(CMS, 영국성공회선교회, 1869)	89			
Society for the Propagation of the Gospel(SPG, 해외복음전도협회,1873)	21			
Board of Foreign Missions of the Presbyterian Church in the USA(PU, 미국장로교해외선교회,1859)	55	9	21	일본기독교회
Reformed Church in America[Dutch](RCA, 미국[독일] 개혁교회, 1859)	30	8	47	
Women's Union Missionary Society of America(WU, 미국 여성연합 선교회, 1871)	5	2	–	
United Presbyterian Church of Scotland(UP, 스코틀랜드 연합 장로교회, 1874)	4	1	–	
Cumberland Presbyterian Church(CP, 영국 컴벌랜드 장로교회, 1877)	15	5	12	
Reformed Church in the US[German](RCU, 미국 개혁교회, 1879)	11	1	28	
Presbyterian Church in the US(PS, 미국 장로교, 1885)	28	7	60	
American Board of Commissioners for Foreign Missions(AB, 미국해외선교회, 1869)	74	13	195	일본조합교회
American Baptist Free Mission Society(ABF, 미국 침례교 동맹, 1860)	–	–	–	일본침례교동맹
American Baptist Missionary Union(ABM, 미국 침례교 연맹, 1873)	55	8	83	
Foreign Mission Board of the Southern Baptist Convention(SB, 남침례교 해외선교회, 1889)	6	3	7	일본침례교연맹
Methodist Episcopal Church(MEC, 감리교회, 1873)	69	8	–	일본감리교회
Mission of Methodist Church of Canada(MC, 캐나다 감리교 선교회, 1873)	33	6	52	
Methodist Episcopal Church[South](MES, 남감리교회, 1886)	35	8	11	
Evangelical Association of North America(EA, 남미 복음교회, 1876)	4	1	14	일본복음교회
Methodist Protestant Church(MP, 감리개신교회, 1880)	15	3	5	일본미보교회
Church of Christ[Disciples](CC, 기독공회, 1883)	24	2	6	기독공회
Allgemeiner Evangelisch Protestantischer Missionsverein(AE, 보급복음신교전도회, 1885)	3	1	1	보급복음교회
Mission Board of the Religious Society of Friends of Philadelphia(SF, 필라델피아 기독우회, 1885)	6	1	3	기독우회

American Unitarian Association(AU, 미국 유니테리언협회, 1887)	1	1	–	유니테리언협회
Plymouth Brethren(PB, 기독동신회, 1888)	1	1	–	기독동신회
Universalist General Convention(UG, 1890)	7	1	11	일본동인 가족교회
CMS[Evangelical](자유감리교회, 1890)	1	1	1	일본전도대 성결교회 자유감리교회
Scandinavian Alliance Mission of North America(SAM, 남미스칸디나비아인동맹선교회, 1891)	9	6	27	일본동맹기독교 협회
Board of Foreign Missions of the United Synod of the Evangelical Lutheran Church in the South(UL, 복음 루터파 교회 해외선교회, 1892)	4	1	3	일본복음 루터파교회
Salvation Army(SA, 구세군, 1895)	10	3	1	구세군
Christian and Missionary Alliance Society (CMA, 협동기독교회, 1895)	1	1	–	일본협동 기독교회
Seventh Day Adventist(SD, 재림교, 1896)	1	1	–	제7일안식일 예수재림교

출처: 土肥昭夫, 앞의 책, 18쪽.

이는 새로운 것에 대한 경계심과 더불어 기독교가 전통적 가족 질서와 사회 질서를 해칠 수 있다는 위기의식에서 비롯된 민중들의 거부반응이었다. 이와 함께 지식인이나 정부 측에서도 경계의 태도를 보였다. 다음은 1874년 창간된 기독교주의 잡지인 『칠일잡보七一雜報』에 실린 '기도교도의 책임'이라는 논설의 일부이다.

우리 정부 인민이 외교外教를 멸시함에도 불구하고 기독교도에 대한 조치는 아주 문명국 정부나 인민에 부끄러움이 없다고 생각한다. 실제 기독교도는 하루도 국가의 은의恩義를 잊지 말아야 한다. …… 정당에 가입해 민권자유를 외치는데 정치와 종교를 혼동해 국가를 위험에 빠뜨려서는 안 된다.[4]

---

4. 『七一雜報』 408號, 1883年 12月; 平塚益德, 「日本基督教教育史硏究」, 『平塚益德著作集』, 東京:教育開發硏究所, 1985, 55쪽.

여기서는 기독교에 대한 일본 정부의 유연한 정책을 제시하면서도 기독교 내부에서 자체적으로 정치적 행동을 자제해 줄 것을 당부하고 있다. 『칠일잡보』가 기독교주의 잡지를 표방하고 있기는 했지만 기독교도나 선교사의 입장보다는 일본 정부의 의도를 드러내고 있다는 점에서 정책 지도자가 가지고 있던 기독교 인식의 한 단면을 읽을 수 있다.

기독교에 대한 이러한 경계심에도 불구하고 당시 일본의 전반적 사회 분위기는 서구 문명을 적극적으로 수용하는 방향으로 움직였다. 이는 1868년 메이지 유신으로 성립한 신정부의 정책 방향에 기인한 측면도 있다. 즉, 신정부는 왕정복고를 부르짖으며 천황을 정점으로 하는 강력한 중앙집권적 관료기구를 추구하면서도 부국강병과 식산흥업이라는 슬로건 아래에서 적극적인 문명개화정책을 추진해 갔다.

> 1872년 도쿄東京, 오사카大阪 사이에 전신이 개통되었고 신바시新橋와 요코하마横浜 사이에는 철도가 개통되었다. 긴자金座 부근에는 가스등이 휘황했고 빨간 벽돌로 만들어진 2층 양옥 점포가 즐비했으며 존마게 머리 대신에 개화머리가 거리를 활보하는 모습……[5]

이는 모두 '위로부터' 이식된 문명개화의 상징이었는데 문명개화 정책은 일반 민중이 서구 사상을 수용해야만 하는 것으로 인식하도록 했고, 서구의 종교였던 기독교에 대한 거부감을 크게 완화시키는 데 영향을 주었다.

> 한때 각지의 전도가 유행처럼 번져 교회당은 청중으로 가득 찼고,

---

5. 鈴木博雄, 『原典·解說 日本教育史』, 圖書文化, 1985, 130쪽.

1883년 도쿄에서 열린 제3회 일본기독교신도 대친목회가 성황을 이루어 '우리나라가 기독교국이 되는 것은 앞으로 15년도 걸리지 않을 것'이라는 확신이 신도들 사이에서 번졌던 것도 당시로 보아서는 이상한 일이 아니었다.[6]

이러한 분위기에서 일부 지식인과 기독교 선교사들, 그리고 기독교계 교육가들은 자신의 사설 학원을 만들어 일본인을 교육했고, 이곳에서 학생들은 영어와 서양 학문을 배우며 기독교의 교리나 사상을 흡수할 수 있었다. 〈표 6-2〉는 일본 메이지 시기 개신교 신도 수의 증가 추이를 나타낸 것이다. 그 추이는 1880년대에 들어 급격한 증가를 보이다가 주춤하지만 1900년에 들어가면서 다시 증가하고 있다. 이는 일본 정부의 기독교에 대한 정책이 수용적 경향을 띠는가, 아니면 배타적 경향을 띠는가와 밀접히 관련되어 있었다.

한편, 기독교 수용에 적극적이었던 계층 가운데에는 메이지 유신으로 사회·경제적 지위를 상실하거나 번벌藩閥 출신자들과 같이 장래가 보장되어 있지 않은 사람들이 포함되었다.[7]

시험 삼아 새로운 신앙을 고백했던 당시의 청년들을 보라. 우에무라 마사히쿠는 막인幕人의 자녀가 아니냐, 그는 막인 전체가 받았던 패전자로서의 고통을 받았다. 혼다 요이츠는 진경인津輕人의 자녀가 아니냐, 유신시대에 있어서의 진경의 지위와 그 고심을 알고도 모르는 자가 득의得意한다는 경우의 사람을 의심하는 자가 아니냐, 이부카 가지노스케는 회진인會津人의 자녀로서 그는 스스로 나라가 파괴되는 역경을 경험한

---

6. 平塚益德, 앞의 책, 55쪽.
7. 土肥昭夫, 앞의 책, 44쪽.

<표 6-2> 일본 개신교 신도 수 변화의 추이

연도	신도 수	인구 대비 비율	세례자 수	교회 수	
				교회	전도소
1865	1		1		
1866	4		2		
1868	7				
1869	11				
1873	59			1	
1875	307				
1877	836	0.0022		44	
1882	5,092			95	
1888	23,026	0.061	4,730		
1891	31,361	0.077	1,940	297	
1897	36,207	0.085	3,581	378*	716
1901	50,785	0.114	5,811	461	1,137
1907	71,813	0.172	9,384	408	911

*은 1896년 통계임
출처: 阿部義宗 編, 『日本におけるキリスト教學校教育の現狀』, キリスト教學校教育同盟, 1961, 5~19쪽을 바탕으로 재정리.

사람이며, 오시카와 마사요시는 이에 마쓰아먀 가문의 자녀인바 마쓰야마도 역시 좌막당으로 지금은 몰락한 지경에 있다. 새로운 신앙을 고백해서 천하와 싸우기로 결심한 청년이 모이고 모여서 시대의 흐름에 따라서 당시 역사를 논할 수 있는 일이 주목되기도 한다. 이들은 또 세상의 영향에 포부와 희망을 두지 않았다. 또한 이들에게는 세속에서 좋은 자리를 얻으려는 희망이 적었다.[8]

이 글에 제시된 우에무라 마사히쿠植村正久, 1857~1925, 혼다 요이츠本多庸一, 1849~1912, 이부카 가지노스케井深梶之助, 1854~1940, 오시카와 마사

---

8. 山路愛山, 「現代日本教會史論」, 『基督教評論·日本人民史』, 岩波書店, 1966, 25쪽.

요시押川方義, 1852~1928 등이 기독교를 적극 수용할 수 있었던 요인 가운데 하나는 메이지 유신으로 몰락한 자신의 가문을 일으켜야 한다는 분명한 목적의식이 있었기 때문이었다. 즉, 이들은 기존의 체제에 머물러 있기보다는 새로운 시대가 요구하는 분위기를 익히기 위해 선교사가 운영하는 사설 학원에 들어가 영어와 서양 학문에 전념했다. 이들이 처해 있던 사회·정치적 배경은 기독교를 자신들의 생활 진보와 발전을 가속시키는 데 어울리는 자유롭고 진보적인 종교로 받아들이도록 했으며, 이들을 기독교계의 독보적 존재로 만드는 데 중요한 영향을 주었다.

2. 기독교계 학교의 성립과 선교사의 교육 활동

당시 정치 지도자로부터 전폭적인 지지를 받지는 못했지만 일본의 개화 분위기와 새로운 시대를 지향하는 계층의 존재는 기독교가 수용될 수 있는 여건이 되기에 충분했다. 일본에서 기독교 선교 방법 가운데 하나는 학교의 설립과 교육이었다. 이는 영국과 미국의 개신교 전도 방법의 하나였는데, 일본에서도 선교회와 일본인 신도들은 이를 모방해 학교를 세워 운영했다. 기독교 유입 초창기 운영 주체별 학교 수와 거기서 활동했던 각 교파별 선교사를 보면 〈표 6-3〉, 〈표 6-4〉와 같다.[9]

일본에서 기독교계 학교는 1863년 요코하마에 헵번숙Hepburn塾·ヘボン塾이 세워진 이래 1890년까지 약 70여 개가 있었다. 기독교가 유입되기 시작했던 초창기에는 일본 정부로부터 기독교 포교가 허용되지 않

9. 阿部義宗 編, 앞의 책, 65~67/119~122쪽을 바탕으로 재정리.

〈표 6-3〉 초창기 기독교계 학교의 운영 주체별 학교 수

경영선교회	학교 수(여학교 수)
MEC(감리교회)	13(7)
PU(미국 장로교 해외선교회)	9(5)
RCA(미국[독일] 개혁교회)	7(1)
선교회와 무관	7(7)*
AB의 원조	5(1)
MC(캐나다 감리교 선교회)	4(4)*
PE(미국 성공회 국내외 선교회)	3(2)
AB(미국 해외선교회)	3(2)
MP(감리개신교회)	2
CMS(영국 성공회 선교회)	2(1)
MES(남감리교회)	2(1)
PU, RCA	2
RCU(미국[독일] 개혁교회)	2
WU(미국 여성연합 선교회)	1
PU의 원조	1(1)*
PU, RCA, UP(스코틀랜드 연합 장로교회)	1
CP(영국 컴벌랜드 장로교회)	1(1)*
ABM(미국 침례교 연맹)	1(1)*
SPG(해외복음선도협회)	1(1)*
SF(필라델피아 기독친우회)	1(1)*
PS(미국 장로교)	1(1)*

( )은 전체 학교 수 가운데 여학교 수.
*은 교파가 세운 학교가 모두 여학교임을 표시한 것.

〈표 6-4〉 각 교파별 선교사

개혁파	G. F. Verbeck(버벡), S. R. Brown(브라운), J. H. Ballagh / J. C. Ballagh(바라 형제), M. Kidder(키더), C. H. Wolff(울프)
장로파	J. C. Hepburn(헵번), D. B. MaCartee(맥카티), E. Cornes(코르네스), D. Thompson(톰슨), C. Carrothers(캐로더스), T. C. Winn(윈), G. W. Knox(녹스)
감리파	R. S. Maclay(맥클레이), John Ing(잉그), D. R. Mckenjie(맥켄지), M. C. Harris(해리스), M. S. Vail(베일), G. F. Draper(드레이퍼), D. E. Schoonmaker(스쿤메이커), J. Soper(소퍼)
기타	T. P. Poate(포트, 침례교 선교사), E. W. Syle(사일, 성공회 선교사)

은 상황이었으므로 선교사들은 외국인 거류지나 그 주변, 또는 각지의 선교 지부를 중심으로 영어와 서양학을 가르쳤다. 1859년 나가사키長崎에 온 미국 네덜란드 개혁파 선교사 버벡G. F. Verbeck, 1830~1898은 막부幕府 직할의 제미관濟美館에서 하루 2시간, 일주일에 5일간 영어를 가르쳤으며, 10년 후인 1869년부터는 정부 고문, 고용 교사, 법률 고문 등의 지위에 올랐다. 헵번J. C. Hepburn, 1815~1911은 막부幕府의 위탁 학생 9명에게 영학英學을 가르쳤으며, 1859년 가나가와神奈川에 온 브라운S. R. Brown, 1810~1880은 요코하마橫浜 운상소運上所와 니가타新潟 영학교英學校에서 교사로 활동했다. 또 열렬한 기독교도였던 제인스L. L. Janes, 1838~1909는 구마모토熊本 양학교洋學校에서 가르쳤고, 코르네스E. Cornes, 1840~1870는 대학남교-현재의 도쿄대학-의 영어 교사가 되었다.[10]

기독교 포교가 자유롭지 않았던 시점에서도 선교사들은 정부의 공공기관이나 교육기관에서 자유롭게 교육 활동을 전개할 수 있었다. 다음은 브라운숙ブラウン塾을 운영했던 브라운의 편지 일부이다.

요코하마의 학교에는 50명을 넘는 학생이 있어 과거 2년 이상에 걸쳐 3명 또는 4명의 선교사가 매일 1~2시간 영어를 가르쳤다. 이를 위해 미국 학교의 교과서를 수입했다. 교사들은 교수법이나 교수 내용에 대해 어떤 제한을 받지 않았다. 이들 외국 교과서를 통해 거의 매일 기독교 진리가 조금씩이라도 학생의 마음을 움직였고 교실에서도 자유로이 설명과 해설이 이루어졌다. …… 4년 전 학생들은 『기독교 독본』이라는 책을 선교사를 통해 구입했고 이것이 다른 사람의 눈에 띄어 곤란한 일

---

10. Gritts, W. E. 『Verbeck of Japan』, N. Y., 1900; 『A Maker of the New Orient, Samuel Robbins Brown』, 1902; 『Hepburn of Japan and His Wife and Helpmates』, 1913.

을 당할까 봐 기독교라는 글자를 지워 버렸다. 지금은 수업을 듣는 학생들이 직접 성서를 구입하고 교실이나 집에서도 기독교에 대해 말하는 것을 염려하지 않는다. 지금은 어느 누구도 예수의 이름을 작은 소리로 말하지 않는다.[11]

이와 같은 과정을 통해 성장한 일본인 교인들은 각지로 퍼져 나가 선교활동을 펼쳤고 교회의 협력 아래 자신들이 배운 내용을 교육했다. 이들 가운데는 이후 메이지 정부 및 사회의 지도자적 인물로 성장한 이들도 있었다. 오쿠마 시게노부, 소에지마 다네오미副島種臣, 1828~1905, 이노우에 가오루, 오토리 게이스케大鳥圭介, 1833-1911, 안도 다로安藤太郎, 1846~1924, 사토 쇼스케佐藤昌介, 1856~1939, 쓰즈키 게이로쿠都築馨六, 1861~1923, 오노 아즈사小野梓, 1852~1886 등은 선교사로부터 영어 교육을 받고 새로운 지식과 문물에 접할 수 있었으며, 이를 바탕으로 메이지 유신 이후 정계에 진출해 정치 일선에서 정국을 운영해 나갔다. 특히 오쿠마 시게노부와 오노 아즈사는 도쿄전문대학-현 와세다대학-을 창립하는 데 활약했으며, 사토 쇼스케는 일본 최초의 농학박사로 홋카이도대학의 초대 총장이 되었다. 또 오토리 게이스케는 서구의 각국을 시찰하고 기술 관료로서 메이지 정부의 식산흥업정책에 큰 영향을 미치는 인물이 되었다.

메이지 유신 이래 기독교의 보급 및 선교사의 적극적인 교육 활동은 기독교계 학교의 설립을 증가시키는 데 기여했다. 〈표 6-5〉는 메이지 시기에 존재했던 기독교계 학교 수를 나타낸 것이다.

이들 가운데에는 각 교파의 선교회가 세운 학교뿐만 아니라, 선교회나 교회가 직접 관여하지 않고 원조만 하는 방식으로 운영되는 학교

---

11. 「ブラウン書簡集」, 171~173쪽; 明治學院 編, 『明治學院百年史』, 1977, 25~26쪽.

설립 연도	학교 수(여학교 수)
1863	1
1870~1875	13(8)
1876~1880	14(9)
1881~1885	13(7)
1886~1890	36(24)
1891~1895	8(4)

( )은 전체 학교 수 가운데 여학교 수.

와, 선교회나 교회와 아무 관계없이 기독교주의에 근거해 운영되는 학교도 있었다. 〈표 6-5〉에 제시된 70개 학교 가운데 59개 학교는 선교회가 세운 학교에 속했는데 선교 교파 가운데 감리교회파가 13개 학교를, 미국장로교 해외선교회가 9개 학교를, 미국개혁교회가 7개 학교를 세워 교육을 통한 일본인 선교에 앞장섰다.

이들 선교회가 세운 학교는 초기에 사숙과 같은 소규모 형태로 운영되는 자연발생적 학교의 모습을 띠었다.

- 브라운(개혁파)은 요코하마에서 전도자 양성을 위한 숙塾을 열었다.
- J. H. 바라(개혁파)는 요코하마 기독공회가 만든 회당에서 숙을 열었다. 이는 브라운숙에 합병되었다.
- 헵번(장로교)은 1863년 요코하마 거류지에 숙을 열었다. 이는 J. C. 바라에게 맡겨졌고, 이후 바라학교로 불리게 되었다.
- 카로더스 부처는 도쿄 거류지에서 1869년 숙을 열었다.
- 윌리엄스(성공회)도 거류지에서 민가를 얻어 숙을 열었다.
- 선교사 키더도 1878년 간다神田의 모리 아리노리森有禮의 저택 내에서 숙을 시작했다.
- 부란쳇도 가숙을 열어 여자 소학생을 모아 교육했다.

- 그린D. C. Green이 고베에서 숙을 열었다.

- 데이비스I. D. Davis, 탈코트E. Talcott, 더들리J. Duddley 등이 1873년 고베에 작은 가숙을 열었다.

- 에디E. G. Eddy가 오사카에 여숙을 열었다.

- 버벡이 나가사키에 가숙을 열었다. 이를 1872년 스타우트H. Stout가 계승했다.[12]

이처럼 선교사들이 비교적 자유롭게 교육 활동을 전개할 수 있었던 배경에는 당시 일본 정부가 처한 사회·정치적 상황이 있었다. 이즈음 일본 정부는 '학제'를 발포하고 근대교육 체제 만들기에 열중했다. 따라서 선교사들의 학교 설립이나 교육 활동에 민감하게 반응할 수 없었다. 정부에 의한 교육 시스템이 아직 준비 단계였던 것과 마찬가지로 선교사들의 사숙도 미흡한 형태로 운영되었다. 체계화된 교육 내용이나 조직화된 운영 방식도 없이 단지 영어를 배우겠다는 학생들에게 성경을 가지고 교육하는 것이 대부분이었다.

칼뱅주의 신학과 교회관을 근간으로 해서 종교교육을 행하는 것과 함께 영문학에 의한 문학적 정신과 사조를 함양하고…… 그러나 단지 미션학교로서만이 아닌 학교 분위기 중에 영문학을 통해 낭만주의의 냄새를 풍기는 학교였다. 또한 아름다운 환경, 서양식 건물, 선교사들의 가정마다 피아노 소리가 들려오고, 선교사들의 자녀들에게서 풍기는 이국정서 등으로 말미암아 여기서 공부한 청년들은 서구적인 기독교 문화의 빛을 감명 깊게 받았으며 어느 사이 그러한 포부를 갖게 되었다.[13]

---

12. 明治學院 編, 앞의 책, 12~37쪽: 阿部義宗, 전게서, 38~39쪽을 바탕으로 정리.
13. 明治學院 編, 앞의 책, 86~87쪽: 土肥昭夫, 앞의 책, 82쪽.

수업을 통해 학생들은 종교와 교리에 대한 지식을 획득해 갔지만, 기독교주의를 목적이 아닌 수단으로 인식했을 가능성도 있었다. 이런 가능성은 일본 정부의 간섭으로 기독교계 학교에 대해 주어지는 특권이 상실되자 학생 수가 급격히 감소하여 운영의 위기까지 초래했던 사실에서도 유추해 볼 수 있다. 이는 기독교계 학교가 존폐 여부를 결정해야 하는 시점에 이르렀을 때 기독교주의를 강건하게 고집할 수 없게 만드는 하나의 요인으로 작용했다.

II. 교육과 종교 분리 정책의 전개

1. 천황제 절대주의 체제의 확립과 기독교계 사립학교

1880년대 후반부터 1890년대에 걸쳐 메이지 정부는 천황제 절대주의를 체계적으로 확립해 갔다. 1889년 2월 대일본제국헌법의 공포와 1890년 교육칙어의 발포로 인해 자유민권운동을 통해 고양된 민중의 움직임은 큰 제약을 받게 되었다. 헌법의 근본정신은 헌법의 초안 기초자이며 추밀원 의장이었던 이토 히로부미가 추밀원 헌법의장 개회에 즈음해 한 설명에서 단적으로 표명된다.

일본에서 기축이 되어야 할 것은 오직 황실뿐, 이 헌법 초안에서는 오직 의미를 여기에 두고 군권君權을 존중해야 하고 이것을 속박시키지 않는 일에 힘쓰도록 할 것……[14]

교육칙어는 헌법으로 확립된 천황제 절대주의를 국민의 윤리·도덕의 면에서 지지하고 강화하는 역할을 담당했다. 교육칙어 발포에 따라 1891년에 제정된 소학교축일대제일의식규정은 천황의 사진에 경례

---

14. 鈴木博雄, 앞의 책, 172쪽.

를 하고 칙어봉독을 예식의 중심에 둠으로써 천황예배의식을 전국적으로 정착시키는 데 커다란 효과를 발휘했다. 교육칙어는 국민의 내면적 도덕성까지 천황의 규제에 따를 것을 요구했고, 이것을 위반하는 자는 이단으로 간주되어 배제의 대상이 되었다. 1891년 1월에 일어난 우치무라 불경 사건은 당시 제일고등중학교 촉탁교원이었던 우치무라 간조가 교육칙어 봉배식에서 최경례로 경의를 표하지 않았다는 이유로 여론의 혹독한 비난을 면치 못하고 결국은 직장도 잃게 된 사건이었다. 우치무라 간조 사건은 교육과 종교의 충돌 논쟁으로 이어졌고 천황제와 기독교가 공존할 수 있는가의 문제로 비화되었다. '학제' 발포 이후 추진된 일본의 교육 체제는 1886년 각급 학교령의 발포로 체계적 모습을 갖추어 가고 있었고 국공립학교를 중심으로 하는 학교 제도도 정비되고 있었다. 이러한 상황 속에서 그때까지 일본의 근대교육을 보급시키는 데 커다란 역할을 해 왔던 기독교계 학교가 이제는 단속해야 할 대상으로 여겨지기 시작했다. 그렇다면 메이지 정부가 종교계 학교 가운데 유독 기독교계 사립학교에 주목한 이유는 무엇이었을까?

먼저, 정치적으로 불평등조약 개정 과정에서 나타난 국수주의적 움직임을 들 수 있다. 메이지 정부는 1858년 에도 막부江戶幕府가 미국과 체결한 일미수호통상조약日美修好通商條約을 치외법권과 관세의 자주권을 빼앗긴 불평등조약으로 간주했고, 다른 나라와의 외교에서 전례로 작용해 이를 개정하지 않는 한 일본이 독립국으로서의 지위를 확보할 수 없다고 생각했다. 따라서 메이지 정부가 해결해야 할 최대 과제 가운데 하나는 불평등조약의 개정이었다.

불평등조약의 개정은 메이지 정부 수립 이후 여러 차례에 시도되었으나 치외법권이 철폐되고 관세 자주권이 불완전하게나마 회복된 것은 1894년에 이르러서였다. 이 과정에서 치외법권 철폐를 위해 내건 조건 가운데 하나인 외국인 재판관의 과반수 임용, 소위 이노우에 개정안이나 외국인 재판관을 대심원大審院에 한해 임용한다는 소위 오쿠마 개정안은 오히려 일본 국민이나 민권운동가들의 반대에 부딪쳤다. 오히려 조약 개정에 따른 상호 최혜국 대우 조항이 외국인의 내지잡거內地雜居를 허용해 외국 자본의 침략과 전통적 일본 문화의 파괴를 초래할 수 있다는 염려가 회자되었다.

> 조약 개정이 실시되면 외국인이 들어온다. 그것은 어쩔 수 없지만 여기서 생각할 것은 기독교의 전래이다. 그것은 관민 협력으로 전력 방어해야 한다. 그러나 교회에 대해서는 헌법상 폐쇄를 명하는 것은 불가능하다. 하지만 교회에 출입하는 자는 우부우부愚夫愚婦의 무리로 그 수는 걱정할 정도가 아니지만, 단지 청년 남녀가 교회에 출입하는 것은 국가의 전도에 영향을 주는 일이다. 고로 외국인 학교가 더 진행되지 못하도록 함과 동시에 법률로 설립을 금지해야 한다.[15]

이러한 불안은 실제로 외국인에 대한 적대감으로 나타났고 다수의 폭력사태가 발생하기도 했다. 특히 기독교 선교사 및 기독교계 학교에 대한 반발은 1890년대에 들어 외국인 살상사건이나 기독교계 학교 탄압 사건으로 나타났다. 예를 들면 구마모토영학교사건熊本英學校事件은 1892년 1월 사립구마모토영학교의 교원 오쿠무라 데이지로奧村禎次郎가 행한 연설이 교육칙어의 취지에 어긋난다는 데에서 비롯되었다.[16] 『규슈일일신문九州日日新聞』은 오쿠무라 데이지로의 논조를 중상모략하는 글을 실었고, 이에 분개한 청년 가운데는 이 학교에 결투장을 보내

---

15. 平塚益德, 앞의 책, 94쪽.
16. '熊本英學校事件', https://ja.wikipedia.org/wiki/ 2016년 12월 8일 인출.

는 자도 있었다. 구마모토현의 지사知事가 학교에 오쿠무라 데이지로의 해고를 명했으나, 이 학교의 교장과 평의회는 해고의 철회를 요구했다. 그런데 이 학교의 학생회가 지사 명령을 지지함으로써 오쿠무라 데이지로는 사직할 수밖에 없었다.

외국인 및 기독교 학교에 대한 이러한 반발 및 불안 심리는 그들이 설립하는 학교에 대해 규정을 두어야 한다는 당국자 및 보수 인사들의 구체적인 문제 제기로 나타났다. 즉 기독교계 학교의 졸업생에게 부여하는 특권이나 기독교계 학교에서 실시하는 종교교육 및 거기서 가르치는 외국인 교원의 자격 등에 대해 모종의 단속이 필요하다는 인식이 싹트게 된 것이다. 여기에는 기독교계 사립학교의 자유로운 교풍이나 신교육을 받은 학생들의 일탈적 행동양식, 그리고 기독교 학교를 통해 들어오는 신문화 등에 대한 일반인들의 거부감도 크게 작용했다.

다음으로 메이지 정부가 표방했던 천황제 절대주의가 기독교주의와 양립하기 어려운 측면이 있다는 인식도 기독교계 사립학교에 주목한 배경이 되었다. 1889년 헌법 반포로 확립된 천황제 절대주의를 국민의 윤리·도덕의 면에서 지지하고 강화하는 역할을 담당했던 것이 1890년에 발포된 교육칙어였다. 이 과정에서 기독교주의를 표방하는 기독교계 학교가 논의의 대상이 되었다.

1880년대 중반 이후 일본에서는 근대교육 체제가 정비되어 가면서 국민교육의 근본정신이 중요한 문제로 논의되기 시작했다. 자유민권운동이나 서구화주의로 인해 일본 전통의 덕육 방침이 크게 동요된다고 느낀 메이지 정부는 덕육의 혼란을 시정하기 위해 덕육의 기초가 되는 '권위'를 편찬하기에 이르렀다.

교육칙어가 반포되자 그 등본이 각 학교에 배포되었고 학교에서는 소학교축일대제일의식규정에 따라 기념일의 의식에는 교육칙어를 봉독하도록 했다. 교육칙어는 소학교 및 사범학교의 교육에 커다란 영향을 주었는데 그 가운데에서도 수신교육은 교육칙어의 취지에 근거해 아동의 양심을 배양하고 덕성을 함양하며 인도 실천의 방법을 가르치는 것을 내용으로 했다. 수신교육을 통해 가르쳐야 할 덕목은 효제孝悌, 우애, 인자, 신실信實, 예경禮敬, 의용, 공검恭儉 등이었는데, 특히 존왕애국의 의기意氣를 함양할 것이 강조되었다. 수업 시수도 교육칙어 반포 이전에는 일주일에 1시간 반이었던 것이 반포 이후에는 심상소학교에서는 3시간, 고등소학교에서는 2시간으로 늘어난 점도 교육칙어 취지의 보급에 수신교육이 동원되었음을 나타내는 것이었다.[17]

그런데 기독교계 학교의 종교교육이나 종교의식에서 표방하는 '권위'는 천황이 아니었다. 메이지 정부의 입장에서 이는 국가주의 교육 체제 확립에 장애 요소로 간주될 수 있었다. 즉, 박애인도를 근본으로 하는 도덕과 충효의 대의를 근본으로 하는 도덕이나 모든 인간은 평등하다고 여겨 존비尊卑의 구별은 도리가 아니라고 하는 교의와 천황의 지위를 신성시하고 군부君父를 존경하고 선조를 숭배하는 교의를 표방하는 이념[18]은 공존 불가능한 것이었다. 따라서 기독교계 사립학교는 천황제 국가주의 교육 체제의 확립을 위해서는 통제해야 할 대상이었다.

이처럼 국가주의적 근대교육 시스템을 정비해 가는 과정에서 기독교계 사립학교는 '뜨거운 감자'와 같은 존재였다. 메이지 초기 서구식 학교제도나 근대적 교육 방법을 보급하는 데 큰 역할을 했던 기독교계 학교가 일본의 근대교육제도가 모양새를 갖추어 가게 됨에 따라 단속해야 할 대상으로 여겨지게 되었던 것이다. 이는 기독교계 학교의

---

17. '明治憲法と教育勅語', http://www.mext.go.jp/b_menu/hakusho/html/others/detail/1317610.htm 2016년 3월 12일 인출.
18. 駒込武, 『植民地帝國日本の文化統合』, 岩波書店, 1996, 115~123쪽.

지향과 정부의 교육 방침 사이의 대립 갈등의 양상으로 나타났다. 정부의 입장에서 교육의 기본 이념에 동조하지 않는 학교의 존재를 방관하는 자세로 방치할 수는 없었다.

2. 문부성훈령 12호와 기독교계 학교의 위기

기독교계 학교에 대한 단속이 본격적으로 구체화된 것은 1894년 고등학교령高等學敎令 발포를 통해서였다. 고등학교령의 주목적은 1886년의 중학교령을 바탕으로 설립된 고등중학교를 고등학교로 명칭 변경하는 것(제1조)이었는데, 이와 함께 단서 조항(제2조)에는 고등학교에 법학부·공학부·의학부 등의 전문학과를 둘 수 있으며, 제국대학에 입학하기 위한 자를 위해 예과를 설치할 수 있다는 내용이 포함되어 있었다.[19] 그러나 실제로는 단서 조항이었던 제국대학 예과로서의 성격이 강화되는 결과로 나타났다.

그런데 고등학교의 수업연한과 입학 자격을 규정한 문부성령 제16호에 의하면 고등학교에는 심상중학교를 마친 자가 들어갈 수 있었다.[20] 기독교계 학교는 문부성으로부터 심상중학교로 인가를 얻지 못한 각종학교였으므로 기독교계 학교를 졸업한다고 해도 고등학교에 진학할 수 있는 길은 막히게 되는 셈이었다. 입신출세라는 당시의 사회 풍조 속에서 상급학교로의 진학이 불가능하게 된다는 것은 학생 수의 감소를 예고하는 것이었고 이는 학교의 존립과 직결되는 문제이기도 했다.

---

19. 文部省 編, 『學制百年史』, 1972, 286쪽.
20. '高等學校修業年限及入學程度' 1894年 7月 12日 文部省令 第16號, http://www.mext. go.jp/b_menu/hakusho/html/others/detail/1318054.htm 2016년 3월 12일 인출.

	학교 수	학생 수
1882	8	280
1885	8	529
1888	14	2,072
1891	17	1,899
1894	18	1,630
1897	16	1,585

출처: 立敎學院百年史編纂委員會 編, 『立敎學院百年史』, 1974, 229쪽.

실제로 〈표 6-6〉에서 보는 바와 같이 1888년까지 급격한 증가를 보이던 학생 수가 1890년을 경계로 점점 감소하기 시작했다. 사립학교의 대부분을 차지했던 기독교계 학교의 지원자가 감소했고 중도 퇴학자도 증가해, 학교 운영에 심각한 타격을 받았다. 학생들의 입장에서 자신의 진로를 결정하는 데 상급학교의 진학 기회가 없는 학교를 굳이 고집할 필요는 없었다.

학교 운영 자체에 가해진 심각한 위기를 느꼈던 릿쿄중학교立敎中學校, 도시샤同志社, 아오야마학원靑山學院, 메이지학원明治學院 등은 학교의 앞날을 위해 문부성에 인가 신청을 했고 정식 학교로 인가를 받을 수 있었다. 기독교계 학교가 마주했던 1차 위기는 이렇게 지나갔다. 이때에는 기독교주의 교육의 실시 여부가 기독교계 학교의 존폐를 좌우하는 결정적 요소로 작용하지는 않았지만, 사립학교 특히 기독교계 학교를 제도권으로 편입시키려 했던 일본 정부의 의도는 어느 정도 달성될 수 있었다.

그런데 기독교계 학교에 대한 본격적 위기는 1899년 8월 3일 칙령 제359로 발포된 사립학교령私立學校令과 문부성훈령 12호로 나타났다. 사립학교령이 공포된 배경에는 불평등조약 개정과 이에 따른 외국인의 거주 제한 해제, 그리고 외국인 거주가 자유로워짐에 따라 일본의 사회풍조가 문란해질 것이라는 정계·재계, 그리고 일반 서민들의 불안감이 존재했다. 이는 1898년 10월에 열린 제1회 고등교육회의에서 '교육에 관한 신조약 실시준비의 건' 가운데 세 번째 항목으로 '외국인이 설립하는 학교에 종교교육에 관해 어떤 규정을 둘 필요는 없는가'라는 제안이 있었던 것을 통해서도 엿볼 수 있다. 그 내용에는 외국인이 학교를 설립할 수 있는가 여부, 외국인 학교 졸업생의 특권, 외국인 학교의 종교교육, 외국인 교원의 자격 등에 관한 내용이 포함되었다. 이것은 사립학교령안으로 명명되어 제2회 및 제3회 고등교육회의의 주요 의제가 되었고 많은 논쟁을 불러일으켰다.

여기서 문제가 되었던 것은 제17조 "정부의 허가를 받은 사립학교·중학교·고등학교 그 외의 학교에서는 종교적 의식 혹은 그와 같은 교육을 시행해서는 안 된다"[21]라는 항목이었다. 이에 대해 "소·중학교의 교육은 국민정신의 함양을 제1의 목적으로 하고 있으므로 이것을 외국인에게 맡겨서는 안 된다"라는 의견에 대해 대부분의 참가자가 찬성했지만, 그것을 사립학교령으로 발포해야 하는가에 대해서는 이견이 존재했다

> 교육과 종교의 양립은 어려운 것이고 종교가 교육에 유해하다는 것을 국가가 정하는 것은 세계의 대세로 보아 극히 진부하고 또 유해하다. 뿐만 아니라 그것을 칙령으로 정하는 것은 일본 천황폐하를 우습게 하는 꼴이 되며, 각국에 대해 폐하의 명예에도 관련되는 것이다.[22]

이처럼 외국인이 일본에서 학교를 설립하거나 교육하는 것에 대해

---

21. 明治學院 編, 앞의 책, 197쪽.
22. 平塚益德, 앞의 책, 94쪽.

다양한 의견이 제시되는 가운데 공포된 사립학교령은 고등교육회의에서 가결된 것과 비교해 상당 부분이 수정된 상태였다. 특히 종교교육에 관한 중요한 부분이 빠져 있었다. 그 내용을 보면 종교에 관한 조항, 학교 설립자의 자격에 관한 조항, 이미 설립된 학교장의 자격에 관한 예외적 조치, 학교의 자격 변경에 관한 조항 그리고 교과서에서 정담政談의 금지에 관한 조항 등은 삭제된 채였다. 결국 사립학교령에는 사립학교가 원칙적으로 부현지사府縣知事의 감독에 속한다는 것(제1조), 설치할 때에는 지사의 인가를 필요로 한다는 것(제2조), 공립학교를 대신하는 사립학교를 제외하고는 의무교육의 학령아동을 입학시킬 수 없다는 것(제8조), 법령 위반이라든가 풍속문란의 염려가 있을 때는 폐쇄를 명할 수 있다는 것(제10조) 등의 규정이 포함되었을 뿐, 종교나 학교 설립자에 관한 내용은 없었다. 이로써 사립학교의 설치와 유지에 대한 관할 관청의 감독이 법적으로 보장되게 되었다. 그러나 사립학교령에서 삭제되었던 내용은 같은 날 공포된 문부성훈령 12호에 그대로 담겨 있었다.

> 일반 교육을 하고 종교 이외로 특립特立시킨다는 것은 학정상學政上의 필요로 관공립학교 및 학과과정에 관한 법령의 규정이 있는 학교에서는 과정 이외에서라도 종교교육을 실시하거나 또는 종교의식을 행하는 것은 허락할 수 없다.[23]

이 훈령에는 국가가 사립학교의 존재를 공식적으로 인정한다는 내용과 더불어 일단 공인된 학교에 대해서는 관공사립을 불문하고 종교의식이나 종교교육을 금지한다는 내용이 담겨 있었다. 즉 정식의 학

23. 平塚益德, 앞의 책, 95쪽.

교가 되기 위해서는 국가가 정한 교육과정을 준수해야 한다는 방침을 분명히 했던 것이다. 그런데 훈령에는 종교교육에 대한 언급만 있을 뿐, 종교교육을 실시하는 특정 학교는 명시되어 있지 않았다. 그러나 당시 『시사신보』에서 문부성훈령 12호를 '종교가宗敎家가 특히 곤란하게 생각할 점'에 대해 "종교가 중 불교가佛敎家 등은 냉담하며 전혀 고통을 공감하지 못하는 상태였다"[24]라고 쓴 점을 보면, 여기서 말하는 종교교육 및 종교의식의 금지는 기독교에 한정하는 것이었다고 보아도 무리는 없을 것이다.

훈령에 의해 존폐의 위기를 맞이한 기독교주의 학교들은 고민에 휩싸였다. 정부의 요구대로 기독교주의 교육이나 의식을 치르지 않는다면 선교 본국으로부터 지원을 받을 수 없게 되고, 따라서 기독교계 학교는 존립할 수 없게 된다. 그렇다고 기독교주의를 고집한다면 법령에 규정된 학교로서의 자격이나 특권을 누릴 수 없게 될 것이었다. 이렇게 기독교계 학교는 어떤 방식으로든 선택을 해야 하는 딜레마에 마주해 있었다.

메이지 정부의 입장에서도 종교학교를 각종학교로 만들어 정규의 제도적 교육기관에서 배제한 채로 방치할 것인가, 아니면 종교교육을 단속해 문부행정 내로 포섭할 것인가의 문제는 큰 고민거리였다. 전자가 사립학교의 박멸 혹은 종교교육의 박멸을 의미했다면, 후자는 사립학교 또는 종교교육을 제도교육의 시스템 일부로 끌어들여 정비한다는 의미가 있었다. 이런 상황에서 사립학교령과 문부성훈령 12호는 천황제 이데올로기를 강화하기 위해 메이지 정부가 고안한 특단의 조치였다. 양자택일 혹은 삼자택일의 선택지를 기독교계 학교에 제시함으로써 정부의 고민을 기독교계 학교의 고민으로 치환시켰으며, 기독교

---

24. 『時事新報』, 1900年 8月 24日; 明治學院 編, 앞의 책, 200쪽.

계 학교에 선택권을 부여하는 것처럼 포장해 선택의 결과도 기독교계 학교 스스로의 책임으로 돌리고자 했다.

메이지 정부의 의도가 어디에 있었는지, 혹은 기독교계 학교가 어떤 선택을 하든지 기독교계 학교는 문부성의 관리 아래 편입될 수밖에 없었다. 기독교주의를 고수한다면 학교를 포기한다는 것이고, 기독교주의를 포기한다면 학교에서의 기독교주의 교육이나 의식을 실시할 수 없었다. 기독교계 학교의 선택에 관계없이 문부성의 의도는 관철되는 셈이었다. 이처럼 사립학교령과 문부성훈령 12호는 학교 설립이나 교육과정의 단속을 통해 기독교계 사립학교의 존립 기반을 뒤흔드는 역할을 담당했다. 결과적으로 기독교계 사립학교 또는 종교교육은 천황제교육에 타협하고 굴복하는 양상을 보이게 되었고 천황제 이데올로기 전파에 무해한 사립학교, 그리고 종교교육만이 명맥을 유지할 수 있었다.

Ⅲ. 교육의 중립성 논쟁과 기독교계 학교의 선택

1898년 현재, 일본에 있던 기독교계 학교는 초등 수준의 학교 105교 (학생 6,831명), 중학교 수준의 학교 15교(학생 1,520명), 고등여학교 수준의 학교 47교(학생 2,527명)였다.[25] 이들 학교는 일본 정부의 공교육이 아직 정비되지 않았던 시기에 일본 근대교육 보급에 커다란 역할을 담당했다. 그러나 사립학교령과 문부성훈령 12호가 공포됨에 따라 이들 학교는 존폐의 진로를 선택해야 했다.

여학교의 경우는 실질적으로 큰 타격을 받지 않았지만 초등학교의 경우는 종교교육을 폐지하든가 폐교를 하든가 양자택일을 해야 했다. 왜냐하면 사립학교령 제8조 "인가를 받지 않은 사립학교에 학령아동을 취학시켜서는 안 된다"라는 규정에 따라 인가를 받기 위해서는 종교교육을 하지 말아야 했다. 만약 종교교육을 계속하면 인가를 받을 수 없게 되고, 그렇게 되면 학령아동이 굳이 인가받지 못한 학교에 입학하려 들지 않을 것이기 때문이었다. 중학교의 경우는 각종학교로 남아 있으면서 종교교육을 계속하든가, 종교교육을 하지 않고 인가를 받든가, 아니면 폐교를 하든가 세 가지 가운데 하나를 선택해야 했다.[26] 특히 중학교의 경우는 인가가 취소될 경우, 고등학교 수험 자격

---

25. 『教育時論』 第465號, 1898年 3月, 8쪽.

〈표 6-7〉 1895년 이후 메이지학원의 졸업생 수

		1895년	1896년	1897년	1898년	1899년	1900년	1901년
졸업생	고등과	0	0	6	2	0	0	1
	보통과	4	5	5	5	9	0	1

이나 징병유예의 특전이 없어지므로 학교 운영에 큰 타격을 입을 수 있는 상황이었다. 〈표 6-7〉은 1895년 이후 메이지학원의 졸업생 수를 나타낸 것이다.[27]

이 표는 1894년의 고등학교령과 1899년의 사립학교령 및 문부성훈령 12호가 학생들이 학교를 선택하는 데 실제로 영향을 주었음을 단적으로 말해 준다. 이에 기독교계 학교나 선교 본부는 이러한 사태를 수습하기 위한 방법을 모색해야 했다.

먼저 사립학교령과 문부성훈령 12호의 공포에 대해 기독교계 학교는 크게 반발하며 반대운동을 전개했다. 기독교계 학교는 관공립학교에서 종교교육의 금지가 정교분리의 원칙에서 당연한 것일 수 있으나, 이를 사립학교에까지 적용하는 것은 신교信教의 자유를 무시하는 처사라는 기본 입장을 피력했다. 그 부당성을 알리기 위해 아오마야학원, 아자부중학교麻布中學校, 도시샤, 메이지학원, 나고야에이와학교名古屋英和學校 등의 대표자는 문부대신과 문부차관 및 참여관을 방문[28]하여 기독교계 학교를 훈령의 대상에서 제외해 달라고 진정했다. 그러나 문부대신이었던 가바야마 스케노리樺山資紀, 1837~1922는 정해진 규정만을 되풀이할 뿐이었다.

---

26. 立教學院百年史編纂委員會 編, 『立教學院百年史』, 1974, 236쪽.
27. 平塚益德, 앞의 책, 86쪽.
28. 立教學院百年史編纂委員會 編, 앞의 책, 238쪽.

종교교육이 덕육상에 커다란 의의를 가지고 있음을 승인하라고 관대한 의견을 제시하고 있기는 하지만, 이 훈령의 실시에 따라 종교교육을 행하는 학교는 종교교육을 폐하든가, 학교의 특전을 버리고 종교교육을 행하든가 양자택일을 하도록 함.[29]

당초 기독교계 학교의 기본 방침은 진정서가 받아들여지지 않을 경우 인가를 취소하겠다는 것이었으나, 문부성이 방침을 변경할 가능성이 없음을 파악한 기독교계 학교는 반대운동의 방향을 바꾸어 문부성과의 절충을 시도했다. 즉 훈령의 발효 시기를 유보해 달라고 요청하거나 새롭게 설치한 보통학부에 상급학교의 진학 자격과 징병유예의 특전을 부여받도록 해 달라고 요청함으로써 타협을 제안하였다.[30]

한편, 사립학교령과 문부성훈령 12호의 공포는 미국 각 교파의 전도국에도 아주 중요한 문제였다. 1899년 10월 9일 뉴욕 장로파 외국전도국에서 이 문제에 관해 각 교파 전도국원이 회의를 열었는데, 미국 해외선교회·침례교회·감독교회·감리교·장로파·개혁교회 등의 의원 10여 명이 출석했다.[31] 이 회의에서 8월 16일 도쿄의 도요에이와학교東洋英和學校에서 개최되었던 6개의 기독교계 학교 대표자회의의 결의안이 채택되었는데, 그 내용은 종교교육을 계속 실시할 것이며 이를 어기는 학교에 대해서는 선교 본국으로부터의 보조가 불가능해질 것임을 분명히 하는 것이었다. 즉, 선교 본부는 일본 기독교계 학교에 대해 모든 세속의 이익과 정부가 주는 특전을 희생하고서라도 기독교주의를 유지하라고 요청했던 것이다.

이처럼 대립되는 선교 본부의 요구와 문부성의 방침 속에서 일본

29. 靑山學院 編, 『靑山學院百年史』, 1975, 30쪽.
30. 明治學院 編, 앞의 책, 207쪽.
31. 明治學院 編, 앞의 책, 208쪽.

기독교계 학교의 선택은 다양했다. 즉 폐교원을 제출하고 일요학교의 형태로 교회학교를 계속 유지하는 경우가 있는가 하면, 기독교 신자인 학교 설립자를 비기독교 신자로 만들어 명의를 양도하는 경우도 있었고, 극단적으로 기독교주의를 포기하는 학교도 있었다.

> 아오야마학원은…… 각종학교로 종교교육을 계속하기로 결정했다. 도시샤, 메이지학원도 같은 태도를 취했다. 이 때문에 심상중학부를 중학과로, 고등보통학부를 고등과로 개칭했고, 이 결과 퇴학자가 속출했고 한때 학교의 존립조차 위태로운 상태로 되었다.[32]

이에 비해 기독교주의 교육을 포기하면서 문부성의 인가를 받는 학교도 있었다. 릿쿄학원의 경우 '만약 정부의 교육 방침대로 우리 학교를 없게 된다면 우리는 우리의 명백한 의무를 방치하는 것'이라는 방침 아래 학교교육이 아닌 방식의 종교교육 실시를 모색했다.

> 만약 우리 학교가 폐쇄된다면 신자의 자제는 정부 학교에서 교육을 받게 될 것이다. 그러면 그들은 결국 종교 특히 기독교를 냉소하듯이 가르치는 교사나 학자에 의해 시련과 박해를 받을 것이다. 우리 학교를 폐쇄하면 일본의 신앙 있는 젊은이들에게 교회의 문을 닫는 셈이 된다.[33]

이처럼 각 학교들의 선택이 달랐던 것은 학교를 경영하는 선교회의 성격에 따랐기 때문이었다. 예를 들면 교회의 첫 번째 주요 과제를 "도달 가능한 영혼에게 복음을 전하는 것"으로 정했던 선교회와 "비기독

---

32. 靑山學院 編, 앞의 책, 30쪽.
33. 立敎學院百年史編纂委員會 編. 앞의 책, 247쪽.

교인들에게 복음을 전파하는 것"을 원칙으로 하는 선교회는 그 방침이 당연히 다르게 나타날 수밖에 없었다. 하지만 위에서 보았듯이 릿쿄학원이 문부성의 인가를 받아 학교를 유지하려 했던 것은 종교교육의 포기가 아니라는 학원 측의 입장을 그대로 받아들인다고 해도, 사립학교령이나 문부성훈령 12호가 정한 규정의 검열 아래에서 과연 제대로 된 종교교육이 가능한 것인가, 그리고 실제로 가능했는가에 대한 보다 세밀한 규명이 이루어져야 할 것이다. 그래야 릿쿄학원이 갖는 기독교계 학교로서의 진정성 정도를 가늠할 수 있게 된다.

기독교계 학교에 위기를 몰고 왔던 문부성훈령 12호의 결말은 시작과는 달리 흐지부지되었다. 기독교계 학교가 사활을 걸고 얻으려 했던 징병유예 특전과 관공립 상급학교 및 고등학교로의 입학자격은 3~4년이 지나지 않아 회복되었고, 1904년부터는 기독교계 학교 졸업생이 중학교 졸업생과 같은 대우를 받게 되었다.

> 1903년 5월 메이지학원과 아오야마학원은 고등학교 수험 자격을 얻었고, 징병유예 특전이 메이지학원에는 1904년 7월, 아오야마학원에는 1905년 5월 회복되었다.[34]

문부성훈령 12호가 그 효력을 일찍 상실했던 데에는 기독교계 학교 측의 집요하고 강경한 호소, 불평등조약 개정이 혼란을 초래할 것이라는 걱정이 기우였다는 정부의 인식 변화, 서구의 눈치를 보는 정부의 소극적 태도, 보수적인 야마가타山縣 내각의 붕괴 등이 작용한 결과였다고 보는 것이 일반적이다.[35] 여기서 메이지 시기 기독교계 학교가 일

---

34. 위의 책, 252쪽.
35. 위의 책, 254~255쪽.

본의 근대교육 전개에 적지 않은 영향을 준 점은 과소평가할 수 없다. 이와 함께 기독교계 학교의 기본 방침이 일본의 정체인 천황제에 위협적인 요소를 내포하고 있다는 점에서 일본 근대교육의 방향과 대립하면서 이를 보수적 성격으로 이끄는 데 일정 부분 영향을 주었다는 점도 염두에 두어야 할 것이다. 기독교주의와 천황제가 양립될 수 있는가의 문제는 기독교 수용 초기부터 일부 정치 지도자에 의해 끊임없이 제기되었다. 그러나 교육의 영역에서 이 문제는 1890년대 불평등조약 개정과 더불어 본격적으로 다루어졌다. 외국인의 거주 제한 철폐와 이로 인한 불안이 기독교계 학교의 사상단속과 연결되어 칙령과 훈령으로 공포되기에 이른 것이다.

메이지 정부의 사립학교령과 문부성훈령 12호에 대한 기독교계 학교의 대응 양상은 다양했지만, 기독교계 학교가 어떤 선택을 했던지 결과적으로 메이지 정부는 자신이 의도한 바를 충분히 달성할 수 있었다. 이후 기독교계 학교는 더 이상 문부성의 방침에서 자유로울 수 없게 되었다.

제7장
교육칙어 수정 논쟁:
1900년 이후

1890년 발포된 교육칙어는 그 이전까지 일본의 국내 상황을 바탕으로 구상된 국민도덕론이었다. 그러나 1895년의 청일전쟁과 1905년의 러일전쟁이라는 두 번의 전쟁은 일본이 세계에서 열강의 대열에 합류할 수 있는 기회가 되었고, 메이지 정부도 제국주의 국가로서의 국제적 지위를 인식하기 시작했다. 국내외적인 일본의 위상 변화에 걸맞은 국체의 재구축에 대한 논의가 당시의 정치가와 지식인들 사이에서 나타나기 시작했고 기존의 사상과 인식에 대한 성찰과 그 재편의 가능성이 조심스럽게 회자되었다. 이는 교육칙어의 개정이나 폐지에 관한 논의로 이어졌다.

　　제7장에서는 천황의 권위를 상징하는 것으로 간주되었던 교육칙어가 실은 다양한 논쟁의 과정을 통해 만들어진 것이었음에 주목하고자 한다. 이 과정에서 교육칙어에 대해 수정 의견을 제안했던 측의 논리와 이에 반발했던 측의 논리를 비교·검토하고, 당시 정부 관료와 지식인, 그리고 궁-천황-의 입장이 어떻게 갈등하며 국민도덕의 원리를 규정해 갔는지를 살펴보았다. 이는 1910년대 이후 일본의 근대를 특징짓는 논리를 분명히 하는 작업이며, 조선총독부의 식민지 교육 정책이 어떤 논리하에 전개되었는지를 파악하는 기반이 된다는 점에서 필요한 작업이라 할 수 있다.

I. 교육칙어 수정 의견의 대두

일반적으로 교육칙어가 천황의 권위를 전제로 하는 절대 불변의 진리, 또는 교육의 기본 원리 및 방침으로 인식된 것은 그 보급 과정의 철저화를 통해 이루어진 것이었다. 하지만 1890년에 발포된 교육칙어는 1900년 전후 일본의 국내외적 위상이 변화됨에 따라 그것의 개정·폐지·추가 등이 언급되는 사태에 직면하였다. 그렇다면 1900년 전후 일본에서는 어떤 일이 일어났던 것일까?

우선 교육칙어가 발포된 1890년 이전과 이후 일본의 국내외적 상황이 크게 변화했다는 점에 주목할 필요가 있다. 1889년 대일본제국헌법의 발포와 1890년 교육칙어의 제정으로 천황을 중심으로 하는 국가 통치 체제 전반의 틀이 확립되어 가던 것과 맞물려 경제적 지형에도 큰 변화가 나타났다. 1877년에 일어난 서남전쟁西南戰爭·세이난전쟁은 사족士族의 특권을 폐지하려는 메이지 정부의 정책에 저항해 일어난 것으로 그 결과는 정부군의 승리로 끝났지만, 이 과정에서 농민의 몰락과 노동자 계급의 증가라는 현상과 더불어 대기업과 초기 자본가가 형성될 수 있는 기반이 형성되었다. 즉, 전쟁의 비용을 충당하기 위해 실시된 통화정책으로 인플레이션과 디플레이션이 번갈아 발생하는 사태가 벌어졌으며 이 과정에서 민중의 생활은 피폐해져 갔다. 농촌에서는 소작농이 증가했고 소작농조차 될 수 없었던 빈농이 도시로 몰려

들어 재벌이 경영하는 공장에서 저임금 노동을 강요당하며 도시 빈곤층이 되었다. 그러나 한편에서는 민간의 대규모 투자가 가능해졌고 서구를 따라잡기 위한 근대화에 박차를 가할 수 있는 정책 추진의 조건이 마련되었다.

국내의 정치·경제적 상황은 대외정책에도 큰 영향을 끼쳤다. 메이지 유신 이후 정부의 당면 과제였던 서구와 맺은 불평등조약을 개정하기 위한 정부의 노력이 점차 성과를 보이기 시작했고, 이에 힘입은 메이지 정부는 인근 아시아의 여러 나라에 세력을 확대하려는 정책을 추진했다. 특히 조선이나 청국과의 외교에 적극적인 태도를 취하기 시작했는데, 그때까지 일본의 외교정책이 자신의 주권을 지키기 위한 방위적 차원의 소극적인 것이었다면, 이후 이루어지는 정책은 자신의 이익을 극대화시키기 위한 적극적 외교라는 모습을 띠었다. 국내의 정치적 불안과 경제적 빈부 격차의 확대에서 오는 갈등을 전쟁이라는 대외정책으로 전화시켜 민심을 결집시키는 상황의 창출이 도모되었던 것이다. 청일전쟁과 러일전쟁이라는 두 번의 전쟁을 통해 민중의 불안한 민심이 청과 러시아라는 적군에게 향하도록 했으며, 이를 바탕으로 일본인의 단결이 강조되었다. 그 결과 일본은 자신이 국제사회의 일원임을 분명히 할 수 있었고 동아시아의 신흥세력으로 부상할 수 있었다.

이러한 상황에서 1900년 전후 메이지 정부의 고민은 후발 자본주의 육성이라는 경제 시스템을 바탕으로 천황제 국가기구의 형성이라는 정치적 목표를 공고히 하기 위한 통합 이데올로기를 구축하는 것이었다. 이와 함께 1895년의 청일전쟁과 1905년의 러일전쟁이라는 두 번의 전쟁도 이러한 필요를 강화시키는 역할을 하였다. 가령 메이지 정부의 관료 및 지식인들 가운데는 일본인의 민심 통합을 위한 일본인만의 도덕적 원리였던 교육칙어가 세계에서도 통용될 수 있는 것임을 입증하려는 이들이 나타났다. 이들이 제시한 교육칙어 수정 의견이 도덕적 자신감의 발로였는지 아니면 일본 도덕의 불완전성에 대한 자기 반성의 결과였는지는 확인할 수 없지만, 분명한 것은 당시의 정치 관료 및 지식인들이 서구를 따라잡기 위한 대상이 아니라 일본과 동등한 위치로 인식하기 시작했다는 점이다. 즉, 산업자본주의의 발흥과 전쟁의 승리로 자신감을 얻은 일본이 자국의 사회질서가 세계적 보편성을 지닌 규범 위에 성립되었음을, 혹은 성립되어야 함을 선전하면서 자신의 정체성 재구축에 나섰던 것이다. 청일전쟁 당시 문부대신의 직책에 있었던 사이온지 긴모치는 1890년대 중반 이후의 시대적 상황을 다음과 같이 파악했다.

> 종래의 도덕은 사회가 상하의 양 계급으로 조직된 시대의 산물이므로 우러러 받드는 마음가짐과 복종하는 마음가짐만으로 성립한다. 그러나 오늘날 사회 상태는 일변해 상하, 좌우의 사회가 되어 사회의 횡폭橫幅이 넓어지고 있다. 도덕의 본지本旨는 고금古今 변하지 않지만, 도덕의 형식은 시대에 따라 변해야 하므로 새로운 사회에 대응해야 할 신도덕新道德이 일어나야 한다. 특히 산업사회가 되어 상하 도덕뿐 아니라 인민 모두가 평등한 관계에서 서로 존경하고 스스로 생존함과 더불어 타인의 생존토록 할 것을 가르쳐야 한다.[1]

여기서 사이온지 긴모치는 앞으로 일본이 마주해야 할 산업사회의 특징을 제시하며 이에 맞는 도덕교육의 재구축이 필요하다는 점을 역

1. 小股憲明, 「日清·日露戰間期における新教育勅語について」, 『人文學報』 第64號, 京都大學人文科學研究所, 1989, 73쪽; 이명실, 앞의 논문, 2013, 142쪽; 小股憲明, 『明治期における不敬事件の研究』, 思文閣出版, 2010, 132~133쪽.

설했다. 종래의 도덕은 상하의 위계적 사회질서를 유지하는 데에만 주목했는데, 소위 근대적 인간관계를 기반으로 하는 서구의 여러 나라와 어깨를 겨루기 위해서는 일본의 도덕도 세계적 보편성을 확보할 수 있는 방향으로 구축되어야 한다는 것이 사이온지 긴모치의 생각이었다. 물론 새로운 도덕의 필요성을 인식한 사람은 사이온지 긴모치 한 사람만이 아니었다. 도쿠토미 소호나 후쿠자와 유키치와 같은 지식인도 『국민의 벗』, 『시사신보』, 『조야신문』, 『교육시론』 등의 잡지에 사이온지 긴모치를 옹호하는 글을 게재[2]함으로써 체제 변화의 필요성을 역설했다. 이처럼 청일전쟁 이후 국제사회에서 주목을 받게 된 일본의 위상 변화는 그에 걸맞은 국체의 재구축을 요구했고, 당시의 정치가와 지식인들은 기존의 사상과 인식 재편의 필요성을 역설했던 것이다.

---

2. 물론 사이온지를 공격하는 글이 구가 가쓰난(陸羯南)이 『日本』을 필두로 『日出新聞』, 『朝日新聞』, 『國會新聞』, 『明教新誌』, 『教育報知』, 『九州日日新聞』 등에 게재되기도 했다(위의 논문, 101쪽 참조).

II. 교육칙어 수정 의견의 양상

1. 제2의 교육칙어 및 교육칙어 철회설

1900년 전후 일본은 천황제 국가주의 시스템을 더욱 강화하기 위해 대내적으로는 더욱 확고한 정치·사회·경제체제 구축을 시도했고, 대외적으로는 서구와 동아시아와의 교류를 통해 자신의 힘을 과시하고자 했다. 일본의 위상에 대한 이러한 대내외적 인식의 고양은 일본 국민도덕의 성격을 가진 교육칙어를 개정하고 재해석함으로써 세계 도덕의 수준으로 재설정해야 한다는 의견을 개진하게 만드는 배경이 되었다. 그 양상은 교육칙어의 개정, 철회, 재해석을 둘러싼 논의로 전개되었다.

먼저 교육칙어를 개정해야 한다는 의견이 1896년 당시 문부대신이었던 사이온지 긴모치에 의해 제기되었다. 사이온지 긴모치는 1894년 10월 제2차 이토 내각에 입각해 1906년 1월 제1차 사이온지 내각의 수장이 될 때까지 문부대신과 외무대신의 직책을 두루 경험한 인물이었다.

- 1894년 10월 제2차 이토 내각(1892. 8~1896. 8), 제2차 마쓰가타 내각 (1896. 9~1898. 1) 문부대신, 외무대신 겸임

- 1898년 1월 제3차 이토 내각(1898. 1~1898. 6) 문부대신으로 입각
- 1895년 6월 내각총리대신 임시대리
- 1896년 5월 외무대신 겸임
- 1896년 9월 제2차 마쓰가타 내각에서 외무대신 겸 문부대신 유임. 곧 사임
- 1898년 1월 제3차 이토 내각의 문부대신. 4월 사임
- 1900년 1월 제4차 이토 내각(1900. 10~1901. 5)의 반열班列(무임소대신) 로 입각
- 1906년 1월~1908년 7월 제1차 사이온지 내각총리대신
- 1911년 8월~1912년 12월 제2차 사이온지 내각총리대신

문부대신 시절의 사이온지 긴모치는 교양 있는 시민의 육성을 강조했으며 과학이나 영어, 여자교육의 필요성을 주장했고 "인민 모두가 평등한 관계에서 자타自他가 서로 존경하고 스스로 생존하면서 타인他人을 생존시키는 것을 가르쳐야 한다"고 말하기도 했다. 이는 그를 자유주의 교육가 혹은 민주주의의 지지자로 평가하는 배경이 되었다.[3] 그러나 그를 온전한 서구적 자유주의의 지지자

사이온지 긴모치

라고 보기는 어렵지만, 그가 동시대의 다른 일본인 관료보다 조금은 더 리버럴한 사고를 가지고 개혁에 앞장섰던 것을 보면 그의 프랑스 유학 경험이 영향을 주었으리라는 짐작은 할 수 있다. 교육칙어 개정에 대한 언급도 이러한 연장선상에서 이해할 수 있다.

---

3. '西園寺公望', https://ja.wikipedia.org/wiki/ 2016년 12월 13일 인출.

내가 문부대신이 되었을 때 제2의 칙어가 필요하다고 느꼈다. 실은 나
도 아직 성안成案은 아니지만, 교육칙어 하나만으로는 부족하다. 더 리버
럴한 방향의 교육 방침을 세울 필요가 있다고 생각했다. 그것은 미리 말
씀드려 허락을 받았지만 아직 성안이라고 할 정도로 되지는 않았다. 이
를 생각하는 가운데 내각이 바뀌었으므로 실현되지 못했다.[4]

이런 내용은 사이온지 긴모치가 직접 말한 것으로 청일전쟁 직후
의 새로운 국내외적 상황에서 사이온지 긴모치는 교육의 수장으로서
교육칙어 수정의 필요를 자각했던 것이다. 제2의 교육칙어에 대한 그
의 구상은 당시 일본이 처해 있던 상황에 대한 현실 인식을 바탕으로
제안된 것이었고 메이지 천황도 승인한 것이었다. 여기서 제2의 교육
칙어가 1890년에 발포된 교육칙어를 폐지하고 새로운 교육칙어를 만
들어 발포한다는 의미인지, 아니면 1908년에 발포되었던 무신조서나
1923년의 국민정신작흥에 관한 조서처럼 천황의 이름으로 교육에 관
한 새로운 천황의 잠언을 발포한다는 것인지에 대해서는 분명하지 않
다. 다만 이러한 구상에 대해 비판이나 격론이 없었다는 점에서 전자
보다는 후자로 받아들였을 가능성이 크다.

일본의 도덕 방침은 칙어에 의해 확정되어…… 일본적 도덕을 자신의
전매專賣처럼 창도唱導하고 쉽사리 사람에 대해 불경 사건 등을 제기하
는 자는 외국인을 혐오하는 일이 아주 심하며…… 일본적 도덕이라는
미사美事에 숨는 일종의 폐해 있으니…… 공공의 도덕이란 우리 국민이
구미 각국의 국민에 대해 한 걸음 양보하는 것으로…… 폐쇄적 일본의

---

4. 小泉策太 筆記·木村毅 編, 『西園寺公望自傳』, 講談社, 1949, 117쪽; 佐藤秀夫 編, 『續·現代史
   資料8 教育 御眞影と教育勅語 1』, みすず書房, 2004, 394쪽; 窪田祥宏, 「明治後期における公
   教育體制の動搖と再編」, 『教育學雜誌』 17, 1983, 67쪽.

구사상舊思想만을 고집하지 말고 널리 세계의 사람들과 그 사상적 감정을 교환하고, 세계적 도덕을 장려해 고루한 편견을 교정토록 한다. ……세계에 통용해야 할 사상과 감정을 국민에게 갖도록 함은 정말 필요한 것이지만, 그렇다고 일본적 도덕을 잃어버리고 단지 세계적 도덕만을 창도하는 것은 본本을 버리고 말末을 쫓는 것으로, 그 폐해는 세계적 도덕을 잃어버리고 일본적 도덕만을 고집하는 것과 비할 바이니.[5]

이처럼 사이온지 긴모치가 일본적 도덕의 배타적 특성을 일본의 폐해라고 규정하며 공공의 도덕이나 세계적 도덕을 제창함으로써 서구와 교류하기 위해서는 새로운 도덕이 필요하다고 주장한 것은 분명한 듯하다. 그러나 교육칙어 자체를 부정했다고 단정하기는 어렵다. 이는 앞에서 천황의 허락을 받았다고 제시한 점이나 사이온지 긴모치가 "일본적 도덕만을 고집하는 것도 편견이지만 세계적 도덕만을 외치는 것 또한 본말本末이 전도된 것"이라는 인식을 가지고 있었다는 점으로 추론할 수 있다.

앞에서 언급한 대로 제2의 교육칙어가 구상되던 중에 제2차 이토 내각은 붕괴되었고 이에 따라 사이온지 긴모치도 문부대신의 직을 떠나게 되었으므로 그의 구상은 실현되지 못한 채 끝나 버렸다. 여기서 주목해야 할 것은 그 이후에도 교육칙어에 대한 비판적 언급이 문부성 내외에서 제기되었다는 점이다.

이 가운데 현재 기록에 남아 있는 것으로 소위 '문부차관 모 씨의 교육칙어 철회설'과 '나카지마中島의 교육칙어 철회 풍설 사건'이 있다. 전자의 사건에 관해서는 당시 와세다대학의 교수이며 한학자였던

---

5. 西園寺公望,「日本的道德と世界的道德との調和」,『教育時論』第361號, 1895; 佐藤秀夫 編, 앞의 책, 395~379쪽.

마키노 겐지로牧野謙次郎, 1863~1937의 선조유문先朝遺聞에 "문부에 차관 모 씨가…… 비밀리에 청해 말하건대 교육칙어는 바깥 세계의 대세와 달라 내국의 진운을 저해하니 원컨대 그것을 철회해야 한다는 청을 했다"라는 기록만이 남아 있다.[6] 현재 다른 자료를 찾을 수 없는 상황에서 이를 사실로 받아들인다면 문부차관 모 씨가 과연 누구이며 언제 이런 일이 발생했을지 궁금해하는 것은 당연할 것이다. 오마타 노리아키는 당시의 내각과 문부대신의 이력을 추적해 가며, 차관 모 씨는 사이온지 문부대신 시기의 가시와다 모리후미柏田盛文, 1851~1910일 가능성과, 대략 1896년부터 1900년 2월 사이 어느 때인가 벌어진 일일 것이라는 점을 논증해 가면서 정확한 판단을 유보한 채 관련 사료를 통한 후속 연구가 필요하다는 의견을 덧붙인 바 있다.[7] 더불어 교육칙어 발포 이후 교육칙어에 관해 비판적인 견해를 보이면 한학자나 극단적 보수파에 의해 공격당하는 경우가 있었으므로 교육칙어 철회설도 한학자에 의해 침소봉대된 것이 아닌가 하는 의심을 내놓기도 했다.

이러한 의심이 현실화된 것이 후자의 사건인 소위 나카지마의 교육칙어 철회 풍설 사건이었다. 여기서 풍설 사건의 주모자로 언급된 나카지마 도쿠조中島德藏, 1864~1940는 도쿄제국대학 철학과를 졸업한 후, 현재 도요대학東洋大學의 전신인 철학관에서 서양윤리학을 담당했고, 1900년 문부성의 거듭되는 요청으로 수신 교과서의 초안 작성위원으로 취임했던 인물이다. 그런데 당시 수신 교과서가 교육칙어를 기본으로 하여 작성되었음에 비해, 그는 교과서가 아동의 지인용智仁勇 삼덕三德을 함양하도록 구성되어야 하며, 이것이 아동의 이해를 더 쉽게 할

---

6. 小股憲明, 앞의 논문, 93쪽.
7. 위의 논문, 95~97쪽.

수 있다고 생각했다.[8] 나카지마 도쿠조의 이런 의견은 사견私見이라는 단서가 붙어 있었지만 한학자나 보수파 언론의 주목을 끄는 사안이었음은 분명했다.

나카지마 도쿠조가 연루된 사건에서 주목해야 할 것은 풍설 사건이었다는 점이다. 실제로 있지도 않았던 일이 '그렇다더라'라는 방식으로 보수파 언론에 언급되면서 사회의 이목을 집중시켰고, 이 사건의 사실 진위 여부와 관계없이 교육칙어의 절대 불변성이나 절대 불가침성을 강화하는 데 기여하는 방향으로 전개되었다.[9]

……최근 대괴사大怪事가 있어, 다름 아닌 고등교육회의에 제출해야 하는 의안 가운데…… 교육칙어를 철회해야 한다는 조항이다. 문부성은 굳게 비밀을 지켜 의안이 새어 나감을 방지하고 있는 듯해도…… 철회설의 존재는 한 점 의심의 여지 없음과 같으니…… 교육칙어 철회와 같은 폭설暴說은 그야말로 모某 씨가 제창한 바인데 그 불경한은 현재 문부성 수신서편찬위원으로 봉직하고 있고, 그러한 광인으로 하여금 중대한 국민교육, 게다가 수신서 편집위원은 부적합 천만한 것인데, 그러한 무례함을 감히 동성同省의 의안으로 받아들이는 것 또한 충분히 이상한 일이 아닌가.[10]

여기서는 당사자가 누구인지를 구체적으로 밝히고 있지는 않지만 문부성 수신서편찬위원이라는 단서가 오히려 세간의 궁금증을 촉발시키는 역할을 했다. 이후 『후지신문富士新聞』, 『교육시론』, 『일본日本』,

8. '中島德藏', https://ja.wikipedia.org/wiki/ 2016년 12월 15일 인출.
9. 小股憲明, 「教育勅語撤回風說事件と中島德藏」, 『人文學報』 第67號, 京都大學人文科學研究所, 1990.
10. 「教育界の大怪事」, 『京華日報』, 1901년 1월 11日; 小股憲明, 앞의 논문, 1990, 95쪽.

『태양太陽』등의 잡지나 신문에서는 이와 관련된 기사[11]가 이어졌다. 그 내용은 사실의 진위 여부보다는 "(교육칙어를) 철회하려고 하는 자는 황실의 대불경한大不敬漢이라, 국가의 대죄인大罪人이라, 일본 국민이 아닌 자라, 하루도 일본 땅을 밟게 해서는 안 된다"는 방식의 격렬한 비난으로 일관했다.[12]

이들 사건의 전모를 상세히 조사한 오마타 노리아키의 연구에 의하면 이 사건은 오보 내지는 날조되었을 가능성이 큰 것이었다. 당시 일본의 국내외적 위상의 변화로 세계주의, 기독교, 서양철학, 윤리학 등에 위기의식을 느끼던 한학자나 극단적 보수주의자들이 자신들의 입지를 강화하기 위한 논리로 교육칙어를 비판한다고 여겨지는 사안을 크게 부풀려 불경 사건으로 몰아갔다는 것이다. 실제로 나카지마 도쿠조에 대한 비판은 1902년 철학관 사건으로 비화되었다.[13] 문부성은 1899년부터 철학관에 중학교·사범학교의 교원면허를 부여할 수 있는 자격을 부여했는데, 3년의 과정을 수료한 최초의 학생 졸업시험이 1902년 10월에 실시되었다. 당시 강사였던 나카지마 도쿠조는 "동기動機는 선한데 행위가 악惡할 수 있는가"라는 시험문제를 출제하였다. 그런데 답안 가운데 나온 "동기가 선하면 왕을 살해弑虐할 수 있는가"라는 문장이 문제가 되었다. 문부성은 이를 국체상 간과할 수 없는 사안이라고 판단했고 나카지마 도쿠조의 교수 방법을 문제 삼았다. 그 결과 같은 해 12월 철학관의 면허 수여 자격이 박탈되었고 나카지마 도쿠조는 강사직을 사임하였다. 이 사건은 신문이나 잡지 등을 통해 학문의 자유나 사학私學의 독립성에 대한 논쟁을 불러일으켰고, 학자들

---

11. 『富士新聞』1901年 2月 1日;『教育時論』第560號, 1901年 2月 15日;『日本』1901年 2月 22日; 『太陽』第7卷第2號, 1901年 3月 5日; 小股憲明, 앞의 논문, 1990, 146~147쪽.
12. 小股憲明, 앞의 논문, 147쪽.
13. '哲學館事件', https://ja.wikipedia.org/wiki/ 2016년 12월 15일 인출.

사이에서도 윤리학설을 둘러싼 논의가 전개되었다.

이처럼 1900년 전후에 교육칙어의 개정 및 폐지에 관한 의견이나 그와 관련된 인물들은 한학자나 극단적 보수주의자들의 지속적인 경계의 대상이 되었다. 새로운 의견은 천황이나 교육칙어에 대한 부정이 아니라 일본의 세계적 위상 변화에 따른 도덕적 질서의 방법적 재편을 의미했지만, 정부나 일부 국수주의자들은 이를 불경으로 몰아 논의 자체를 불가능하게 만드는 분위기를 조성했던 것이다.

2. 대만판 교육칙어 제정의 구상

일본에서 교육칙어의 개정 및 철회 등을 둘러싼 논의가 진행되는 가운데, 당시 식민지였던 대만과 조선에서도 교육칙어를 어떻게 보급할 것인가를 둘러싼 논의가 행정 관료 및 지식인들 사이에서 이루어졌다. 식민지에서 교화 이념의 구축은 일본 식민정책의 성패를 가늠하는 중요한 사안이었다. 이를 위해 식민 관료 및 지식인들은 일본어 보급이나 수신 교과서의 편찬, 그리고 유교주의에 근거한 교육령 제정 등의 우회적 방법을 통해 일본 도덕, 즉 교육칙어의 타당성과 효용성을 설파하고자 하는 한편, 직접적으로는 교육칙어의 내용을 식민지 상황에 맞게 수정하거나 전달 방법을 기획하기도 했다.

1910년대 대만에서는 대만인의 교화 이념으로 교육칙어가 왜 필요하며, 어떤 내용으로 구성되어야 하고, 어떻게 전달해야 하는가에 대한 논의가 이루어졌다. 이 가운데 실제의 정책으로 실현되지는 못했지만 대만인 향신층이 제안했던 칙어선강회勅語宣講會의 구상은 이를 제안한 측의 의도와 식민지 당국의 의도가 미묘하게 어긋나는 부분을 파악할 수 있다는 점에서 주목할 필요가 있다. 이에 관련된 자료로는 구마모토 문서限本文書 가운데 선강회에 관한 서류철이 있다.

① 다카다 민정장관대래가 우치다 민정장관에서 제출한 내보안
(1912년 1월 25일)

② 가메야마 경찰본서장이 우치다 민정장관에게 제출한 내보안
(1912년 1월 22일)

③ 이시베 데이가 사쿠마 총독에게 제출한 건백서(1911년 12월 10일)

④ 황옥계 외 13명의 인물 각서

⑤ 황옥계 외 13명이 사쿠마 총독에게 제출한 품청(1911년 12월)

⑥ '선강의 기원 연혁 및 상황'에 관한 설명서[14]

선강이란 청나라 시대에 지방관을 중심으로 행했던 민중교화의 방식으로 그 내용은 주로 황제의 조칙을 해석하는 것으로 이루어졌다. 그런데 신해혁명辛亥革命으로 각 성들이 연이어 독립을 선언하던 1911년 12월에 황옥계黃玉階를 비롯한 대만인 13명이 교육칙어 및 무신조서를 포함한 선강회를 개최한다는 의견을 총독에게 건의했던 것이다.[15]

황옥계 등의 품청: 종래의 선강용 책들 중에서 오늘날 적당한 것을 골라 덕을 심고 화化를 실시하는 것은 성명聖明의 다스림에 부합한다.

이시베石部의 건백문: 선강의 목적은 우리 국체의 존엄과 황덕의 무궁을 알리는 것…….[16]

---

14. 駒込武, 앞의 책, 155쪽.
15. 위의 책.

여기서 황옥계 등이 제시한 "덕을 심고 화化를 실시하는 것은 성명聖明의 다스림에 부합한다"는 것과 이시베가 말한 "우리 국체의 존엄과 황덕의 무궁을 알리는 것"을 같은 의미로 파악할 수 있을까? 선강의 목적에 대해 대만인들은 정말로 교육칙어의 취지를 보급하려 한 것인가? 아니면 교육칙어나 식민지 당국의 힘을 빌려 신해혁명 이후의 혼란스러운 대내적 민심을 교화시키려 한 것인가? 이에 관해 분명히 파악하는 것은 쉽지 않지만, 대만인 스스로가 선강회를 신청했음에도 불구하고 실제로 총독부의 후원 아래 추진된 칙어선강회가 없었다는 점을 감안한다면 식민지 당국도 선강회를 통한 교육칙어 취지의 보급이 효과적이라고 판단했던 것 같지는 않다.[17]

이런 상황에서 더욱 적극적인 교육칙어 보급의 방법으로 등장한 것이 대만판 교육칙어의 제정이었다. 즉 기존의 칙어를 대만인에게 적절히 설명하는 것이 곤란하다면 대만인에게 적합한 새로운 교육칙어를 만들자는 것이었다.[18]

천황 폐하의 등극을 맞이하여 다행히 대만 교육에 관한 칙유 또는 천황의 말씀을 하사받을 수 있다면, 도민은 더욱더 두터운 성지에 감격할 것이며 교육칙어와 함께 그 빛을 비추어 민심을 새롭게 교화하는 효과가 더욱 현저해질 것이다.[19]

대만판 교육칙어의 제정이나 발포를 위한 준비는 단계적으로 이루어졌다. 현재 남겨진 칙어초안에 관한 자료를 통해 보면 실제로 대만

---

16. 위의 책, 156쪽.
17. 위의 책 참조.
18. 위의 책, 158쪽.
19. 위의 책, 160쪽.

판 교육칙어 제정을 위한 초안 작성과 작성 기준 및 내용의 검토 등이 이루어진 것으로 보인다. 칙어초안에 관한 자료를 보면 다음과 같다.

① 교육칙지教育勅旨 초안을 예상함
② 경의교육칙유 초안敬擬教育勅諭 草按
③ 극비 경의교육칙유 초안
④ (秘)제국 신영토 민중에게 하사할 경우 교육칙어 내용 사항 사안私按[20]

그런데 대만총독부의 학무부장, 대만총독, 일본 총리대신이 관여했던 대만판 교육칙어의 제정·발포는 실현되지 못했다. 이는 교육칙어 보급을 둘러싼 논의 과정에서 나타났던 논리적 모순과 제기된 방안의 실현 불가능성 때문이었다. 즉, 식민지에서의 교화 이념으로 교육칙어를 적용해야 한다는 점이 기정사실화된다면 칙어가 가진 권위를 손상시키지 않으면서 칙어가 가진 보편성을 드러낼 필요가 있었다. 그러나 이러한 목적이 합리적 논의 과정을 통해 달성될 수 있었을까? 당시 식민지 관료나 지식인들은 칙어가 논의의 대상이 되면 될수록 한편으로는 그것이 가진 권위나 보편성의 측면이 강조되겠지만, 다른 한편으로는 그것이 의심받는 결과도 초래할 것이라는 점을 잘 알고 있었다. 이에 교육칙어를 신성불가침의 영역으로 삼음과 동시에 당연히 따라야 할 이념으로 남겨 둘 필요가 있었다. 다시 말하면 애초부터 논쟁의 여지를 없애는 방침을 취했던 것이다.

---

20 .위의 책, 161쪽.

3. 이노우에 데쓰지로의 교육칙어 수정 의견

1919년 『교육신문』 제60호에는 식민지 교육을 둘러싼 교육칙어 개정에 관한 의견이 실렸다. 그 내용은 〈표 7-1〉과 같다.

〈표 7-1〉 『교육신문』에 게재된 교육칙어에 관한 의견

저자	생몰 연도	직책	제목
사토 다다시 (佐藤正)	1849~1920	주간	신일본의 대상과 교육 방침
이노우에 데쓰지로 (井上哲次郎)	1856~1944	문학박사	교육칙어에 수정을 가하자
와타리 쇼자부로 (亘理章三郎)	1873~1946	도쿄고등사범학교 교수	본질의 문제가 아닌 과정의 문제
구보타 하루스케 (窪田治輔)	1886~불명	문부성 서기관	문제는 방법난(方法難)
미쓰쿠리 겐바치 (箕作元八)	1862~1919	도쿄제국대학문과대학 교수, 문학박사	진중한 태도를 요한다

이 가운데 이노우에 데쓰지로는 1919년 당시 조선의 상황을 언급하며 교육칙어 수정의 필요성을 언급했다. 그는 "메이지 천황에게서 하사된 교육칙어의 몇 군데는 도저히 조선민족에게 이해될 수 없다"라는 내용을 전하며 "물론 전체로서 그 취지나 모양새는 훌륭한 것이다"라는 단서를 붙이는 것도 잊지 않았다.[21]

> 예를 들면 '선조의 유풍'이나 '선조를 받든다'는 말은 민족을 달리한 조선인에게는 이해하기 어려운 부분이다. 고로 어떤 다른 방법을 써서라도 조선민족을 교육해야 한다. …… 조선민족을 민족적으로 동화시켜야 한다. 일본의 국민성이나 국법을 이해하도록 순연純然한 일본인으로 만들어야 한다. …… 인종적으로 민족적으로 동화한다면 물론 현재의 교

---

21. 佐藤秀夫 編, 앞의 책, 414쪽.

육칙어를 가지고 교육하는 것도 유의미하다. 그러나…… 민족적으로 조금도 동화하지 않고 조선·대만 등에서 현재의 교육칙어를 축으로 교육하는 것은 무순無盾된 결과를 만드는 것이다. …… 종래의 교육칙어로 신부新附의 민족 조선·대만 등을 교육하는 것은 잘못이다. …… 새로운 교육칙어를 이들 민족에게 내린다면 그들은 알지 못하는 가운데 일본의 국체를, 국민성을 이해하고 언젠가는 민족적으로 동화할 것이다.[22]

이노우에 데쓰지로는 1890년의 교육칙어를 그대로 조선이나 대만의 식민지에 보급시키는 것이 아무런 교육상의 효과도 가져오지 못한다는 점을 제시하며 새로운 교육칙어의 필요성을 역설했다. 특히 조선에서 일어난 3·1독립운동은 10여 년 동안의 식민지 정책이 조선인들에게 수용되기는커녕 오히려 저항의 대상이 되었고, 이런 상황에서 일본인의 논리가 식민지에서 받아들여지지 않고 있다는 점을 이노우에 데쓰지로는 잘 알고 있었다. 물론 그의 이러한 견해가 갑자기 나타난 것은 아니었다. 이노우에 데쓰지로는 3·1운동 이전 단계부터 메이지 천황의 죽음, 민주주의의 풍조, 러시아 혁명 등의 충격 등으로 인한 사회 변화에 대응하기 위해 왕도王道를 핵심 개념으로 한 인정주의仁政主義=민본주의民本主義=인도주의人道主義라는 논리로 천황제의 고유성과 보편성을 변증하는 왕도적 국체론을 제창하고 있었다.[23] 이러한 이노우에 데쓰지로의 논리는 천황의 권위 자체를 부정한 것이 아니었다. 그가 강조한 것은 천황의 존귀함이나 권위가 당위적으로 주어진 것이 아니라 인정仁政의 결과였다는 점을 강조하려는 것이었다. 즉, "천황제 교설을 재해석함으로써 일정한 보편성을 갖추려는 시도"였다.[24]

22. 井上哲次郎, 「教育勅語に修正を加へよ」, 『續·現代史資料8』, みすず書房, 1994, 414~416쪽.
23. 森川輝紀, 『近代天皇制と教育』, 梓出版社, 1987, 240쪽; 駒込武, 앞의 책, 198~208쪽.
24. 駒込武, 앞의 책, 202쪽.

이러한 논리의 연장선상에서 이노우에 데쓰지로가 제시한 교육칙어에 대한 수정 의견은 1890년에 발포된 교육칙어를 개정하는 것이 아니라 그것은 그대로 두고 "몇 개의 자구를 적합하게 바꾼 새로운 교육칙어"를 조선에 발포한다는 것을 의미했다.[25] 즉, 이노우에 데쓰지로의 교육칙어 수정 의견은 무신조서, 국민정신작흥에 관한 조서, 청소년학도에 내리는 칙어青少年學徒ニ賜ハリタル勅語, 1939년와 마찬가지로 "새로운 사태나 상황의 변화에 따라 필요한 칙어가 완전히 새롭게 발포된 경우"[26]에 속하는 것이었다.

이러한 이노우에 데쓰지로의 의견에 대한 평가는 찬반양론에 신중론까지 다양했다. 사토 다다시는 "다민족 상황에 적합한 국가로 재편성해야 한다"고 하면서 "(교육칙어의) 개폐개정改廢改訂을 인정하지 않는 자는 오히려 일본을 사랑하지 않는 반역자"라고 강변했다. 하지만 구보타 하루스케는 "교육칙어의 취지를 혈통과 혈족의 관점에서 해석"하면서 "교육을 통해 피까지 동화시킬 수 없는 이상 교육에 신중해야 한다고 하면서 교육칙어 수정은 가볍게 해서는 안 된다"는 신중한 입장을 피력했다.[27] 이러한 다양한 논의에도 불구하고 이노우에 데쓰지로는 불경이라는 지탄을 받았고 결과적으로 자신의 논리를 철회하지 않을 수 없었다. 이노우에 데쓰지로가 주장했던 것은 교육칙어의 철회나 천황에 대한 비판이 아니라 국체론을 재해석해 당시 사회 변화에 맞는 보편성을 갖추려는 것이었다. 그러나 이러한 시도는 일본의 고유성이나 특수성을 주장하는 보수파나 극단적 국가주의 집단의 논리에 따라 비판의 대상이 될 수밖에 없었다.

---

25. 위의 책, 201쪽.
26. 小股憲明, 앞의 논문, 1989, 94쪽.
27. 佐藤正, 「新日本の對象と教育方針」, 『續·現代史資料8 教育1』, みすず書房, 1994, 413~414
　　쪽; 駒込武, 앞의 책, 201~205쪽.

결국 식민지 조선이나 대만에서 추진되었던 교육칙어 보급을 위한
다양한 논의는 식민지의 상황에 맞는 이론적 틀을 갖추지 못한 채 교
육칙어를 당연히 받들어야 하는 대상으로 만들어 그 이념과 내용을
강제하는 것으로 정리되었다. 이는 고마고메 다케시가 지적했듯이 식
민지에서 교육칙어의 보급이 애매하고 공허할 수밖에 없었던 이유가
되기도 했다.

Ⅲ. 교육칙어 수정 불가의 논리

교육칙어 및 천황의 위상이 절대적 권위를 가진 것으로 인식되었던 배경에는 교육칙어의 철저한 보급 과정을 통한 천황의 권위 확립과 이를 위한 사상 통제라는 과정이 존재하고 있었다. 이는 교육칙어에 대한 수정 의견이 다루어지는 방식과 닮아 있다. 수정 의견을 제시한 이유가 무엇인가에 대한 합리적 논의는 이루어지지 않았다. 문제 제기 자체를 차단함으로써 정상적인 논의를 불가능하게 만들었던 상황이 1900년대 이후 일본 사회를 지배하고 있었다. 교육칙어 수정 의견 자체를 차단해 가는 과정에는 어떤 논리가 숨어 있었을까? 그리고 그것이 우리에게 주는 의미는 무엇일까?

우선 보수파가 교육칙어의 수정에 관한 논의를 불경으로 몰아간 이유에 관해 정리해 보자. 교육칙어 수정 의견이 교육칙어나 천황의 존재 자체를 부정하는 것이 아니었음에도 불구하고 거기에 가담했던 정치 관료나 지식인들은 불경이라는 논리 아래서 자신의 주장을 철회하거나 사회적으로 매장당하는 사태에 직면했다. 이는 일본의 세계화에 따른 보수파의 위기의식에 기인한 것이었다고 볼 수 있다. 당시 일본 국내외의 정치·사회·경제적 상황 변화에 따라 지식인들 사이에서는 교육칙어와 천황의 위상에 관해 다양한 논의가 전개되었다. 이는 일본이 대일본제국헌법을 통해 서구 세계에 입헌주의를 표방한 상황 속에서 천황이나 교육칙어가 헌법을 초월해 존재할 수 있는가의 문제와 관련된 것이었고, 국민통합 이데올로기가 가진 모순적 속성에 근거하는 것이었다. 따라서 세계 여러 나라와 어깨를 나란히 하기 위해 정치 관료나 지식인들은 스스로가 납득할 수 있는 합리적이고 타당한 근거를 모색해야 했다.

그러나 내적 모순이란 존재 그 자체를 문제시하지 않는 한 해결 불가능한 것이었고, 이러한 상황에 위기감을 느낀 보수파 및 극단적 국가주의자들은 논의의 대상으로 삼는 것 자체를 불경이라 보고 사회적 비판의 대상으로 몰고 갔던 것이다. 아무리 정당성을 확보하기 위한 것이라 할지라도 일단 논의의 대상이 되면 논란거리가 된다는 점을 경험적으로 알고 있었던 보수파나 국수주의자들은 교육칙어나 천황이라는 존재의 절대 불가침성을 부각시키면서 논의 자체를 근원에서부터 차단시키는 전략을 선택했던 것이다. 이는 논란을 미연에 방지하기 위한 조치였다. 이러한 과정을 거쳐 교육칙어는 만세일계의 천황이 내린 가르침으로서 일본인의 마음속에 절대 불가침의 사회규범으로 존재할 수 있었던 것이다.

다음으로 일본에서 교육칙어의 개정·보완·철회 및 재해석에 관해 수정 의견이 제출되었다는 것은 교육칙어가 만들어진 이데올로기였다는 점에 주목할 필요가 있다. 1890년 발포된 교육칙어는 일본에서 뿐 아니라 식민지 교육 정책을 수행하는 데 있어서도 민심 통합을 위한 이데올로기로서 절대적 권위를 가지고 있었다. 그러나 교육칙어의 발생과 보급, 그리고 정착의 과정을 보면 교육칙어의 권위는 '있었던 것'이 아니라 다양한 집단 및 개인 간의 논쟁 과정을 통해 마땅히 지켜야 할 학교교육의 원리 혹은 사회규범으로 '만들어진 것'이었다. 즉, 교육칙어는 그것이 발포된 이후 절대 불가침의 존재로 확정되기까지 개정·보완·철회 및 재해석 등의 요구에 직면했었고, 그것의 권위에 대한 문제 제기를 불경이라는 이름으로 사회에서 퇴출시킴으로써 천황제 이데올로기를 지탱하는 절대 불가침의 교육 원리로 남을 수 있었다.

이러한 논의가 합리적으로 전개되었는가는 제쳐 두고, 그 과정은 메이지 정부의 관료 및 지식인들이 당시 일본이 처한 국내외적 상황에 맞는 국민통합 이데올로기를 구축하려는 노력의 산물이었다. 일본이 1889년 대일본제국헌법과 1890년 교육칙어의 발포로 근대국가로서의 사회·정치적 통합 장치를 구축하기 위한 기반을 만들기는 했지만, 1900년을 전후한 시기에 일본의 국제적 위상은 높아졌고 당시의 정치 관료와 지식인들은 그 이전과는 다른 사회·정치적 통합 이데올로기의 구축을 요구받았다. 이에 1890년 이전에 일본이 처해 있던 상황을 바탕으로 만들어진 교육칙어가 일본의 국내외적 위상 변화에 맞는 사회 질서의 규범으로 새로이 정립되어야 할 대상이 되었다. 사이온지 긴모치나 이노우에 데쓰지로가 교육칙어의 개정이나 새로운 칙어의 발포를 제안했던 것은 교육칙어의 부정이나 비판이 아니라 '세계'라는 안목으로 일본의 상황을 재구축하려는 시도였다.

앞에서도 언급했듯이 사이온지 긴모치가 도덕의 본지本旨는 옛날이나 지금이나 변하지 않지만 도덕의 형식은 시대에 따라 변해야 한다고 한 것이나 새로운 사회에 대응해야 할 신도덕新道德과 "인민 모두가 평등한 관계에서 서로 존경하고…… 타인과 생존토록 할 것"이라고 말했던 것은 그가 일본 도덕의 근본을 부정한 것이 아니라 도덕의 근본을 더욱 확고히 하기 위한 방법을 제안한 것이라고 보아야 할 것이다. 이런 의미에서 사이온지 긴모치가 언급한 제2의 교육칙어는 일본이라는 국가의 안위를 위한 것이었다. 그러나 보수파에게 이러한 주장이나 이를 주장한 이들은 비일본주의자, 국적國賊, 매국노의 행태로 간주되었고, 사이온지 긴모치의 세계주의는 국가주의의 다른 표현이었음에도 불구하고 보수파의 공격 대상이 되었던 것이다.

결국 교육칙어 수정을 제시했던 입장이나 이를 불경으로 몰아 사회
지탄의 대상으로 만들었던 보수파의 입장은 모두 일본의 위상을 확고
히 하기 위한 국가주의적 입장의 발로였다고 할 수 있다. 그러나 그 내
실을 무엇으로 삼을 것인가에 대해서는 서로 다른 방향을 향하고 있
었다. 전자가 세계 속의 일본을 생각하며 일본만의 사회규범이 아닌
세계에도 통용될 수 있는 이데올로기 구축을 시도했다고 한다면, 후
자는 '일본적인 것'에 집착해 '세계'와 거리 두기를 시도했다고 볼 수
있다. 결국 후자의 논리가 생명력을 얻으며 일본의 근대는 천황을 중
심으로 하는 군국주의의 길로 나아갔고, 전쟁과 패망의 길로 들어서
게 되었다.

교육칙어가 천황제 군국주의를 지탱하는 사회규범 혹은 이데올로기
적 장치로 되는 과정을 통해 우리는 일본 보수파의 논리가 어떤 경로
를 거쳐 자신의 정당성을 획득해 갔는지를 알 수 있었다. 이런 논리는
식민지 시기 조선에도 그대로 적용되었고 교육칙어는 당위적 규범으
로서 학교교육을 통해 조선인에게 강요되었다. 여기서 우리는 근대 일
본의 정치 관료 및 지식인들이 다양한 스펙트럼을 가진 국가주의자로
서 각자의 역할을 담당하고 있었지만, 국민의 안위를 염두에 두지 않
는 국가주의가 얼마나 위험한 것인가를 분명히 인식할 필요가 있다.

맺음말

메이지 유신 이후 근대 일본이 가졌던 트라우마 가운데 하나는 서구의 제도와 문물을 받아들여 서구처럼 되어야 한다는 의식이었다. 자신이 서구의 일원이 될 수 있다는 기대를 걸고 일본은 서구와 같은 근대화를 달성하기 위해 분주했다. 1870년대 메이지 정부는 서구식 제도와 문화를 도입하는 데 열중했으며 학생들은 기독교 학교를 통해 영어를 배워 사회에서 보다 나은 지위를 획득하려 노력했다. 개화 지식인들은 유학이나 번역 등을 통해 서구의 교육사상이나 교수법을 받아들였다.

그러나 서구와 같은 근대를 성취해야 한다는 열망의 이면에 어쩌면 그들은 서구와 같이 될 수 없다는 불안을 가지고 있었던 것을 아닐까? 1880년대 이후 기독교나 서양의 것들에 대한 공포나 반감을 조장하면서 유교적 질서나 천황을 중심으로 하는 '일본적인 것'을 강화시켜 나갔던 배경에 이런 의식이 자리했던 것을 아닐까? 이러한 집단의식의 이중성이 표면적으로는 서구식 근대화를 성취하기 위한 제도개혁을 추진하면서 내용적·정신적으로는 천황제교육 이데올로기를 강화시키는 노선을 선택하게 만든 것은 아닐까?

근대교육의 전개 과정에서 서구적 근대 지향과 일본적 유교 지향의 노선은 진보와 보수, 지육 중심의 교육과 덕육 중심의 교육이 대립·갈등하는 논쟁의 양상으로 나타났고, 결국 후자의 의식이 생명력을 얻어 일본 근대교육의 성격을 규정하는 표상으로 등장하게 되었다. 그러나 그 과정은 단순하지 않았다. 서구적인 것을 적극적으로 받아들여야 한다는 입장과 일본적인 것을 존중해야 한다는 입장 사이의 정치적 투쟁이 존재했고, 서구적인 것을 일본적인 것으로 수용하는 방법에서도 다양한 스펙트럼이 존재했다. 그리고 이들 의견이 하나의 통일된 모습으로 귀결되어 가는 과정을 이 책에서는 교육칙어 체제가 구축되어 가는 과정이라고 결론지었다.

이 책에서는 1872년 '학제' 발포에서 시작해 1879년의 교육령 제정, 1880년의 교육령 개정, 1886년의 학교령 공포, 그리고 1880년대 전개되었던 덕육 논쟁과 1890년 교육칙어 발포로 이어지는 일본의 근대교육이 결국은 천황을 정점으로 하는 군국주의로 향하고 있었음을 분명히 했다. 이러한 교육칙어의 체제가 구축되는 과정에 대한 탐구를 통해 우리는 지배층의 이데올로기가 어떤 방법으로 다양한 사상을 통제해 나갔으며, 이 과정에서 지식인이 어떻게 활용 혹은 배제되었는지를 파악할 수 있었다. 더불어 지식인의 역할이 무엇인지를 반성적으로 고찰할 수 있는 계기를 제공해 주기도 했다.

논쟁은 이성적이고 합리적인 논의의 과정을 전제로 한다. 다양한 의견이 개진될 수 있는 여건 혹은 환경이 존재한다는 것은 그 사회나 국가가 그만큼 민주적으로 운영된다는 표시라고 평가할 수 있다. 그러나 일본 근대교육의 전개 과정에서 나타났던 논쟁이 과연 민주적이고 합리적인 과정을 통해 바람직한 방향으로 전개되었는가는 단언하기 어렵다. 왜냐하면 논쟁의 과정에서 사회나 국가를 구성하는 다양한 집단의 의견이 고루 개진된 것이 아니라 기득권층의 의견만이 당시의 사회 및 국가제도·정책의 형성에 영향을 끼쳤기 때문이다. 이는 국민의 현실적 요구가 사회와 국가의 운영에 제대로 반영되지 않았다는 것을 의미하며, 그 사회나 국가가 국민을 위한 사회와 국가가 아니었음을 말해 주는 것이기도 하다.

일본 근대교육의 역사가 우리에게 주는 교훈은 그것이 비록 논쟁의 모습을 띠고 있다고 할지라도 국민이 배제된 논쟁이 내포한 허구성이며, 더욱이 그러한 논쟁이 이데올로기 공작이나 여론 조작의 성격을 띠는 데까지 나아갔을 때 초래할 수 있는 역사적 결말이다. 다양한 의견이 개진될 수 있는 구조를 갖지 못한 사회나 국가, 그리고 논의 자체를 개진할 수 없도록 만드는 사회나 국가의 생명력은 지속되기 어렵다는 점을 일본 근대교육의 역사는 말해 준다.

보론 1
메이지 시기 일본의 여자교육

I. 근대적 여자교육의 시작

1872년 도쿄東京, 오사카大阪 사이에 전신이 개통되었고 신바시新橋와 요코하마橫浜 사이에는 철도가 개통되었다. 긴자金座 부근에는 가스등이 휘황했고, 빨간 벽돌로 만들어진 2층 양옥 점포가 즐비했으며, 존마게 머리 대신에 개화머리가 거리를 활보하는 모습.[1]

1868년 메이지 유신을 통해 부국강병과 식산흥업을 꾀하려 했던 일본 정부는 서구 문명을 적극적으로 수용하는 정책을 전개했다. 중앙과 지방의 행정제도를 개혁하고 지조地租를 개정했으며, 징병령과 태양력을 시행했고 철도·전신·우편 등의 교통·통신 제도를 새로이 만들었다. 가스등과 빨간 벽돌로 지은 서양식 건물이 도시 곳곳에 세워졌고 정부는 전통적 머리모양을 신식으로 고칠 것을 장려했으며, 우유를 마시고 육류를 먹으며 양복을 입는 것이 문명개화의 상징이 되었다.

신바시 역(1872년)　　　　　가스등(1879년)

문명개화의 상징

---

1. 鈴木博雄, 앞의 책, 130쪽.

이러한 가운데 메이지 정부는 1872년 '학
제'를 발포했다. 여기에는 근대국가로서 일
본이 추구해야 할 근대적 교육 이념과 더불
어 전국의 교육을 어떻게 운영해야 하는지
에 대한 구체적 교육 정책이 제시되어 있었
다. 비록 교육비를 교육을 받는 자가 지불해
야 한다는 원칙이 제시되기는 했지만 "모든
국민의 자녀가 취학해야 한다"는 국민개학國
民皆學의 원칙은 서양 모델의 근대적인 국민

이와쿠라 도모미의 단발

교육제도를 본받은 것으로 의무교육의 이념을 분명히 한 것이었다. 이
를 위해 학문과 교육에서 나타났던 신분상의 불평등을 시정하기 위
해 인민의 범주에 부녀자를 강조한 취학 장려 방침이 강조되었다.

> 이번 문부성에서 학제를 정하고 교칙을 개정해 포고하기에 이름에
> 따라 금후 일반 인민(화족·사족·농공상 및 부녀자)은 반드시 읍에 불학의
> 집 없고 집안에 불학의 사람 없도록 부형은 그 뜻을 잘 인식하고 사랑
> 과 정으로 자제를 반드시 배움에 종사시키도록……[2]

이러한 방침에 따라 여자도 남자와 같이 소학교에 입학해 공부할
수 있는 길이 열리게 되었다. 그러나 메이지 유신 이전부터 뿌리박혀
있던 여성 멸시의 사상이 일시에 없어진 것은 아니었다. 〈표 1〉에서 보
는 바와 같이 1875년 여자의 취학은 학령아동 100명 가운데 19명 정
도에 불과했으며, 1887년이 되어도 여자 취학률은 남자의 3분의 1 정
도였다.

---

2. 總合女性史研究會 編, 『史料にみる日本女性のあゆみ』, 吉川弘文館, 2000, 134쪽.

	취학률(%)			출석률 (%)	통학률 (%)
	남	여	평균		
1875년(明8)	50.80	18.72	35.43	·	·
1880년(明13)	58.72	21.91	41.06		
1885년(明18)	65.80	32.07	49.62	·	·
1890년(明23)	65.14	31.13	48.93	72.60	31.24
1895년(明28)	75.65	43.87	61.24	80.32	39.95
1900년(明33)	90.55	71.90	81.67	84.61	59.15
1905년(明38)	97.72	93.34	95.62	90.94	72.22
1910년(明43)	98.83	97.38	98.14	92.59	85.43
1915년(大4)	98.93	97.96	98.47	93.89	90.98

출처: '學齡兒童數および就學兒童數', http://www.mext.go.jp/b_menu/ hakusho/html/others/ detail/1318190.htm를 바탕으로 정리.

이처럼 여자의 취학률이 저조한 이유 가운데 하나는 학교에서 배우는 내용이 실용성이 없다는 것이었다. 당시 서양 문명을 적극적으로 받아들이려 했던 메이지 정부는 소학교 교과서로 번역서를 사용하는 등 지식 위주의 교육을 시행했다. 이에 대해 학부형들은 "자신의 딸이 유럽 지리에 정통해 무엇에 쓰는가", "산술과 독서가 가능해도 의복 하나 꿰매지 못하거나 결혼해서 일가를 이루는 기술에 도움이 되지 않는다면 학교에 보낼 필요가 없다"는 등의 인식을 가지고 있었다. 심지어 "여자에게 교육은 없는 것이 더 좋다"는 전통적 인식이 여전히 남아 있었다.

메이지 초기의 이러한 인식을 변화하게 만든 것이 미국과 영국에서 파견된 선교사의 교육 활동이었다. 〈표 2〉는 메이지 초기에 설립된 기독교계 학교 수를 나타낸 것인데, 이 가운데 여학교가 반을 차지하고 있었다.

1870년 쓰키지A여학교築地A八番女學校, Presbyterian Mission Female Seminary, 1871년 훼리스여학원フェリス女學院, 1873년 쓰키지B여학교築地B

<표 2> 메이지 초기 기독교계 학교 수

설립 연도	학교 수(여학교 수)
1863	1
1870~1875	13(8)
1876~1880	14(9)
1881~1885	13(7)
1886~1890	36(24)
1891~1895	8(4)

( )은 전체 학교 수 가운데 여학교 수.
阿部義宗 編, 앞의 책, 65~67쪽, 119~122쪽을 바탕으로 정리.

六番女學校, The Girls Boarding School, 1874년 여자소학교女子小學校, 이후 靑山學院, 1875년 키더Mary Eddy Kidder, 1834~1910의 훼리스 세미너리フェリス·セミナリー, 여자기숙학교女子の寄宿學校, 이후 神戶女學院, 1879년 가쓰이여학교活水女學校, 1882년 이아이여학교遺愛女學校 등은 모두 선교사가 설립한 여자 학교였다. 이들 학교는 개인의 주택을 교사校舍로 사용하는 등 작은 규모로 출발하는 경우가 많았다. 몇 명의 여학생에게 영어를 가르치는 것으로 시작된 이들 학교는 신의 가르침을 기본으로 하면서도 남녀평등, 일부일처, 금주, 간음죄 등 서구의 새로운 인간관을 전파하는 데 큰 역할을 하였다. 부모들이 옛 여성관에 얽매여 자유로운 생각을 하지 못했을 때 젊은 여성들은 새로운 시대의 공기를 자유롭게 받아들이며, 자신의 삶을 개척할 준비를 하고 있었던 것이다.

한편 문명개화가 시대의 유행이었지만, 영어가 아닌 한문에 중점

아토미여학교　　　　　가쓰이여학교　　　　　이아이여학교

메이지 초기의 여학교

을 두며 전통적 교육을 지향하는 여학교도 있었다. 1875년에 아토미 가케이跡見花蹊, 1840~1926가 세운 사립아토미학교私立跡見學校는 여성에게 어울리는 교육을 하는 장소로 알려졌으며, 명망 있는 가정의 자녀가 주로 입학하였다.[3] 이 학교에서는 12~13세의 학생에게 논어論語나 좌전左傳을 가르쳤고 음악이나 회화 등의 예능을 중시했다. 이와 함께 국어, 한학, 화가和歌, 산술, 습자, 재봉, 삽화, 점차点茶, 회화, 금곡琴曲 등의 교과목을 통해 상류사회의 여성이 갖추어야 할 교양교육을 실시했다.

> 여자는 우아하지 않으면 안 된다. 온화해야 한다. 그래서 애교는 여자의 미적 특성이다. 반면 위엄이 없으면 사람들에게 멸시받을 위험이 있다. 품격은 아름답고 맑은 마음의 표현으로, 마음의 아름다움이란 다양한 양질이 잘 조화되어 생기는 것이다. 한쪽만 편중해서는 완전한 아름다움은 불가능하다. 그런데 사람들은 하나의 장점이 있으면 그것을 자만해 장점만을 발달시키므로 결국 조화를 잃게 된다. 배우는 사람은 가정에서 소외되고, 미모의 사람은 미모에 빠져 학문을 게을리하고, 드디어 극장으로 흘러 파괴로 끝난다. 요컨대 미덕은 마음속에 있는 것이다.[4]

사립아토미학교는 당시 영어를 중시했던 관립여학교나 기독교계 학교였던 미션스쿨과는 완전히 다른 고전적인 교양주의에 근거한 품격 있는 실과 중심의 교육을 실시한다는 독자적인 방침을 가지고 있었다. 그 결과 소위 상류부인 양성소라는 인식이 강했는데 이 학교의 졸업생이 여배우가 되자 학교의 수치라고 하여 졸업생 명부에서 제명한

---

3. '明治期の跡見女學校', http://www.atomi.ac.jp/enkaku/ 2016년 12월 6일 인출.

사실은 이 학교의 계급의식이나 특권사상이 얼마나 강했는지를 짐작하게 해 준다.

당시 여자교육을 담당했던 이들 사립학교는 대부분이 근대적 서양식 건축 양식으로 의자와 걸상이 있는 교실과 강당, 식당 등을 갖추고 있었다.

여자교육이 선교사에 의한 미션스쿨, 혹은 일부 지도층에 의한 사립학교를 중심으로 진행되는 가운데 '학제'가 반포된 1872년 당시 도쿄에는 관립의 다케바시여학교竹橋女學校와 개척사여학교開拓使女學校가 설치되었고, 교

아토미 가케이

토에 부립신영학교府立新英學校와 여홍장女紅場이 설립되었다. 특히 관립의 다케바시여학교는 개교 당시 화족華族에서 평민에 이르는 7세 이상 15세 이하의 여자를 입학 대상으로 했으나, 1874년 학칙을 개정해 입학자격을 소학교 졸업 이상의 학력을 가진 14~17세의 여자로 고쳐 중등교육에 상당하는 기관으로서의 성격을 분명히 해 갔다. 교육 내용으로 심상소학교의 교과 이외에 "외국인과 대화함으로써 서로의 견문을 확대"할 수 있도록 영어가 중시되었고, 영어는 3명의 미국 여성이 직접 담당토록 했다.[5] 이후 도치기栃木, 시즈오카靜岡, 군토群島, 오키나와沖繩, 아이치愛知, 야마나시山梨, 기후岐阜 등의 지역에 공립여학교가 설치되었다.

이처럼 각지에 여학교가 설치되고 여학생 증가가 예고되는 상황에서 여교원이 필요하다는 인식도 증가했다. 당시 문부성 학감으로 와

---

4. 唐澤富太郎, 『女子學生の歷史』, 木耳社, 1979, 24~25쪽.
5. '明治初期の女子敎育', http://www.mext.go.jp/b_menu/hakusho/html/others/detail/1317595.htm/ 216년 12월 9일 인출.

있던 미국인 데이비드 머레이David Murray, 1830~1905는 여학교 설립안을 제출하며 여교원 양성의 필요성을 역설했다.

> 오늘날은 실로 여자로 하여금 교육에 침투하도록 하는 시기이다······ 구미 여러 나라에서 여자는 언제나 아동을 교수하는 가장 좋은 교사이다······ 일본에서도 역시 여자로 하여금 교육 진보를 꾀하는 것을······ 부녀로 하여금 가르침을 담당하도록 하려면 그들을 교육해야······.[6]

데이비드 머레이가 문부성 관료를 설득한 결과 1875년에 여자사범학교가 도쿄에 처음 설치되었고, 다음 해에 치바千葉, 아오모리青森, 고치高知, 야마나시山梨, 시마네島根, 가고시마鹿兒島, 도쿠시마德島, 기후岐阜, 아키타秋田 등에 공립여자사범학교가 설립되었다.[7] 도쿄여자사범학교는 1879년 3월에 제1회 졸업생을 배출했는데 입학 당시의 학생 수는 74명이었고 이 가운데 15명이 졸업할 수 있었다. 입학 초기 여자사범학교에 대한 일반인의 인식은 동정과 걱정, 그리고 비판이 뒤섞인 상태였다. 사범학교에 입학하는 여학생이 받는 인사는 "가엾게도 사범학교에 입학하다니", "어머니가 있는데 왜 사범학교에 입학하나", "아무리 가난해도 사범학교에는 보내지 않는다"라는 내용이었다. 당시 각 지역의 남자사범학교 학생은 그 지위가 아주 높아 세상 사람의 존경을 받았던 것과는 달리 "여자가 학교에 가는 것은 수치"이며 "못생겨서 결혼을 못하니까 학교에 들어간다"는 인식이 사회 일반에 널리 퍼져 있었다.

그러나 〈표 1〉에서 보는 바와 같이 여학생의 취학률이 상승함에 따

---

6. 唐澤富太郎, 앞의 책, 39쪽.
7. 鈴木博雄, 앞의 책, 214~215쪽.

라 일반인의 인식도 달라져 사범학교의 위상은 점차 높아졌다. 이후 여자사범학교는 정부의 보조도 있어 자타가 공인하는 최고 학부로서 여자교육계에 군림하게 된다. 1945년 이전 여자학교의 계통도를 보면 [그림 1]과 같다.[8]

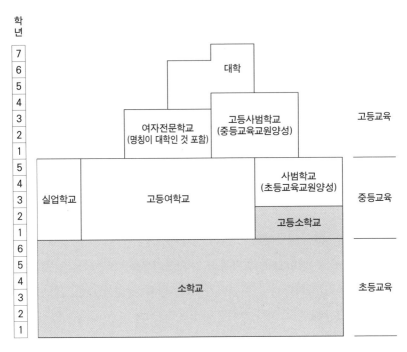

[그림 1] 1945년 이전 여자학교의 계통도

8. '女子教育', https://ja.wikipedia.org/wiki/ 2016년 12월 16일 인출.

Ⅱ. 서구화 시대의 여자교육

서구 열강의 대열에 합류하기 위해 메이지 정부가 추진한 위로부터의 근대화 정책은 다른 한편으로 아래로부터의 다양한 요구를 증대시키는 효과를 발휘했다. 1874년 민선의원설립건백서가 제출되면서 시작된 자유민권운동은 기존의 번벌藩閥 중심의 정치 운영을 비판하며 의회 개설, 지조 경감, 불평등조약 개정 등을 요구하는 정치적 운동의 성격에서 언론·집회의 자유 보장이나 국민의 기본적 인권보장을 요구하는 사회운동으로 확대되었고, 정부에 비판적 입장을 가졌던 다양한 집단이 참여하는 국민운동으로 전개되었다. 특히 이 운동에서 나타난 높은 학습열은 농촌의 구석구석까지 영향을 미쳤으며, 일본과 서구의 계몽서를 통해 학습운동·문화운동으로 발전했고, 전국 각지에 다수의 학습 결사를 조직하는 결과를 가져왔다.

가지에서 분다운겠던
자유민권운동을 풍자(1881년)

헌법 발포
(1889년)

이러한 움직임은 여권확장 운동에도 영향
을 주어 여성에 의한 여성해방운동이 일어
날 수 있는 계기로 작용했다. 기시다 도시코
岸田俊子, 1864~1901, 中島湘煙는 1884년 신문『자
유등自由燈』에 논설 '동포 자매에게 고함'이라
는 글을 발표해 당당히 남녀동권을 주장했
으며, 후쿠다 히데코福田英子, 1865~1927는 『첩
의 반생애妾の半生涯』(1901년)를 통해 가난한
사람과 여성에게 불행을 강요하는 일본 사회

후쿠다 히데코

의 실태를 비판하면서 여성의 해방과 일본 하층 사회 및 일반 민중의
해방을 역설하였다.

한편, 불평등조약 개정을 위해 일본이 문명국이라는 것을 과시해야
했던 메이지 정부는 외국의 내빈과 외교관을 접대하기 위한 사교장으
로 로쿠메이칸을 설립했다. 1883년 18만 엔이라는 거액을 들여 로쿠메
이칸이 낙성되자 여기서 매일 밤 무도회, 가장회 등이 화려하게 열렸
고 서구화에 들뜬 사람들이 이에 열광했다. 1885년『동경요코하마 매
일신문東京横浜毎日新聞』에 "귀부인 무도는 계속 성황인데 지금 학습원
및 여자사범학교 등의 학교에서는 학과 중에 무도 한 과목을 더하는
것에 관해 지금 협의 중이고, 또 어떤 지역에서는 부府 아래 하나의 무
도연습소를 건설하려고 계획하고 있다"는 보도가 나올 정도로 당시의
사회는 서구화에 들떠 있었다.

낙성 당시의 로쿠메이칸

로쿠메이칸 무도회

이러한 사회적 분위기를 소위 로쿠메이칸 시대라 부르기도 하는데, 이 시기 여학생 사이에는 '문화는 양장에서, 문명은 영어에서'라는 말이 유행하기도 했다. 남녀교제가 자유롭게 얘기되고 대학생과 여학생이 모여 영어로 연극을 했으며 크리스마스 축하회와 강당에서 무도회가 열렸다.

1887년에는 여자사범 학생의 복장이 양복으로 바뀌었다. 아래 그림은 도쿄여자사범학교가 설립된 이래 변화된 교복의 모습을 나타낸 것인데, 서구화 열풍이 일던 시대 이전과 이후의 확연한 차이를 알 수 있다.

유신기   로쿠메이칸 시대   국수주의 시대

도쿄여자사범학교의 교복 변천

이와 더불어 유행했던 것이 영어 열풍이었다. 1885년의 『동경요코하마 매일신문』에는 "영어를 하지 못하면 연회석 등에서 왕왕 불편을 겪게 되니 사쿠라이여학교櫻井女學校에 다녀 영어를 배우면 좋다"라는 보도가 실리기도 했다. 영어를 배우지 않으면 인간이 아닌 것으로 취급될 정도로 영어는 붐을 일으켰는데, 당시 사쿠라이여학교는 "시대의 조류를 탄 영어 지망자로 각 교실은 만원"이었고 "학생은 14~15세 소녀부터 40세 전후의 부인까지 다양했다." 심지어는 금요일을 일본어사용 금지의 날로 정해 잉글리시 데이라고 부르기도 했으며, 이때 한마디라도 일본어를 사용하면 한 번에 1전씩 벌금을 내는 규정이 생기기도 했다.

서구화 열풍과 더불어 이와모토 요시하루嚴本善治, 1863~1942를 중심으로 잡지 『여학신지女學新誌』가 창간되어 전국의 여학생 사이에서 큰 유행을 불러일으켰다. 이 잡지는 여성들이 서양풍의 근대교육에 열광하던 시기, 즉 여학열女學熱이 불타오르기 시작한 시기에 맞추어 많은 독자를 획득했고 전국 여학생의 인기를 모았다.

그런데 아래로부터의 근대화가 내포하고 있던 민중의 평등과 자유는 위로부터의 근대화를 서둘러야 하는 메이지 정부의 입장에서 보면 통제해야 할 대상이었다. 사적 영역에서의 자유로운 의사소통과 여권의식의 신장은 안정된 공적 영역의 유지를 위해 권장되어야 할 내용은 아니었다. 1879년 9월 공포된 교육령은 미국의 자유주의적이고 지방분권적인 교육제도를 모방한 것이었지만 여성교육에 대해서는 남녀의 구분을 더욱 분명히 하는 방향으로 나아갔다.

제3조 소학교는 보통의 교육을 아동에게 가르치는 곳으로 그 학과를 독서, 습자, 산술, 지리, 역사, 수신 등의 초보로 한다. (중략) 특히 여자를 위해서는 재봉 과목을 설치한다.

제42조 무릇 학교에서는 남녀 교장敎場을 같이 할 수 없다. 단 소학교에서는 남녀 교장을 같이 해도 지장 없다.[9]

여자교육과 관련해 1872년의 '학제'에서는 여자소학을 학교의 종류(제21장)에 포함시켰고, "여자소학은 심상소학교과 외에 여자에게 수예를 가르친다"(제26장)는 규정을 두어 형식적으로나마 모든 국민이 교육받아야 할 의무를 수행할 수 있는 조건을 제시하고 있었다. 그런데 1879년의 교육령에서는 남자와 여자에 대한 교육제도상의 성별 구분

---

9. '敎育令', http://www.next.go.jp/b_menu/hakusho/html 2016년 12월 16일 인출.

이 더욱 분명해졌다. 제3조에서는 '특히 여자를 위해서는 재봉 과목을 설치'할 것을 규정했고, 제42조에서는 남녀별학이 원칙으로 확정되었다. 이 규정에 따라 이후의 여자교육은 남자교육과 별도의 계통에 따라, 별도의 내용으로 이루어지게 되었다. 이처럼 남자의 학교 체계가 소학교에서 중등·대학으로 이어지는 계통을 체계적으로 정비되어 갔던 것과는 달리, 여자학교의 체계는 상대적으로 지체되는 모습을 보였다. 메이지 정부가 여자교육의 체계화에 눈을 돌렸던 고등교육령 제정 이전까지 일본의 여자교육은 주로 기독교 선교사나 민간의 뜻있는 소수 유지의 손에 맡겨진다는 특징을 보였다.

Ⅲ. 현모양처 교육과 여자고등학교령의 제정

　　1880년대 중반 이후 일본의 사회·정치적 분위기는 일본의 전통이
나 일본 도덕이 강조되었고 메이지 정부의 방침도 천황제 절대주의를
체계적으로 확립하는 방향으로 전개되었다. '영어를 국어로 해야 한다
森有禮'거나 '유럽인과 결혼해 인종을 개량해야 한다加藤弘之'는 등의 극
단적 서구화주의에 대해 일본 도덕을 중시하는 국수주의자들의 비판
이 강화되면서 시대는 점차 내셔널리즘을 강조하는 방향으로 나아갔
다. 더불어 소위 여학열도 급속히 냉각되어 여자교육 무용론이나 여
자사범학교 폐지론이 나올 정도로 분위기는 일변했다. 1887년에 발간
된 잡지 『국민의 벗』에는 여학생의 교육열을 비판하는 기사가 게재되
었다.

　　피아노를 숙달한 자이든 며느리가 되고 부인이 되니, 그들이 배운 바
　를 활용할 수 있는가. 우리나라 중등의 집에서는 오르간조차 쉽게 구
　입하기 어려운데, 하물며 피아노에 있어서는. 아무튼 수년을 들여 학습
　한 피아노도 일단 학교를 나오면 그 기술을 쓸 곳 없고…… 단지 피아
　노뿐 아니라 영어 회화도 역시 그러하니. 그 외 기예 모두 그러하니……
　지방의 여자들은 도쿄東京에 유학하고, 그 교사校舍에서 기숙하고, 유리
　창, 서양 침대 위에서 자고, 돌아와 소·말·닭·개와 잡거하는 우리 집의

불결함에 놀라워하는 자 없지 않다. 그 고통을 느끼는 것은 오로지 교육을 향유한 여자만이 아니고 그 부형, 혹은 그 시집도 역시 마찬가지이다. …… 여자교육의 공허함, 허문, 생활 사회에 불사용, 아니 해가 되는 일종의 불생산적인 인물을 양성하는 데 이르러서는 이것 결코 교육의 본래 목적이라고 할 수 없으니…… 배워 쓰는 곳이 없으면 배우지 않은 것과 마찬가지…… 단지 외국의 표본을 가지고 와서, 단지 그것을 우리나라에 옮겨 적용한다. 예를 들면 학과에서 영어에 편중하는 것, 일본에는 관계없는 영미의 역사를 가르치고, 일본 역사를 멀리하는 것, …… 일본에는 종류가 없는 식물학을 가르치고, 영어로 그것을 암기시키는 것과 같은, 혹은 합중국인이 만든 지리서를 사용하는 것, 혹은 천문학 강의에는 여력을 기울이면서 일본 문학에는 노력을 기울이지 않는 것……".[10]

1880년대 중반 이후의 사회·정치적 분위기의 보수화는 여자교육에 대한 인식에도 큰 영향을 주었다. 그 이전까지 왕성하게 이루어지고 있던 여자교육은 그 실용성이나 현실과 괴리된 생활 방식과 교육 내용 등으로 교육을 받지 않는 것보다 못한 것으로 취급되기 시작했다. 4~5년 동안 전개되었던 여학생의 교육열은 "일종의 광화狂花로서 별로 깊은 생각 없이 나온 것"으로 "전체를 관통하는 정신이 없어 결국 교육의 본뜻을 잃어버리게 한다"는 비판과 공격에 직면했다. 이에 따라 여학생의 지위는 급격히 낮아졌고, 심지어 일반인들 사이에서는 여자의 무학無學을 당연시하는 분위기도 형성되었다.

이러한 사회적 분위기와 더불어 메이지 정부의 공식 입장을 분명히 천명한 것이 1889년 대일본제국헌법의 공포와 1890년 교육칙어의

---

10. 唐澤富太郎, 앞의 책, 77-79쪽.

발포였다. 이는 자유민권운동으로 고양된 민중의 움직임을 본격적으로 단속하겠다는 정부의 의지였으며, 교육칙어는 사회적 변화에 수반하는 국민도덕의 혼란을 시정하고 국민교육의 기반을 구축하기 위한 것이었다. 이즈음부터 국가는 점차 부녀자의 민족적 자각을 목적으로 현모양처로서의 여성교육의 필요성에 눈을 돌리기 시작했다.

1891년에 제국의회의 예산위원회에서는 국비로 여자사범학교를 유지할 필요는 없다는 의견이 제시되었고 이를 당장 멈추어야 한다는 주장까지 나왔다. 이러한 제안은 나중에 와세다대학早稻田大學 총장이 된 다카타 사나에高田早苗, 1860~1938와 당시 문부차관이었던 쓰지 신지辻新次, 1842~1915의 반대로 실현되지는 않았지만, 당시의 사회·정치적 분위기나 관료 및 지식층 인사들의 여자교육에 대한 인식이 어떠했는지를 단적으로 보여 준다.

여자사범학교를 보존해야 한다고 주장하는 것은 남녀동권론이나 남녀동권적 교육을 찬성하기 때문이 아니다. 결코 그렇지 않다. 나는 남녀동권을 아주 싫어한다. 남녀동권적 교육은 아주 폐해가 많다.

이는 여자사범학교 폐지를 반대했던 다나카 사나에의 의견인데, 그가 여자사범학교 폐지를 반대한 것은 여성의 인권이나 남녀평등의 실현을 위해서가 아니라 국가적 필요에 의한 것이었다는 점에 주의할 필요가 있다. 여자는 장래 남자의 어머니이기 때문에 그 남자를 잘 가르치기 위해 여자교육이 필요하다는 주장이었다. 마찬가지로 쓰지 신지도 "남자 교원과 여자 교원의 급료는 아주 다르다. 그래서 경비의 측면에서도 여자 교원을 늘리는 것이 국가 경제상 아주 필요하다"는 의견을 제시한 바 있다.

이처럼 국가가 여자교육의 필요성을 인식하고 강조하게 된 배경에는

1890년대 중반 이후 일본의 경제적 발전과 청일전쟁으로 인한 민족적 자각, 그리고 여자 취학률의 급속한 상승이라는 변화가 있었다. 부국강병이라는 슬로건 아래 진행되어 온 일본의 산업은 1890년경부터 시작된 방적과 직물을 중심으로 한 경공업의 발달과 함께 급속한 진전을 보였다. 특히 청일전쟁의 승리는 대외적 긴장을 강화시키고 군비확장을 위한 산업을 발달시킴과 동시에 자본주의화를 한층 더 촉진시키는 역할을 했다. 이러한 산업사회의 변화에 대응하기 위해 중등교육 단계의 실업교육 진흥이 도모되었고, 1894년에는 실업교육비국고보조법을 제정해 실업교육 특히 공업교육의 진흥에 박차를 가하는 정책이 추진되었다. 이러한 변화는 여성교육이 사회와 국가를 위해 필요하다는 인식을 강화시켰으며 현모양처 교육이 본격적으로 시작될 수 있는 조건이 되었다.

국가를 위해 여성교육이 필요하다는 인식은 교육받은 어머니의 중요성으로 이어졌다. 1890년대 후반에 나타난 초등교육 보급의 성과와 이를 바탕으로 전개된 중등교육 진학 희망자의 증가에 따라 정부는 중학교령 개정·실업학교령·고등여학교령 등을 제정해 중등교육의 충실화를 위한 각종 정책을 추진했다. 그 결과 중등교육의 취학률이 한층 높아졌고, 특히 1899년 고등여학교령의 제정을 계기로 여자 중등교육 진학률은 비약적으로 확대되었다. '학제' 반포 이후 행정기관을 통해 여자 취학이 지속적으로 장려되었지만 1880년대 중반까지 여자 취

1909년   1911년
고등여학교의 수업 풍경

학률은 30%를 약간 웃도는 정도에 머물러 있었다. 그런데 청일전쟁을 거치며 상승하기 시작한 여자 취학률은 러일전쟁 직후인 1907년에는 96.1%까지 도달했다.

교육받은 여성의 존재가 국가적 필요에 의해 강조되면서 고등여학교의 교육 이념은 가족주의적 국가관에 근거한 부덕婦德의 함양이라는 현모양처주의로 나타났다. 고등여학교는 여자에게 필요한 고등보통교육(제1조)을 실시한다는 목적으로 부현府縣에 의무적으로 설치되었다. 학과 내용은 재봉과 가사 등 가정부인의 실생활에 필요한 실과적 과목에 상당한 비중이 두어졌으며, 수신·국어·작문 등의 교과를 통해 순종·온화함·정숙함·온순함 등 이상적인 여성이 갖추어야 할 품성의 함양이 강조되었다.

> 우리 여자교육에 관해 장래 어떤 방침을 취할 것인가에 대해서는 거의 여론으로 정해져 있다고 생각한다. …… 일본에서 부녀자는 장래 결혼해 부인이 되고 어머니가 되는 것이 당연한 길이라고 알려져 있다. …… 일본에서 여자의 직職이라는 것은 독립해 일을 하는 것은 아니고, 결혼해 양처현모가 되는 것이므로 여자교육은 임무에 맞도록 하는 것을 목적으로 해야 한다. 그러므로 우선 대다수의 여자에게 필요한 교육을 목적으로 행해야만 한다. 즉 전문의 학문은 여자의 독립에 도움이 되는 것이지만 이것을 공公히 설치할 필요는 없다.[11]

기쿠치 다이로쿠菊地大麓, 1855~1917 문부대신은 연설에서 현모양처주의에 근거한 자신의 여자교육관을 피력한 바 있는데, 이러한 사고 방식은 그대로 고등여학교의 교육과정 편성에 반영되었다. 예를 들면

---

11. 總合女性史研究會 編, 앞의 책, 142~144쪽.

	남자 중등학교=중학교	여자 중등학교=고등여학교
교육 기간	5년제	4년제
수업 시수	144시간	120시간
교육 내용	한문, 법제, 경제 교과 가르치지 않음	가르치지 않음 가사, 재봉, 수예 교육(전 시수의 23.3%)
	박물, 물리 화학 3교과	이과 1교과로 함
	외국어 33시간	외국어 12시간
	수학 20시간	수학 8시간
	국어 33시간	국어 22시간
	수신 5시간(주당 1시간)	수신 8시간(주당 2시간)
	음악 3시간	음악 8시간
	지리, 역사, 체육 교과 시간은 남학교에 더 많은 시간이 배당	

출처: '中學校令施行規則(抄)', '高等女學校令施行規則(抄)' 1901年 3月, http://www.mext.go.jp/b_menu/ hakusho/html/ 2016년 12월 16일 인출.

중학교와 고등여학교의 교과목 구성을 나타낸 〈표 3〉에서도 알 수 있 듯이, 4년제 고등여학교의 경우 수업 시수는 120시간인데 남학교에는 없는 재봉·가사·수예 등의 교육이 전체 수업 시수의 23.3%에 이르고 있다.

〈표 3〉에서 이수해야 할 학과목을 보면 중학교와 고등여학교는 분명 별개의 교육 이념에 근거해 편성되었다는 점을 알 수 있다. 즉 남자에게는 지식과 사회적 시야를 넓힐 수 있는 기회를 갖도록 해서 사회적 활동을 준비하는 교육을 행하는 반면, 여자에게는 가정에서 필요로 하는 기능을 중심으로 교육 내용이 구성되었던 것이다. 러일전쟁을 거치면서 여자교육의 국가 관리는 더욱 중요한 문제로 부각되는데, 이는 가족과 국가의 일체라는 슬로건 아래 여자교육의 필요성이 강조되었기 때문이었다. 여자의 본분은 가정을 경영하는 것이며 아내로서, 어머니로서 그 임무를 온전히 수행하는 데 있다는 것이 시종 일관된 논리로 제시되었다.

IV. 여자 중등교육의 발달과 여자대학의 설립

　　고등여학교령의 공포로 각 부현府縣에는 최소한 1개 이상의 고등여학교가 설치되었다. 이는 도시의 상층부만이 아니라 지방의 상층 및 사회적 중류 이상 계층의 여성들에게도 현모양처 교육이 전반적으로 보급될 수 있는 기반이 마련되었음을 의미했다. 그러나 교육 내용이 도시화·서구화되어 있어서 지역의 실정에 맞지 않는다는 비판이 제기되었고, 이를 보완할 수 있는 방법으로 간이簡易한 방법의 여자교육, 혹은 지방의 실정에 적합한 여자교육이 요구되었다.

　　현재 고등여학교는 많은 도시에 설치되어 있어 대부분이 상류 자제를 교육하는 분위기…… 지방의 학생은 가정을 떠나 도시로 떠나야만 하는 상황이다. 더욱이 중류 이하의 농촌 자녀도 멀리 가정을 떠나 도시에 있는 고등여학교에 모여 배우는데…… 이는 질박순량質朴淳良한 미풍을 잃고 지방의 생활에 적합하지 않을 우려…… 그래서 종래 설치한 고등여학교와 나란히 토지의 정황에 맞게 적절한 시설을 가능하게 해, 가능한 한 간이한 방법으로 여자교육의 보급을 꾀함과 동시에 각 지방의 실정에 적절한 교육을 시행하는 것을 목적으로 하는…….[12]

---

12. 天野郁夫 編,『學歷主義の社會史』, 有信堂, 1991, 99쪽.

〈표 4〉 고등여학교와 중학교의 학교 수 및 학생 수

연도	고등여학교		실과고등여학교		중학교	
	학교 수	학생 수	학교 수	학생 수	학교 수	학생 수
1898년(明31)	34	8,585			136	61,632
1900년(明33)	52	11,984			194	78,315
1902년(明35)	80	21,523			236	95,027
1904년(明37)	95	28,533			254	101,196
1906년(明39)	114	35,876			271	108,531
1908년(明41)	159	46,582	*은 1911년		290	115,038
1910년(明43)	193	56,239	49*		302	122,345
1912년(明45)	209	64,871	90	10,257	314	128,973
1914년(大3)	214	72,140	132	17,869	319	136,778
1920년(大9)	336	125,588	178	25,700	368	177,201

출처: '設置者別·學校種別·學校數', http://www.mext.go.jp/b_menu/hakusho/html/others/detail/1318194.html 2016년 12월 17일 인출.

이러한 취지 아래 1910년부터 실과고등여학교가 설치되기 시작했다. 실과고등여학교는 제2류의 고등여학교라는 별칭으로 불리며 고등여학교와 사회적 위신의 차이를 드러냈는데, 그 이유는 실과라는 이름이 붙어 학생이 반기지 않았으며 수업연한도 고등여학교에 비해 2~3년이 짧았기 때문이었다. 그러나 이러한 한계에도 불구하고 실과고등여학교는 〈표 4〉에서 알 수 있듯이 여자 중등교육의 보급에 일정 부분 기여하는 측면도 있었다.

실과고등여학교가 설치되기 시작하는 1911년부터 고등여학교 수도 점차 증가해, 메이지 말기가 되면 고등여학교와 중학교의 학교 수가 거의 같아지는 경향을 보였다. 그리고 1910년대를 거치면서 여학생 수도 점차 증가해 1920년대를 지나면서 남자 중학생 수를 웃도는 수준에까지 이르렀다. 이는 1910년대 이후 사회에서 중류 계층 이상의 여성 대부분이 의무교육을 마친 후 결혼에 이르기까지의 시기를 고등여학교에서 보내는 현상이 일반화되었음을 말해 준다.

저는 당년 15세이고 고등소학교와 졸업했으나…… 이것으로 일생을 마치는 것도 유감이라 생각하여 교토京都의 여학교에 보내 달라고 양친에서 울며 청했으나, 객지로 나가면 돈이 든다고…… 배우기 위해 나가는 것은 지나친 사치이다. …… 어머니가 하시는 말씀이 제멋대로 하는 행동을 배우는 것도 문제다. …… 저의 희망은 조금 더 학문을 배우고 싶습니다만…… 도심의 고등여학교와 같은 것을 설치해 저와 같은 사람의 목숨을 구해 주십시오.[13]

이 글은 소학교를 졸업하고 고등여학교에 진학하고 싶지만 도시로 나갈 수 없었던 여학생이 자신의 지역에 고등여학교를 설립해 달라는 요구서였다. 왜 학문을 해야 하는지, 장래 소망이 무엇인지에 관한 언급은 없었지만 배워야겠다는 의식이 일반화되고 있었으며 도시 여학생에 대한 사회 인식이 어떠했는지를 말해 준다. 더불어 현모양처의 양성이 교육하는 측의 의도이기는 했지만 여학생 자신도 여학교교육이 미풍양속에 어긋나서는 안 된다는 의식을 내면화하고 있었음을 알 수 있다. 이러한 현상은 여학교가 학업 태도가 좋고 집안도 좋은 사람을 구하는 자를 확실히 찾을 수 있는 곳으로 알려지는 계기가 되었다. 1905년경 이후 고등여학교는 중산계층 이상의 여성들이 거쳐 가는 하나의 과정으로 인식되기 시작했고 결혼 조건과 연관될 가능성도 충분히 가지고 있었다. 이와 함께 여학생들에게 학교는 집과 부모로부터 떨어져 같은 연령의 친구들과 상대적으로 자유로운 시간을 보낼 수 있는 공간이기도 했다.

한편, 현모양처 교육이 주류를 이루는 가운데 1901년 '인간으로서, 부인으로서, 국민으로서'라는 목적을 내건 최초의 여자대학인 일본여

---

13. 天野郁夫 編, 앞의 책, 106쪽.

자대학이 창립되었다. 당시의 시대적 분위기 속에서 '부인으로서, 국민으로서'라는 슬로건을 내걸기는 했지만, 창립자 나루세 진조成瀬仁藏, 1858-1919가 첫 번째로 강조한 교육 방침은 '인간으로서의 자각'이었다. 나루세 진조는 이상적 여성상을 형성하는 데 필요한 완전 교육이 기숙사 생활을 통해 가능하다고 보았다.

> 기숙사 생활은 우선 나에게 규율 있는 생활을 엄수하도록 했다. 그것은 일생을 통해 정신적으로도 건강상으로도 최대의 효과를 가져왔다. 아무리 추워도, 아무리 졸려도, 6시에는 반드시 일어나고, 튼 손을 얼음 같은 물에 넣어 얼굴을 씻고, 차가운 옷으로 갈아입는다. 싫어하는 야채도 참고 먹었다. 시간이 되면 아무리 골몰해 무언가를 하고 있어도 멈추고 '시간'에 따라야 한다. 그것이 공동생활이다. 졸려도, 취침 시에는 차가운 잠옷을 갈아입고 아무리 피곤해도, 기모노나 하카마, 또는 양복을 반드시 입어야 했다. 따뜻한 물통은 허가되지 않았다. 말은 식사 중의 예의와 마찬가지로 대단히 정중하게 훈련받아 절대 할 수 없었다. 여학교 이상의 친구는 모두 '아무개 양(○○お姬樣)'이라고 불러, 어떤 일에도 '네'라고 말한다. 정중한 일상어를 잘 기억해 명료하게 마음의 바탕에서 나오도록 해야 했다.[14]

당시 여대생의 이미지가 '커다란 리본을 머리에 달고, 긴 소매를 펄럭이면서 적갈색 치마를 입고 상쾌하게 바람을 가르는 자전거 타는 모습'이었지만 실제로 기숙사 생활을 통해 학생들이 경험한 것은 정숙하고 규칙적이며 집단생활에 적합한 여대생의 모습이었다.

일본의 메이지 시기 45년간(1868~1912년)은 위로부터의 근대화를

---

14. 唐澤富太郎, 앞의 책, 107쪽.

여대생의 이미지 　　　　　　실제 수업(1909년)
　　　　　　　　　　　　　일본여자대학의 이과 실험

추구하려는 국가의 정책을 중심축으로 하면서도 아래로부터의 근대
화를 쟁취하려는 민중들 간의 줄다리가가 이어지는 시기였다. 결과
적으로 일본의 근대화는 민중들이 요구하는 아래로부터의 근대화를
체제 내화하면서 천황제 절대주의를 강화하는 방향으로 전개되었다.
이러한 과정에서 체제 유지를 위한 수단적·도구적 기능을 담당한 것
이 교육이었다. 특히 여자교육에서는 개인의 성장이나 발달보다는 가
족과 사회와 국가의 안녕을 위한 구성원으로서의 역할이 강조되었다.
그러나 여자에게 주어진 교육의 기회는 여성 자신의 의식이나 지위
를 점진적으로 향상시키는 결과를 가져왔다는 점도 부인할 수 없는
사실이다.

보론 2
메이지 시기 일본의 부락학교

I. 민중의 교육 환경과 취학률

1. 민중의 사회·경제적 상황

메이지 정부가 적극적으로 추진했던 문명개화 정책은 민중의 적극적 지지가 필수 불가결의 요소였지만 이들의 동의 없이 진행되었던 근대화 정책은 민중들의 저항과 마주칠 수밖에 없었다. 메이지 유신을 전후로 일본 민중의 생활은 더욱 어려워졌으며 민중들은 이러한 상황에 실력 행사로 대처하는 방법을 선택했다.

메이지 시기 이전부터 민중들의 폭동과 소요는 전국 각지에서 빈번하게 일어났다. 에도 막부나 번의 재정 악화를 조세로 충당하려 했던 정책은 민중의 생활을 곤궁에 빠져들게 했다. 1866년 5월 1일 니시노미야西宮에서 일어난 미곡상에 대한 주부들의 항의 행동은 오사카 시내로 파급되었다. 에도 주변에서도 쌀값 폭등에 불만을 품은 사람들이 폭동을 일으켰는데, 막부에 의해 진압되기까지 7일간 마을 200여 곳과 상점 520여 곳, 그리고 미국 공사가 습격을 받았다. 또 1868년 나가오카번長岡藩에서는 쌀의 불하와 인부 징용에 반대하는 소요가 일어났는데, 한꺼번에 7,000여 명이 모이는 대규모 시위로 확대되었다.[1] 이

---

1. 石井孝, 『明治維新と自由民權』, 有隣堂, 1993.

처럼 에도 막부 말기에 각 지역에서 일어난 폭동과 소요는 메이지 신정부의 형성을 촉진하는 계기로 작용했다.

그렇다고 메이지 유신 이후의 신정부에 대한 폭동이나 소요가 멈춘 것은 아니었다. 1873년 미마사카美作 지방에서는 징병령 반대, 학교 입비 반대, 천민호칭 폐지 반대를 내걸고 관원이나 호장戶長·부호장의 집, 도적과 같은 행위를 한 집, 소학교·피차별 부락민의 집 등을 파괴하는 사건이 일어났다. 사건 진압 이후에 유죄를 받은 사람은 26,916명에 이르렀고 사형에 처해진 사람도 15명이나 되었다.[2]

같은 해 돗토리현鳥取縣에서는 징병령 반대와 태양력·소학교 폐지 등의 구호를 내건 일명 '죽창소요'가 일어났다. 이 사건은 양복을 입은 소학교 교원이 마을 순회 중에 피를 뽑는 사람으로 오해받아 습격을 당한 것에서 시작되었는데, 그 발단은 1872년 11월에 발포된 징병고유徵兵告諭에 있었다. 여기에는 "사람은 무릇 마음을 다해 나라에 보답해야 한다. 서양인은 이를 혈세血稅라고 부른다. 피로써 나라에 보답하는 이치이다"라는 구절이 포함되었는데, 여기서 혈세의 의미가 "서양사람들이 살아 있는 피를 뽑아 정부를 손에 넣으려고 한다"는 것으로 와전되어 소요가 일어났던 것이다. 당시 "어린아이를 데려다 생피를 뽑는다"는 노래가 있을 정도로 메이지 정부의 개혁은 백성들에게 큰 호응을 받지 못했다. 당시의 사건은 각 지역 관리들의 집과 소학교가 피해를 입는 사건으로 확대되었다. 진압 후에 처분된 사람은 11,907명이었고, 이 가운데 1명이 종신형을 받았으며 벌금 총액도 24,817엔에 달했다.[3] 이러한 사태는 정부의 정책에 불만을 품은 다수의 계층이 존재했음을 의미하는 것이며, 이에 대한 정부의 태도가 진압과 감금

---

2. 日本部落解放研究所, 최종길 옮김, 『일본 부락의 역사』, 어문학사, 2010, 192쪽.
3. 위의 책, 210쪽.

이라는 방법을 동원한 통제로 일관했음을 보여 준다.

이처럼 메이지 시기에 일어난 민중의 폭동이나 소요는 에도 막부 말기의 그것과 발생 배경에서 차이가 난다. 에도 막부 시기의 소요 및 폭동이 쌀의 수출이나 물가 상승 등으로 인한 생존의 위기와 직결된 것이었다면, 메이지 시기의 그것은 정부의 근대화 정책에 대한 반발이 큰 이유였다.

1873년에 교토부京都府의 이카루가군何鹿郡에서 일어난 소요는 해충 박멸이라는 행사를 명목으로 9개 마을 200명의 농민이 참여했는데 학제 발포에 따른 소학교의 설립과 유지를 민중 부담으로 했던 현실, 즉 학교 입출금 방식에 반대한 것이었다. 1874년 시마네현島根縣의 소요 는 학교의 입출금 반대를 명확히 제시하지 않았지만, 학교 설립을 위 한 조사 경비로 민간 비용 부과 금액이 평년보다 거의 2배로 오른 것 에 대해 마을 관리가 부정을 저지른 것이 아닌가 하는 의심에서 일어 난 것이었다.[4] 1873년 오카야마현岡山縣에 속하는 호조현北條縣에서 일 어난 소요는 소학교 폐지를 요구로 내걸었는데, 이에 관해 현 당국은 "본 현은 학제 반포 이래 제4대 학구 가운데 교화 진보로 이름나 있 지만, 1873년 인민의 소요와 마주해 관내 46교의 소학교 대부분이 파 괴·소실하고 그 후 아직 재건되지 못했다"[5]는 기록을 남기고 있다. 메 이지 초기에 일어난 이러한 폭동이나 소요는 정부에 의해 추진된 중 앙 수준의 근대적 개혁 의도가 민중 수준까지 그대로 전달되지 않았 음을 의미했다. 즉 학제 반포로 인한 학교 건설과 의무교육은 민중의 사회·경제적 상황을 도외시한 채 강행되었고, 이에 따른 농민의 부담 은 폭동이나 소요를 일으키는 배경이 되었다.

---

4. 위의 책.
5. 藤原彰·今井清一·大江志乃夫 編, 『近代日本史の基礎知識』, 有斐閣ブックス, 1983, 55쪽.

니가타현新潟縣의 다카다니시高田西 마을은…… 약 150호지만 그 가운데 실제 지방세를 납입할 수 있는 집이 50호 정도이고…… 지금까지 면세를 받을 정도여서 소학교 자본에 관해서도 협의비가 모아지지 않고, 마을 회의에서도 올바른 결의가 조금도 행해지지 않아 우리를 위해 호장과 학무위원들이 급료 대부분을 학교 비용으로 충당해 그 유지를 위해 아무리 노력해도 영구히 전망도 없고…….[6]

이처럼 열악한 지역의 상황을 고려하지 않은 강제적 의무교육의 부담은 생활 기반을 더욱 피폐하게 만들었고 교육 보급에도 커다란 영향을 미쳤다. 효고현兵庫縣 이보군揖保郡의 고시베무라젠죠越部村仙正 지구의 지역 주민은 경제적 곤란으로 당국에 학비 부담 면제를 호소하고 있다.

6,000평二町步 내외의 토지에 약 95호가 거주하고, 그 가운데 8~9할은 택지조차 없는 자들이다. 경지도 마을 사람 가운데 약 1할 정도만이 소유하고, 4할은 동분서주하여 겨우 생활을 이어 가고, 남은 5할 내외의 사람들이 유지의 원조를 받고 있는 상태로 아주 어려운 마을이다. 따라서 95호 가운데 50호는 호별 비율로 학비 90전 9리를 면제하길 바란다.[7]

위로부터의 근대화는 정부의 주도하에 착착 진행되고 있는 것처럼 보였지만, 실제 민중의 사회·경제적 상황은 빈궁의 극에 달해 교육은 물론 생계조차 어려운 형편이었다. 민중의 생활 형편을 도외시한 문명개화나 부국강병을 추진한 메이지 정부의 정책은 민중의 혈세를 담보

---

6. 全國解放教育研究會 編, 『部落解放教育資料集成 第一卷』, 部落問題研究所出版部, 1985, 129쪽.
7. 安達五男 編, 『近代の教育と部落問題』, 明石書店, 1983, 357쪽.

로 하는 것이었고, 이로 인해 고통을 받는 것은 민중뿐이었다. 따라서 국민개학國民皆學을 슬로건으로 하는 수혜자 부담의 의무교육은 쉽게 취학률 상승으로 이어지지 않았고, 이를 개선하기 위한 조치로 메이지 정부는 [그림 2]에서 보는 바와 같이 수업료를 징수하지 않는 각종의 학교 유형을 만들어 냈다.[8]

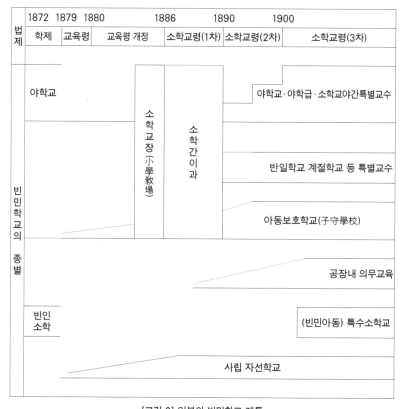

[그림 2] 일본의 빈민학교 계통

8. 講座日本教育史編集委員會 編, 『講座日本教育史3』, 第一法規, 1984, 43쪽.

2. 불취학不就學 아동의 규모

일본의 근대화를 최우선의 과제로 설정한 메이지 정부는 전 국민의 교육 수준 향상을 위해 교육 체제 정비에 많은 노력을 기울였다. 이런 의미에서 취학률은 일본 근대화의 성패를 가늠하는 중요한 기준이 되었다. 1872년 8월에 발포된 '학제'에 따르면 전국에 53,760개의 소학교를 건설하는 것이 정부의 목표였다. 그러나 소학교의 건설과 운영 경비를 시정촌市町村의 재정이나 수업료에서 조달하고자 했던 정부의 계획은 실효성이 떨어지는 것이었다. 교육 정책의 추진 과정에서 필요한 재원은 민중의 부담으로 돌려졌고, 민중의 실정에 맞지 않는 전국적이고 획일적인 교육행정 시스템은 민중의 불만을 초래했다. 1873년 현재 소학교는 전국적으로 12,588개교에 그쳤고, 취학률도 낮아서 남자가 39.9%, 여자가 15% 정도에 머물러 있었다. 이러한 상황에 직면한 메이지 정부는 취학률 상승을 위해 1879년에 '학제'를 폐지하고 교육령을 제정하였다. 1879년의 교육령은 중앙집권적 교육 정책을 표방했던 1872년의 '학제'가 지방 민중에게 경제적 부담을 가중시키고 민중생활과 분리된 교육 내용 등의 문제를 시정하기 위한 의도에서 공포되었다. 기본적으로 교육의 국가관리를 유지하기는 했으나 미국의 지방분권주의를 참고로 지방의 실정을 존중한다는 기조를 표방했다. 47개 조항으로 구성된 교육령은 소학교 교육만을 규정하고 있다는 점에서 취학률 확대를 위한 규정이라는 의미를 포함하고 있는데, 수업연한과 관련해 기존의 8년을 4년으로 단축했으며 취학의무 기간을 16개월~4년으로 완화했다. 그러나 1년 만인 1880년에 교육령 개정이 이루어졌고 교육 방침은 다시 국가 관리를 강화하는 방향으로 전환되었다. 이어 1885년 내각제의 시행으로 초대 문부대신으로 모리 아리노리가 임명되었고 1886년에는 소학교령이 발포되었다. 여기에는 의무교육 기간을 단축함으로써 민중의 취학 부담을 줄여 취학률 상승을 꾀하자는 정부의 의도가 있었으나 1886년에도 취학률은 50%에도 미치지 못하는 상황이었다.

취학률 상승이 정부의 계획대로 진행되지 못한 것은 일반 민중의 생활 수준을 고려하지 않은 수업료 자비 부담이 커다란 요인으로 작용했다. 민중에게 커다란 부담으로 작용했던 수업료는 1900년에 폐지되었고 이후에 취학률은 눈에 띄게 상승하는 모습을 보였다.[9] 이에 대해 메이지 정부는 메이지 말기의 취학률이 98%에 달해 완전 취학에 가깝게 도달했다는 긍정적 측면을 부각시켰다.

그러나 그 결과에 이르기까지의 과정이나 실상이 그리 단순했다고 보기는 어렵다. 왜냐하면 공식적 취학률만으로는 당시의 실제 취학 상황을 제대로 파악할 수 없기 때문이다. 즉 메이지 시기 학생들의 실제 취학 상황을 제대로 파악하기 위해서는 출석률과 중도탈락률에 주목할 필요가 있다. 야스카와 주노스케는 1881년의 재적학생 약 269만 명의 평균 취학률은 64.7%였음을 지적했다.[10] 이는 약 28만 명의 학생이 등교하지 않는 유령 학생으로 존재하고 있음을 말해 주는 것이었다. 메이지 시기 전국의 평균 출석률을 산출해 보면 1870년대가 60%, 정도, 1880년대가 70%, 정도, 1890년대가 80%, 정도였고, 1900년 이후가 돼서야 90%를 넘어선 것으로 보고되고 있다. 그러나 메이지 말기에 이르러 완전 취학에 이르렀다는 메이지 정부의 계산은 현실을 있는 그대로 보여 준 것이라고 말하기는 어렵다.

1914년 효고현의 공식 취학률은 98.3%로 보고되고 있는데, 이는 '출

---

9. 오모토 고이치, 앞의 책, 405쪽.
10. 安川壽之輔 編, 『日本近代教育と差別』, 明石書店, 1998, 119~120쪽 참조.

석률이 좋다는 점을 자랑하기 위해 매일 5분간 출석을 명령'함으로써 나타난 결과였다. 이에 대해 교육회 기관지는 '강제 통학 중인 자는 전국 각지의 시정촌에까지 이른다. …… 전국적으로 50만 명의 숨겨진 불취학 아동不就學兒童의 존재를 추측할 수 있다.[11]

더불어 중도 퇴학생의 문제도 간과할 수 없는 사안인데, 예를 들어 공식적 취학률이 92%였던 1902년에 심상소학교 1년생에 입학한 전국 학생의 진급 상황을 추적해 보면 약 126만 명에서 107만 명으로, 99만 명으로, 91만 명으로 감소하고 있다. 이는 심상과 4년을 졸업하기까지 입학생의 4분의 1 이상에 해당하는 약 35만 명의 학생이 학교에서 모습을 감춰 버렸음을 의미한다.[12] 이와 함께 공식 취학률에서 남녀 간의 격차도 당시의 실질 취학률을 파악할 때 반드시 고려해야 할 점이다. '학제'에서 여성에게도 교육의 기회가 균등하게 주어졌지만, '여자에게 학문은…… 긴요하지 않은 것'이라는 봉건적 의식이 여전히 뿌리 깊게 남아 있었고, 1870년대 남녀 취학률의 격차는 2배 또는 그 이상의 간격을 나타냈다. 이에 관해 하나이 마코토花井信는 1879년 후카미 학교深見學校 학령아동의 상황을 〈표 5〉와 같이 제시했다.

전체적으로 학령아동 228명 가운데 40% 이상이 불취학의 상황에 처해 있었으며, 남녀 아동의 불취학 비율은 남자가 23.7%임에 비해 여자는 76.3%로 3배 이상의 차이를 보였다. 이러한 차이는 1905년 이후가 돼서야 겨우 해소되었다. 그러나 메이지 말기에 이르면 소학교 고등과에서 다시 새로운 남녀 간의 격차가 형성된다는 점에 유의할 필요가 있다. 이처럼 메이지 시기의 민중교육 실태를 정확히 판단하기 위

---

11. 위의 책, 121쪽.
12. 위의 책, 121쪽.

〈표 5〉 후카미학교 학령아동 상황

	취학			불취학			학령아동 수		
	전체	남	여	전체	남	여	전체	남	여
A 마을	71	41	30	27	7	20	98	48	50
B 마을	11	9	2	4	1	3	15	10	5
C 마을	13	9	4	22	5	17	35	14	21
D 마을	22	18	14	20	6	14	42	24	18
E 마을	18	16	2	20	3	17	38	19	19
계	135 (59.2%)	93 (68.9%)	42 (31.1%)	93 (40.8%)	22 (23.7%)	71 (76.3%)	228	115	113

단위: 명

출처: 花井信, 『近代日本地域教育の展開』, 梓出版社, 1986, 53쪽 참조

해서는 출석률과 중도 퇴학 비율을 고려한 실질 취학률에 대한 파악이 선행되어야 할 것이다.

메이지 시기에 걸쳐 진행된 취학률과 출석률의 상승은 시대적 변화에 따른 아래로부터의 교육적 요구가 표면적으로 드러난 결과라고 볼 수 있지만, 강제적 의무교육 정책과 관련된 반강제적 취학이나 출석 독촉으로 강요된 측면이 있다는 점도 염두에 두어야 할 것이다.

Ⅱ. 부락학교의 형성과 부락교육의 양상

1. 근대적 부락의 형성

부락部落은 보통 사람들이 모여 사는 마을의 기본 단위를 의미하지만, 일본에서는 사회·정치·역사적 변동 과정에서 피차별被差別 부락을 가리키는 용어로 고착되었고, 특수 부락, 세민細民 부락, 피억압被抑壓 부락, 미해방未解放 부락 등으로도 불리기도 했다. 부락이라는 용어가 언제부터, 어떤 과정을 거쳐 현재의 의미로 고착되었는지에 관해서는 이인종이민족설異人種異民族說, 직업기원설職業起源說, 종교기원설宗教起源說 등 다양한 의견이 존재하고 있다.

고대부터 말이나 소를 도살하거나 형장의 사형수를 처리하고 정리하는 직업은 종교적 신앙이 다른 이교도들에게 맡겨졌고종교적 기원설, 결과적으로 이러한 일에 종사하는 사람들이 부락민으로 규정되어 차별의 대상이 되었다직업기원설. 이러한 논리는 메이지 시기 조선을 식민지화하기 위한 민족배타주의적 차별관으로 이어졌고이인종이민족설, 이것은 다시 피차별 부락에 대한 차별을 합리화하는 근거로 활용되어 국민 분열의 수단이 되었다.[13]

이러한 의견 가운데 근대적 부락의 기원은 신분제도의 형성과 부락의 제도화가 진행되었던 에도 시기 이후부터라고 보는 것이 일반적이다. 에도 시기의 신분은 위에서부터 사·농·공·상·에타穢多·히닌非人으로 분류되었고, 에타나 히닌은 천민집단으로 간주되어 거주 지역이나 공적 생활에서 차별과 배제의 대상이었다. 메이지 정부는 1871년 10월 12일 에타·히닌 등의 천민호칭을 폐지하는 태정관 포고를 내렸는데, 이는 근대적 사회 시스템 구축에 필요한 신분 철폐를 대외적으로 표명한 것이었다. 그러나 당시 일본은 제도적 차별 철폐를 실제적 평등으로 실현시키기 어려운 사회·정치 체제를 가지고 있었다. 즉 천민호칭 폐지는 신분해방이나 사민평등과 관련된 것으로 천황제와 공존하기 어려운 모순을 내포하고 있었고, 이는 정부의 정책이 천민을 위한 실질적 생활개선이나 신분해방을 전개할 수 없게 만드는 요인이 되었다.

그럼에도 불구하고 메이지 정부가 천민호칭 폐지령을 공포한 이유는 무엇이었을까?. 두 가지 이유를 생각해 볼 수 있다.[14] 하나는 정치적 이유로 서구와 같은 근대적인 문명국이 되기 위한 대외적 명분의 필요에서였고, 다른 하나는 경제적 이유로 근대화 정책을 수행하기 위한 재정 확충의 필요에서였다. 다시 말해 대외적으로는 신분적 차별이 존재하지 않는다는 명분이 필요했지만, 실질적으로는 인권적 차원에서가 아니라 세금 징수를 위한 조치로서 천민에게 평민의 신분을 부여했던 것이다. 이런 의미에서 천민호칭 폐지령 이후 천민집단, 즉 부락의 생활 수준은 개선되지 못하였고, 오히려 열악해지는 경향을 나타냈다. 왜냐하면 천민호칭 폐지령은 에타·히닌의 호칭 폐지와 함께

13. 大阪市教育研究所 編, 『部落解放と教育の歴史』, 部落解放研究所, 1973, 9~18쪽.
14. 原田伴彦, 『被差別部落の歴史』, 朝日選書, 1975, 189-191쪽; 部落解放·人權研究所, 『部落問題人權事典』, http://www.blhrri.org/index_top.php 2016년 12월 11일 인출.

지금까지 그들이 가졌던 일종의 특권, 즉 소유지의 무세금과 죽은 소와 말의 독점적 취급권 등과 같은 부락산업의 생산 기반을 빼앗는 결과를 초래했다. 그 결과 부락민은 평민과 같은 지위나 생활 수준 확보가 불가능해졌고, 가장 낮은 수준의 노동자 계층으로 전락하게 되었다.[15] 물론 천민호칭 폐지령 발포 이후 호적법 정비의 필요성이 제기되었고 행정 수행의 과정에서 이들에게 신평민이라는 호칭이 부여되었으나, 이러한 호칭은 오히려 구평민과의 구별을 가져왔고 결과적으로 차별을 지속시키는 구실을 하였다.

2. 부락학교의 성립과 차별교육의 실태

1871년 10월 천민호칭 폐지령과 더불어 1872년에 '학제'가 공포됨으로써 부녀자를 포함한 일반 인민들은 교육받을 수 있는 법적 기반을 갖게 되었다. 그렇지만 법적 조치로 인해 실제적 교육 현실이 일거에 변화되지는 않았다. 메이지 시기를 통해 직업과 계층, 인종이나 남녀에 따른 차별적 교육은 계속 존재했고, 이 가운데 특히 피차별 부락학교와 부락 아동은 교육의 기회를 박탈당하는 최저변의 상황에 놓이게 되었다.

남자 3명, 여자 1명의 1학년생 부락 아동만 따로 좌석이 배치되어 있다. 교원이 불량 학생에게 벌을 줄 때 여학생과 같은 책상에 앉히는 것 이상의 혹독한 벌로 간주했던 것이 부락 아동과 나란히 앉히는 것이었

---

15. 東京都同和教育研究協議會 編, 『東京の被差別部落－歷史と解放運動－』, 東京都同和教育研究協議會, 1978, 98쪽; 日本部落解放研究所, 앞의 책, 189~191쪽.

다. 그것은 낙제보다도 공포스러운 희귀한 벌이었다. 그즈음 부락 자제는 눈물이 날 정도로 유순했다. 부락 학생을 악동 3명이서 윽박지르고, 차고, 밟고, 때리고, 마지막에는 3척 정도의 복도 위에서 아래로 밀어 떨어트리기도 했다. 엄마가 목숨을 걸고 항의하자, 교원은 거꾸로 모친에게 사죄를 시키고, 악동 3명은 아무런 질책도 받지 않았다. 심상 4년이 끝나고 졸업식 후에 촌장도 와서 기념 촬영을 하는데 중심이 되는 졸업생은 한 명도 오지 않았다. 학교에서는 몹시 당황하여…… 아이들은 오고 싶지만 부모가 허락하지 않는다. 천민 아이들과 함께 사진을 찍을 수 없다. …… 기념 촬영은 중지되었다.[16]

여기서 일반인들이 부락민에 대해 갖고 있던 인식과 더불어 학교 현장에서 부락 아동이 처해 있던 상황이 잘 드러난다. 부락 아동이 교육을 받기 위해 다니던 학교는 차별적 사회의식을 그대로 반영하는 장소였고, 교사나 행정 관료의 인식과 태도는 부락 아동이 교육에 접근할 수 있는 기회를 차단시키는 결과를 가져왔다. 이는 일반 아동과 격리된 부락학교 설치의 배경이 되기도 했다. 예를 들면 나라시奈良市의 쓰자카소학교鼓阪小學校는 "본교와의 거리가 불과 3정町 남짓이었지만 원래 에타라고 칭했던 마을과 풍속이나 습관"이 달라서, 혹은 "구평민이 신평민을 멸시하고, 또 함께하는 것을 바라지 않아"서, 혹은 "아이들이 한 책상에 앉아 수업하는 것을 꺼려" 해서 별도의 부락학교를 설치했다.[17] 이에 대해 교원 및 행정 관료는 정부의 국민개학 원칙을 고수하면서 일반인들을 설득하고 독려하기보다는 "이러한 문제가 해당 마을 하나의 문제가 아니라 일반 인민의 정서이며, 일반인의

16. 全國解放敎育硏究會 編, 앞의 책, 565~569쪽.
17. 安川壽之輔 編, 앞의 책, 84쪽.

취학 확보가 더 긴급한 사안"이라는 이유를 들어 본교 이외에 다른 집을 하나 더 빌려 교원이 통근하는 방법으로 부락분교 설립을 추진한다는 태도를 보였다.[18]

이처럼 천민호칭 폐지령이 발포된 이후에도 부락의 아동들은 소위 구평민과 같은 장소에서 공부하는 것이 거의 불가능한 상황이었다. 따라서 전국 각지에서는 부락 아동을 대상으로 하는 부락학교가 다양한 명칭으로 설립되었다. 오사카부大阪府가 돈다바야시시富田林市의 신도무라新堂村에 등교 불편으로 교수출장소教授出張所, 1872년를 설치했을 때 부락 이외의 아동은 광성사光盛寺에서, 부락 아동은 원광사円光寺에서 별도로 교육하도록 했다. 야오시八尾市의 니시고오리소학교西郡小學校는 선념사宣念寺에 별도의 교장校場, 1874년을 설치했고, 도요나카시豊中市의 신행사信行寺에 설치된 소학교1874년와 가이츠카시貝塚市의 시마무라島村를 대상으로 한 학교1875년 등은 모두 별도로 설치된 부락학교였다. 이 밖에도 교토부京都府 오타기군愛宕郡의 렌다이노무라소학교蓮台野村小學校, 1873년와 야나기하라소학교柳原小學校, 1873년, 시모교下京의 야학교1878년, 우지군宇治郡 다이고무라다츠미醍醐村辰巳와 가와다무라川田村의 분교, 단고丹後 지방의 정선사학교淨善寺學校, 1877년, 요사군與謝郡의 가야쵸加悅町와 미야즈쵸스기노마츠宮津町杉ノ松에 설치되었던 분교장 등도 모두 부락 아동을 대상으로 설치된 부락학교였다.[19] 이처럼 부락학교를 지칭하는 이름은 다양했지만, 구평민들과 함께 공부할 수 없는 상황 속에서 별도로 만들어진 장소였다는 점에서는 공통되었다.

이렇게 설치된 부락학교의 시설은 일반 소학교에 비해 아주 열악했

18. 全國解放敎育硏究會 編, 앞의 책, 106~127쪽.
19. 安川壽之輔 編. 앞의 책, 84쪽.

다. 고시베무라센죠越部村仙井 지방을 포함한 잇토군攝東郡의 경우, 1875
년 현재 소학교는 일반학교 34교, 부락학교 4교였는데, 일반 학교의
31.4%가 신축 교사였음에 비해 부락에는 새로운 학교가 신설되지 않
았다. 1876년 모리오카 시카마森岡飾磨에서는 현령縣令으로 학구 개정
이 이루어졌는데, 일반소학교 34교가 18교로 통합되었지만 부락학교
의 경우는 신설된 1교를 포함해 5교로 통폐합의 변동이 없었다. 부락
민을 위한 학교가 오히려 증가했다는 것은 일반인과의 격리가 더 심
화되었다는 점을 말해 준다. 일반 학교의 경우에 평균 7.1곳의 마을에
1교가 설치되었고, 학생은 1교당 평균 176.4명, 교원은 5.2명이었음에
비해, 부락의 경우는 여전히 한 마을에 1교로, 평균 학생 수는 27.8명,
교원은 1명인 소규모인 학교였다.[20]

부락학교는 일반 학교와 비교해 취학률에서 큰 차이를 보였다는 점
에도 주목할 필요가 있다. 교토부京都府 기이군紀伊郡 야나기하라쵸柳原
町의 부락 아동 취학률 상황을 보면 다음과 같다.[21]

1884년 25% 이하(같은 해 평균 58.8%)

1889년 27.5% 이하(50.6%)

1898년 40%(77.1%)

1899년 45.7%(80.5%)

1903년 56.5%(96.0%)

1915년 40.8%

이 자료에 의하면 1884년의 교토부 전체 취학률 평균이 58.8%였음

---

20. 安達五男 編, 앞의 책, 94쪽.
21. 安川壽之輔 編, 앞의 책, 148쪽.

	취학률		출석률		실질 취학률	
	남	여	남	여	남	여
일반 아동	96.4	83.7	92.1	78.9	88.8	66.0
부락 아동	63.0	33.7	58.8	30.8	37.0	10.4
양자의 격차	65.4	40.4			41.7	15.8

단위: %

에 비해 부락 아동의 취학률은 25% 이하였다. 이러한 비율은 1900년 이후가 되어도 거의 변함없이 유지되고 있었다. 이 시기 전국의 공식적 취학률이 80%를 기록했다는 점을 생각한다면 부락 아동이 얼마나 교육의 기회에서 배제되어 있었는가를 단적으로 짐작할 수 있다.

부락 아동은 일반 아동과의 취학률 격차뿐 아니라 남녀별 취학률에서도 커다란 차이를 보였다. 1912년의 미에현三重縣 슈쇼군周桑郡 후카타니무라深谷村의 남녀별 부락 아동의 출석률을 바탕으로 실질 취학률을 산출해 보면 〈표 6〉과 같다.[22]

〈표 6〉을 보면 부락 아동이 취학률과 출석률에서 모두 낮은 수치를 나타내고 있었다. 가령 일반 아동의 취학률을 100으로 환산한다면 부락 아동은 일반 아동에 비해 65.4%(남자)와 40.4%(여자) 정도만이 학교에 다닐 수 있었던 셈이다. 실질 취학률의 측면에서 본다면 부락 동의 취학률은 남자 41.7%, 여자 15.8%로 더욱 낮아졌다. 이러한 취학률은 후카타니무라의 부락 아동이 일반 아동에 비해 학습권=교육을 받을 권리를 제대로 인정받고 있지 못했으며, 특히 여자 아동의 경우는 교육의 기회에서 중층적으로 배제되는 처지였음을 잘 보여 준다. 이러한 사례는 미에현 후카타니무라에만 한정된다고 말하기는 어렵고 당

---

22. 위의 책, 148쪽.

시 피차별 부락에 속한 아동들이 겪고 있던 차별의 실태라고 보아야 할 것이다.

물론 이러한 부락 차별에 대해 저항이 없던 것은 아니었다. 의식 있는 교원과 행정 관료는 신분 폐지에 따른 통합 교육의 필요성을 강조하기도 했고 공학을 주장하기도 했다. 부락민 자신들도 미미하기는 했지만 투쟁을 전개했다. 그러나 당시의 전반적 사회 인식은 차별을 공고히 하는 방향으로 전개되었고 부락 해방과 저항의 움직임은 1920년대 이후 수평사水平社 운동으로 이어지며 더욱 활성화되는 경향을 보였다.

Ⅲ. 부락학교 차별의 논리

학제 발포 직후에 이시즈치현石鐵縣, 현재 愛媛縣의 학무관이었던 나이토 모토유키內藤素行는 천민호칭 폐지령 발포 이후 공학 실현을 위해 노력했으나 일반인들의 인식으로 별학別學이 유지될 수밖에 없는 상황을 다음과 같이 묘사했다.

천민은 ……개가 본다면 자기 동료라고 생각한다. 발 두 개로 걸어 다니는 것이 이상하게 으르렁거린다고 사람들이 말한다. …… 천민이 목욕을 하려면 말과 함께 목욕했다. …… 보통 평민도 소학교를 설치하는 데 상당한 어려움이 있었다. …… 수업료로 한 달에 2전 5리, 도심부에서는 5전을 징수했다. 그래서 빈민에게는 그것을 면제해 주기로 했다. …… 집집을 돌며 자제를 학교에 보낼 것을 부탁했다. …… 천민도 뒤섞여 가르쳐야 한다. 그렇지 않아도 학교에 오기 싫어하는데…… 점점 더…… 학교를 그만둘 구실을 그들에게 만들어 주고, …… 천민들도 상당히 버틴다. …… 다른 아동이 멸시하고 나무라서 아무래도 우리 아이들을 보낼 수 없다고 책망한다. …… 할 수 없이 학교 의자를 별도로 했다. …… 절 안쪽을 보통의 자리로 하고, 툇마루에 거적을 깔아 그곳을 천민의 자리로 구별했는데…… 혹은 천민이 많은 곳에서는 천민만의 작은 학교를 세워 교육하는 곳도 있었다.[23]

메이지 유신 이후 천민호칭 폐지령과 '학제' 발포 등으로 평등에 관한 인식이 널리 유포되었음에도 불구하고 부락 아동 및 부락학교에 대한 차별이 그대로 유지되었던 이유는 무엇일까?

먼저 부락 차별의 인식이 성립할 수밖에 없었던 배경에는 메이지 유신을 통해 일본 민중들이 근대적 국민으로 해방되지 못했다는 점을 들 수 있다. 천민호칭 폐지령이 공포된 후 3년간 오카야마현岡山縣, 고치현高知縣에서는 천민호칭 폐지령에 반대하는 농민 소요가 11건이나 발생했고, 피차별 부락을 습격하는 사태가 반복되었다. 여기에는 유신 이전에 천민보다 우월하다고 생각했던 민중들이 천민호칭 폐지령으로 천민들은 신분이 해방되었는데 자신들은 그대로이고 "그 법령으로 자기 품위만이 실추되었다"는 의식이 작용했다. 더불어 에도 시기의 지배층을 해체할 때 부여된 사족士族에게는 공채를 발행해 경제적 뒷받침을 해 주었음에 반해, 천민호칭 폐지령 발포 이후에는 일반 민중이나 피차별 부락 누구에게도 경제적 보장이 이루어지지 않았다는 점도 부락 차별을 심화시키는 요인으로 작용했다. 이러한 사고방식으로 일반 민중들은 천민호칭 폐지령을 거부했고 신평민들이 자신들과 같이 행동하는 것도 인정하지 않았다.

다음으로 국가를 위한 교육행정이 민중의 생활 현실과 모순·대립하면서 차별적 부락학교를 만들어 냈다는 점이다. 강제의무교육은 민중의 생활 현실에 맞지 않는 것이었고 결과적으로 위로부터의 취학 독촉과 아래로부터의 거부라는 사태에 직면했다.

> 농부…… 수확은 어느 정도 되지만 그 3~4할을 세금으로 내고, 그 1~2할을 공비로 제공하며, 또 그 2~3할을 지주에게 납부해야 하며……

---

23. 愛媛縣近代史料, 『愛媛縣'學制'時代教育關係史料』, 第一輯, 1964, 106~110쪽.

이들의 자제는…… 그 직분에 맞게 가사노동이나 아동노동에 종사할 수밖에 없었다. …… (따라서) 취학을 독촉을 하는 데 많은 어려움이 있으며, 이에 대해 혐오감을 갖도록 하고 사람의 마음을 멀리하게 만든다.[24]

의무교육이 국가적 시책 아래 강제로 시행되었음에도 불구하고 민중들의 경제적 빈곤은 다수의 불취학 아동을 만들어 내는 요인이 되었다. 1900년 당시 히로시마현廣島縣에 존재했던 불취학 아동의 실태를 보면 〈표 7〉과 같다.

〈표 7〉 히로시마현의 불취학자 수 및 불취학 사유

불취학 사유 ＼ 불취학자 수	전체	남자	여자
	31,146	9,130	22,016
질병	4,151	1,509	2,642
빈곤	26,715	7,512	19,203
기타	280	109	171

단위: 명

이처럼 아동이 학교에 가지 못하는 가장 큰 이유는 빈곤 때문이었고, 그 비중은 전체 불취학 아동의 85.7%에 달했다. 특히 빈곤한 가정의 여자가 교육의 기회에서 배제될 가능성은 남자의 두 배 이상이었다.[25] 민중의식의 성장 없이 전개된 천민호칭 폐지와 부락민과의 공학 실현은 그렇지 않아도 아이들을 학교로 보내기 싫어하는 부모, 혹은 빈곤으로 학교에 보낼 수 없는 부모에게 학교를 그만둘, 혹은 정부의 시책에 저항할 절호의 구실을 제공했다. 이런 상황 속에서 교사, 교육 관료, 일반인들은 부락 아동의 별학이나 교육 차별을 어쩔 수 없는

---

24. 安川壽之輔 編, 앞의 책, 100~101쪽.
25. 天野卓郎, 『近代日本の教育と部落問題－廣島地方を中心として』, 部落問題研究所出版部, 1986, 41쪽 참조.

것이라고 자포자기하면서 이를 내면화해 갔던 것이다. 이와 함께 차별철폐에 적극적으로 나서야 할 지역 관료나 학사 관계자조차도 뒤떨어진 민중의식에 공모·가담하면서 시책을 추진해 갔다는 사실은 일본의 근대교육이 민중 혹은 국민을 위하는 방향으로 나아가지 않았음을 단적으로 말해 주는 것이기도 하다.

일본은 메이지 유신을 통해 서구처럼 근대적 개혁을 추진하려 했지만, 사민평등의 슬로건은 일본의 천황제 체제와 양립할 수 없는 것이었다. 일본의 부르주아 계층은 영국이나 프랑스처럼 스스로의 힘으로 봉건적 권력을 타도하고 구지배계급의 특권학교를 계승할 만큼의 사회적 세력을 가지지 못했으며, 정국의 불안정과 경제적 곤궁에 빠져 있던 민중들은 과거에 천민이었던 집단의 지위가 자신과 같아진다는 것에 대해 불안을 느끼고 있었다. 이처럼 근대적 인권의식을 가진 주체로 성장하지 못했던 민중들과 천민호칭 폐지령의 이념에 반대하는 교육행정 관계자가 교육적 차별을 허용하는 데 가담함으로써 메이지 시기 일본의 근대화는 지배층 중심으로 전개될 수밖에 없었다.

여기서 우리가 주목해야 할 점은 메이지 시기의 부락민에 대한 차별의식이 일제강점기 조선총독부가 시행한 식민정책의 본질과 맥을 같이하고 있다는 점이다. 1933년 『오사카 아사히신문 조선판』[26]에는 "전 조선 각지에 부락학교를 창설, 총독부의 신계획"이라는 제목의 기사가 실렸다.

내지에서는 최근 전촌학교全村學校라는 명칭으로 각지에서 활발히 계몽운동을 시도해 좋은 효과를 거두고 있는 것을 감안해, 조선에도 이

---

26. 『大阪朝日新聞 朝鮮版』, 1933년 8월 3일.

방법을 도입한다. 한 부락의 학교를 선정해 부락의 유력자, 학교 직원, 청년층 간부 등이 부락학교 선생이 되고 전도자가 되어 유년, 청년, 장년, 노년, 여자의 각 부분으로 나누어 책임을 맡고, '부락시部落是'를 설치해 이를 근거로 1년간의 프로그램을 만들어 마을을 이끌어 가는 방식이다. 내년도에 우선 전 조선 213군의 각 군에 한 부락씩 모범적인 부락학교를 만들어 이후 매년 군내에 확충해 갈 계획이다.

이러한 계획은 1930년대 초반부터 총독부가 대대적으로 진행한 계몽운동의 일환이었다. 즉 사회교육에 관한 행정조직이 체계화됨에 따라 조선인들의 사상 단속은 '학교의 사회화'와 '사회의 학교화'를 통해 진행되었는데 부락학교의 설치도 이런 연장선상에 있었다는 점이다. 여기서 부락의 의미나 범주가 분명히 제시되지는 않았지만, 당시 일본 내에 존재했던 피차별 부락의 의미를 고려한다면 당시 조선총독부의 일본인 행정 관료들의 인식에는 '조선=피차별 부락'이라는 도식이 형성되어 있었다고 보아도 큰 무리는 없을 것이다. 자신의 불안과 공포를 다른 곳으로 돌리기 위해 타도해야 할 대상을 만들어 내부와 외부를 구분하고, 이들 간의 차이를 차별로 고착화시키는 방식에서 부락차별과 식민지 정책은 많은 점에서 닮아 있다. 이러한 관점은 일제강점기 조선총독부의 식민정책이 왜 그렇게 전개되었는가를 파악하는 중요한 단서가 될 수 있다.

이와 함께 일본의 근대화 과정에서 나타났던 차별의 양상이 세대를 거쳐 현재까지 지속성을 가지고 사람들의 의식 속에 남아 있다는 점에도 주목할 필요가 있다. 1945년 일본이 패망한 이후에도 피차별적 부락학교는 여전히 존재하고 있고, 이들 학교에서 실시되는 차별교육과 왜곡된 교육구조로 인해 학생들은 교육 현장에서 떠날 수밖에 없는 상황으로 내몰리고 있다는 점도 현재 진행형이다. 예를 들면 1977

년 4월 오사카 지역의 조사에 의하면 부락 아동의 고등학교 진학률이나 고교생 중퇴 혹은 유급의 비율은 일반 고교생과 큰 격차를 보이고 있었다. 즉 1976년 3월에 졸업한 부락 학생의 고교 진학률은 82.6%로 부락 이외 아동의 91.5%보다 훨씬 밑돌고 있으며, 부락 학생의 고교진학률도 매년 낮아지고 있다는 것이다. 또 고교생의 중퇴 및 유급 상황을 보면 오사카 지역 공립학교 고교생의 평균 중퇴율이 3% 전후임에 비해, 부락의 고교 입학자 가운데 12.6%가 중퇴하고 있다는 점도 부락학교의 실태를 잘 말해 주고 있다.[27] 이뿐만 아니라 취직이나 결혼에서도 그리고 매스컴 등의 분야에서도 이들에 대한 차별 사건은 지속적으로 일어나고 있다. 이러한 사태의 심각성은 부락학교의 존재가 부락의 문제에만 국한되지 않는다는 점에 있다. 메이지 시기 마이너리티 집단으로서 부락민이 처해 있던 상황은 현재의 아이누·오키나와인과 더불어 재일조선인, 장애인, 외국인 노동자, 여성 등이 겪고 있는 차별적 상황과 맞닿아 있다. 부락민에 대해 이루어졌던 차별교육에 대한 논의는 시대와 지역을 넘어 존재하는 차별적 구조가 어떤 방식으로 유지되고 있는지를 검토할 수 있는 근거를 제공해 준다. 우리 사회에서도 이러한 구조가 의식적, 무의식적으로 재생산되고 양산되고 있는 것은 아닌지, 그렇다면 교육을 통해 이러한 구조를 어떻게 극복해 나갈 수 있는지를 고찰해 보아야 하는 임무가 우리에게 남아 있다.

---

27. 部落解放同盟大阪府連合會·大阪府同和事業促進協議會 編, 「部落の子どもの教育 – 1977年 大阪府連教育實體調查報告書 – 」. 1978을 참조.

참고 문헌

1.

Kenndth B. Pyle, 박영신·박정신 옮김, 『근대일본의 사회사』, 현상과 인식, 1993.

가노 마사나오, 최혜주 옮김, 『일본의 근대사상』, 한울 아카데미, 2003.

가타기리 요시오 외, 이건상 옮김, 『일본 교육의 역사』, 논형, 2011.

김도형, 「가토 히로유키의 초기 정치사상연구: 유교사상과의 관련성 및 변용양상을 중심으로」, 성균관대학교 박사학위논문, 2014.

김병국, 「일본기독교와 우치무라 간조의 복음주의 신학 연구」, 『인문과학연구』 15, 강원대학교 인문과학연구소, 2006.

김정곤, 「西村茂樹의 '일본 도덕론' 연구」, 『동양철학연』 73, 2013.

류대영, 『개화기 조선과 미국 선교사: 제국주의 침략, 개화자강, 그리고 미국 선교사』, 한국기독교역사연구소, 2004.

문명원, 『한·일 기독교 관련사』, 성광문화사, 1993.

민경배, 『개정판 한국기독교회사』, 대한기독교출판사, 1988.

박영복, 『한국기독교 사회교육사』, 세종문화사, 1994.

박용규, 『한국 장로교 사상사』, 총신대학교 출판부, 1996.

박정신, 『한국 기독교사 인식』, 혜안, 2004.

박진우, 『근대 일본 형성기의 국가와 민중』, J&C, 2004.

백낙준, 『한국개신교사: 1832-1910』, 연세대학교 출판부, 1993(5판).

서정민 옮김, 『일본 기독교의 시론적 이해』, 한국기독교역사연구소, 1993.

_____, 「우치무라 간조의 한국관에 대한 해석 문제」, 『기독교 사상』 5월호, 1993, 대학기독교서회, 1993.

_____, 『일본기독교의 한국인식: 기독교회와 민족국가 관계론 연구』, 한울 아카데미, 2000.

_____, 『한일 기독교관계사 연구』, 대한기독교서회, 2002.

스즈키 기쿠코, 「우치무라 간조의 '불경 사건'」, 『종교연구』 47, 한국종교학회, 2007.

쓰지모토 마사시 외, 이기원 외 옮김, 『일본교육의 사회사』, 경인문화사, 2011.

양현혜, 「일본 기독교의 조선 전도」, 『한국기독교와 역사』 5, 한국기독교 역사연구소, 1996.

_____, 「일본 파시즘 체제하의 한일 기독교계의 전향」, 『한일관계사 연구』 14, 한일관계사학회, 2001.

역사교육자협의회, 김한종 외 옮김, 『학교사로 읽는 일본근현대사』, 책과함께, 2012.

우지타 쇼조, 김석근 옮김, 『천황제 국가의 지배원리』, 논형, 2009.

유모토 고이치, 『일본근대의 풍경』, 그린비, 2004.

윤상인·박규태 편, 『일본의 발명과 근대』, 이산, 2006.

이건상 외, 『일본의 근대화와 조선의 근대』, 도서출판 모시는 사람들, 2013.

이권희, 『근대 일본의 국민국가 형성과 교육』, 케포이북스, 2013.

이기용, 「內村鑑三의 기독교 사상 및 그의 일본관과 조선관」, 『한일관계사 연구』 9, 한일관계사학회, 1998.

이덕주, 『한국 토착교회 형성사 연구』, 한국기독교역사연구소, 2001.

이명실, 「일본의 교육칙어 수정론에 관한 일 고찰」, 『한국교육사학』 38(4), 2016.

_____, 「메이지 전기 일본의 도덕교육 논쟁에 관한 연구」, 『교육사학연구』 26(1), 2016.

_____, 「1890년 일본의 학제개혁 연구」, 『한국일본교육학연구』 19(2), 2015.

_____, 「메이지 전기 일본의 국가주의 교육사상에 관한 고찰」, 『한국교육사학』 35(1), 2013.

_____, 「두 개의 불경 사건과 천황제교육의 향방」, 『한국교육사학』 35(4), 2013.

_____, 「메이지 초기 신도국교화 정책의 추진과 좌절」, 『한국일본교육학연구』 17(1), 2012.

_____, 「메이지 시기 일본의 차별교육에 관한 고찰」, 『한국교육사학』 33(3), 2011.

_____, 「메이지 초기 일본의 미션스쿨」, 『교육사학연구』 19(1), 2009.

_____, 「일본 메이지 정부의 '문부성훈령 12호'와 조선총독부의 '개정사립학교규칙'에 관한 고찰」, 『한국교육사학』 30(2), 한국교육사학회, 2008.

_____, 「메이지 시기 일본의 여자교육과 여학생」, 『역사와 문화』 16, 2008.

_____, 「일본 메이지 시기 기독교계 학교의 위기와 그들의 선택」, 『한국교육사학』 29(1), 2007.

이성전, 「선교사와 일제하 조선의 교육」, 『한국기독교와 역사』 3, 1994.

이에나가 사부로, 『근대 일본 사상사』, 소명출판, 2006.

이윤진, 「탈교호론적 관점으로 본 내한 선교사 및 선교정책」, 『한국 교육사학』 27(1), 2005.

이진구, 「일제의 종교/교육 정책과 종교자유의 문제」, 『종교연구』 38, 2005.

이혜경, 「양명학과 근대일본의 권위주의-이노우에 데쓰지로와 다카세 다케지로를 중심으로」, 『철학사상』 33, 서울대학교 철학사상연구소, 2008.

장석만, 「'근대문명'이라는 이름의 개신교」, 『역사비평』 봄호, 역사문제연구소, 1999.

_____, 「19세기 말-20세기 초 한·중·일 삼국의 정교분리담론」, 『역사와 현실』 4, 한국역사연구회, 1990

전성곤, 「일본인의 퇴계 이해와 '유교': 야마자키 안사이山崎闇齋와 모토다 나가자네元田永孚를 중심으로」, 『退溪學論集』 6, 2010.

土肥昭夫, 김수진 옮김, 『일본기독교사』, 기독교문사, 1991.

한국기독교역사연구소, 『한국기독교의 수난과 저항』, 신교출판사, 1995.

한규원, 『한국 기독교학교의 민족교육 연구: 개화기를 중심으로』, 국학자료원, 2003.

한용진, 『근대 이후 일본의 교육』, 도서출판 문, 2010.

함동주, 『천황제 근대국가의 탄생』, 창비, 2009.

홍치모, 「일본 근대화의 성격과 기독교」, 『신학지남』 겨울호, 신한지남사, 2004.

황호철, 「후쿠자와 유키치의 실용주의 교육사상 연구」, 단국대학교 박사학위논문, 2001.

후지타 쇼조, 『천황제 국가의 지배원리』, 논형, 2009.

2.

「敎育令」 1879.

「敎育令改正」 1880.

「敎育令改正案」 1880.

「敎育令布告案」 1878.

「敎學聖旨」 1879.

「文部省布達」 第27號, 1873年 3月 13日.

「文部省布達」 第30號, 1873年 3月 18日.

「文部省布達」 第57號, 1873年 4月 29日.

「文部省布達」 第71號, 1873年 5月 14日.

文部省, 『高等小學修身書 第一學年兒童用』, 秀英舍, 1904.

文部省, 『第15年報』, 1889.

文部省令第11號, 「小學校敎則大綱」, 1891년 11月 17日.

文部省普通學部局長通牒, 「小學校ノ修身敎科書ニ關スル件」, 1891年 10月 7日.

文部省編集局, 『倫理書』, 1888(『森有禮全集』 第一卷, 1972).

『京華日報』 1901年 1月 11日('敎育界の大怪事',).

『官報』 第2388號, 1891年 6月 17日.

『敎育時論』 第465號, 1898年 3月

『敎育時論』 第560號, 1901年 2月 15日.

『敎育新聞』 第35號, 1873年 11月.

『大阪朝日新聞 朝鮮版』, 1933年 8月 3日.

『富士新聞』 1901년 2月 1日.

『時事新報』 1900年 8月 24日.

『信飛新聞』 第159號, 1876年 7月 22日.

『日本外交文書』 第5卷, 1938.

『日本』 1890年 11月 3日.

『日本』 1901年 2月 22日.

『日出新聞』 1890年 1月 9日.

『七一雜報』 408號, 1883年 12月.

『太陽』 第7卷第2號, 1901年 3月 5日.

『東京第一長老敎會老會記錄』 第4호, 1875.

3.

加藤弘之,「眞政大意」, 1870(下出隼吉,『明治社會思想研究』, 淺野書店, 1929).

_____,『國體新論』, 谷山樓藏梓, 1874.

_____,『德育方法案』, 東京秀英社, 1887.

_____,『人權新說』, 谷山樓藏梓, 1882

高橋五郎,『拜僞哲學論』, 東京:民友社出版, 1893.

九鬼隆一,「第三大學區巡視報告」, 1877.

內村鑑三,「ベル宛內村鑑三書簡」, 1891年 3月 6일(山往正己,『日本近代思想大系6 教育の體系』, 岩波書店, 2000).

_____,「文學博士井上哲次郎君に呈する公開狀」,『敎育時論』第285號, 1893年 3月.

芳川顯正,「文部大臣訓示」,『官報』, 1890年 10月 31日.

柏木義圓,「勅語と基督敎(井上博士の意見を評す)」,『同志社文學』59・60號, 1892年11月・12月.

福澤諭吉,「儒敎主義の成跡甚だ恐る可し」, 1883(『福澤全集九卷』, 國民圖書株式會社, 1926).

_____,『德育如何』, 1882(『福澤全集 5』, 時事新報社, 1956).

西村茂樹,「第二大學區巡視報告」, 1877.

_____,『日本道德論』, 1887(第三版, 杉原活版所, 1892).

_____,「往事錄」, 明治年間(김정곤,「西村茂樹의 '일본도덕론' 연구」,『동양철학연구』73, 2013,

元田永孚,「敎育議附議」, 1879.

伊藤博文,「敎育議」, 1879.

井上賴國,『高等小學修身書 第一上 生徒用』, 坂上半七, 1893.

井上毅,「國典講究ニ關スル演說」(井上毅傳記編纂委員會 編,『井上毅傳 史料篇』第五, 1971).

井上哲次郎,「宗敎と敎育との關係につき井上哲次郎氏の談話」,『敎育時論』第272號, 1892年 11月.

_____,『敎育ト宗敎ノ衝突』, 敬業社, 1893.

_____,『國民道德論』, 三省堂, 1912.

_____,『內地雜居論』, 哲學書院, 1889.

_____,『我が國體と國民道德』, 廣文堂書店, 1925.

_____,『新修 國民道德論』, 三省堂, 1928.

_____,「敎育勅語に修正を加へよ」(『續・現代史資料8 敎育1』, みすず書房, 1994).

佐藤正,「新日本の對象と敎育方針」(『續・現代史資料8 敎育1』, みすず書房, 1994).

「ブラウン書簡隼」(明治學院 編,『明治學院百年史』, 1977).

Carrothers, Mrs. J. D., *The Sunrise Kingdom*, Philadelphia, 1879.

The Japanese Ambassador of Public Affairs, *An Interview on his Departure from England*, 1884年 2月 26日(『森有禮全集』第三卷, 1972).

4.

ひろた まさき,『文明開化と民衆意識』, 靑木書店, 1979.

フェリス女學院100年史編集委員會 編,『フェリス女學院100年史』, 1970.

講座日本教育史編集委員會 編,『講座日本教育史2』, 第一法規, 1984.

兼重宗和,「井上毅の教育思想-とくに歷史·地理教育政策より-」,『德山大學論叢』第
　　11·12 合倂號, 1979.

京都府,『京都府百年の年表 5』, 京都府立總合資料館, 1972.

慶應義塾 編,『慶應義塾五十年史』, 1965.

谷川穰,「敎部省敎化政策の轉回と挫折-'敎育と宗敎の分離'を中心として-」,『史林』第
　　83卷第6號, 2000.

關川悅雄,「近代日本における人間形成の問題-內村鑑三 '不敬事件'を中心にして-」,『敎
　　育學雜誌』10, 1976.

駒込武,『植民地帝國日本の文化統合』, 岩波書店, 1996.

堀孝言彦,『日本における近代倫理の屈折』, 未來社, 2002.

內田修道·牧原憲夫 編,『明治建白書集成』第二卷, 筑摩書房, 1990.

唐澤富太郎,『女子學生の歷史』, 木耳社, 1979.

大內三郎他 編,『日本キリスト教教育史-思想編-』, 創文社, 1993.

大阪市教育硏究所 編,『部落解放と教育の歷史』, 部落解放硏究所, 1973.

德富猪一郎,『大正の靑年と帝國の前途』, 民友社, 1916.

東京都同和教育硏究協議會 編,『東京の被差別部落歷史と解放運動-』, 東京都同和教
　　育硏究協議會, 1978.

頭山滿,『文學博士井上哲次郎氏ノ神宮皇室ニ關スル大不敬事件』, 出版者不明, 1926.

藤原彰·今井淸一·大江志乃夫 編,『近代日本史の基礎知識』, 有斐閣ブックス, 1983,

鈴木博雄 編,『原典·解說 日本教育史』, 圖書文化, 1985.

籠谷次郎,『近代日本における教育と國家の思想』, 阿吽社, 1994.

菱田隆昭 외,「日本の中等教育課程と教育法に關する基礎的硏究-明治期における中等
　　教育の確率と長野縣-」,『常磐大學人間科學部紀要 人間科學』第24卷 第2號, 2007.

林竹二,「森有禮硏究」,『東北大學教育學部硏究年報』第16集, 1968.

立教學院百年史編纂委員會 編,『立教學院百年史』, 1974,

明治學院 編,『明治學院百年史』, 1977.

牧原憲夫,『明治七年の大論爭-建白書から見た近代國家と民衆-』, 日本經濟評論社,
　　1990.

文部省 編,『學制百年史』, 1972.

部落解放同盟大阪府連合會·大阪府同和事業促進協議會 編,「部落の子どもの教育實
　　體-1977年大阪府連教育實體調査報告書-」, 1978.

山口和孝,「訓導と教導職」,『教育硏究』24, 國際基督教大學, 1982.

山路愛山,「現代日本教會史論」,『基督教評論·日本人民史』, 岩波書店, 1966.

＿＿＿＿,「現代日本教會史論」,『現代日本文學大系 6』, 筑摩書房, 1969.

山住正己 編,『日本近代思想史大系6 教育の體系』, 岩波書店, 1990·2000.

森川輝紀,『教育勅語への道』, 三元社, 2011.

西谷敬,「日本の近代化のエートスの限界：啓蒙主義の挫折」,『奈良女子大學文學部教育
　　文化情報學講座年報』2, 1997.

西谷成憲,「加藤弘之『德育方法案』に關する一考察」,『東京學藝大學紀要』1部門, 33,
　　1982.

石島庸男,「京都番組小學校創出の鄕學的意義」,『講座日本教育史2』, 第一法規, 1984.

石田圭介,『近代知識人の天皇論』, 日本教文社, 1987.

石井研堂,『明治事物起原(三)』, 筑摩書房. 1997.

石井孝,『明治維新と自由民權』, 有隣堂, 1993.

石川松太郎 編,『教育の歷史』, 放送大學教育振興會, 1995.

小股憲明,「教育勅語撤回風說事件と中島德藏藏」,『人文學報』第67號, 京都大學人文
　　科學研究所, 1990.

_____,「日淸·日露戰間期における新教育勅語について」,『人文學報』第64號, 京都
　　大學人文科學研究所, 1989.

_____,『明治期における不敬事件の研究』, 思文閣出版, 2010.

所功,「教育勅語の成立と展開」,『産大法學』44(4), 2011.

小關恒雄,「明治初期東京大學醫學部卒業生動靜一覽」,『日本醫史學雜誌』36(3),
　　1990.

小川原正道,「教部省民衆教化政策に關する一考察−'明治五·六年'東京を中心に−」,『法
　　學政治學論究』第44號, 2000.

小泉策太 筆記·木村毅 編,『西園寺公望自傳』, 講談社, 1949.

勝田政治,『內務省と明治國家形成』, 吉川弘文館, 2002.

神山榮治,「ナポレオン學制と明治五年」,『講座 日本教育史2』, 第一法規, 1984.

阿部義宗,『日本におけるキリスト教系學校の現狀』, 基督教學校教育聯盟, 1961.

安川壽之輔 編,『日本近代教育と差別』, 明石書店, 1998.

愛媛縣近代史料,『愛媛縣'學制'時代教育關係史料』, 第一輯, 1964.

五十嵐顯 編,『岩波教育小辭典』, 岩波書店, 1982.

窪田祥宏,「明治後期における公教育體制の動搖と再編」,『教育學雜誌』17, 1983.

原田伴彦,『被差別部落の歷史』, 朝日選書, 1975.

長谷川精一,『森有禮における國民的主體の創出』, 思文閣出版, 2007.

全國解放教育研究會 編,『部落解放教育資料集成 第一卷』, 部落問題研究所出版部,
　　1985.

靜岡英和女學院,『靜岡英和女學院八十年史 1887-1967』, 1971.

井上毅傳記編纂委員會 編,『井上毅傳 史料篇』, 1971.

政池仁,『內村鑑三』, 三一書店, 1953.

佐藤秀夫 編,『續現代史資料8 教育 御眞影と教育勅語1』, みすず書房, 2004.

中園嘉巳,「加藤弘之と社會進化論」,『青山スタンダード論集』7, 2012.

天野郁夫 編,『學歷主義の社會史』, 有信堂, 1991.

天野卓郎,『近代日本の教育と部落問題-島地方を中心として-』, 部落問題研究所出版部, 1986.

靑年修養會 編,『近代日本偉人の靑年時代』, 東京:大洋社版, 1938.

靑山學院 編,『靑山學院百年史』, 1975.

淸川郁子,『近代公教育の成立と社會構造』, 世織書房, 2007.

總合女性史硏究會 編,『史料にみる日本女性のあゆみ』, 吉川弘文館, 2000.

貝塚茂樹,『日本道德教育論爭史 第I期: 近代道德教育の摸索と創出』, 日本圖書センタ-, 2012

平塚益德,「日本基督教教育史硏究」,『平塚益德著作集』, 東京:教育開發硏究所, 1985.

海後宗臣 編,『井上毅の教育政策』, 東京大學出版部, 1968.

海後宗臣·仲新,『日本教科書大系 近代編第3卷 修身(3)』, 講談社, 1978.

戶田文明,「加藤弘之の'轉向'」,『四天王寺國際佛教大學紀要』44, 2007.

花井信,『近代日本地域教育の展開』, 梓出版社, 1986.

5.

'加藤弘之', https://ja.wikipedia.org/wiki/ 2016년 3월 10일 인출.

'高等女學校令施行規則(抄)' 1901, http://www.mext.go.jp/b_menu/hakusho/ html/others/detail/ 1318041.htm 2016년 12월 16일 인출.

'高等學校修業年限及入學程度' 1894年 7月 12日 文部省令 第16號, http://www. mext.go.jp/b_menu/hakusho/html/others/detail/1318054.htm 2016년 3월 12일 인출.

'公文書にみる岩倉使節團', https://www.jacar.go.jp/iwakura/ 2016년 11월 17일 인출.

'教育令', http://www.next.go.jp/b_menu/hakusho/html 2016년 12월 16일 인출.

'教育ニ關スル勅語', https://ja.wikipedia.org/wiki/ 2016년 6월 13일 인출.

'教學聖旨と文教政策の變化', http://www.mext.go.jp/b_menu/hakusho/ 2016년 3월 24일 인출.

'女子教育', https://ja.wikipedia.org/wiki/ 2016년 12월 16일 인출.

'德育論爭', http://homepage3.nifty.com/ 2016년 3월 24일 인출.

'明治期の跡見女學校', http://www.atomi.ac.jp/enkaku/ 2016년 12월 6일 인출.

'明治六大教育家', https://ja.wikipedia.org/wiki/ 2016년 11월 28일 인출.

'明治初期の女子教育', http://www.mext.go.jp/b_menu/hakusho/html/others/ detail/1317595.htm/ 216년 12월 9일 인출).

'明治憲法と教育勅語', http://www.mext.go.jp/b_menu/hakusho/html/others/ detail/1317610.htm 2016년 3월 12일 인출.

'文部大臣', http://ja.wikipedia.org 및 http://www.mext.go.jp 2016년 3월 24일 인출.

'米歐亞回覽の會', http://www.iwakura-mission.gr.jp/ 2016년 12월 1일 인출.

'福澤諭吉', https://ja.wikipedia.org/wiki/ 2016년 11월 17일 인출.

'森有禮の道德思想について', http://www.liberalarts.cc/index.html 2013년 2월 12
일 인출.

'西園寺公望', https://ja.wikipedia.org/wiki/ 2016년 12월 13일 인출.

'設置者別·學校種別學校數', http://www.mext.go.jp/b_menu/hakusho/html/

'小學校教則大綱(抄)', 明治二十四年十一月十七日文部省令第十一號, http://www.
mext.go.jp/ b_menu/hakusho/html/others/detail/1318015.htm 2016년 12월 15
일 인출.

'實學党', https://ja.wikipedia.org/wiki/ 2016년 11월 25일 인출.

'熊本英學校事件', https://ja.wikipedia.org/wiki/ 2016년 12월 8일 인출.

'日米修好通商條約', https://ja.wikipedia.org/wiki/, 2016년 11월 14일 인출.

'日本の大藏大臣·財務大臣一覽', https://ja.wikipedia.org/wiki/ 2016년 3월 24일 인
출.

'條約改正', https://ja.wikipedia.org/wiki/ 2016년 12월 20일 인출.

'中島德藏', https://ja.wikipedia.org/wiki/ 2016년 12월 15일 인출.

'中學校令施行規則(抄)', 1901, http://www.mext.go.jp/b_menu/hakusho/html/
others/ detail/ 1318040.htm 2016년 12월 16일 인출.

'哲學館事件', https://ja.wikipedia.org/wiki/ 2016년 12월 15일 인출.

'學校系統圖, http://www.mext.go.jp/ 2016년 12월 5일 인출.

'學齡兒童數および就學兒童數', http://www.mext.go.jp/b_menu/hakusho 2016년
3월 25일 인출.

'學事獎勵ニ關スル被仰出書', 1872, http://www.geocities.jp/sybrma/61gakujisy
ourei.html 2016년 3월 12일 인출.

'學制', http://www.mext.go.jp/b_menu/hakusho 2016년 12월 19일 인출.

'學制二編', 1873, http://ja.wikisource.org 2014년 12월 31일 인출.

'學制二編中追加', 1873, http://ja.wikisource.org 2014년 12월 31일 인출.

'學制二編追加頒布', 1873, http://ja.wikisource.org 2014년 12월 31일 인출.

間瀨正次, 「わが國の道德教育の基盤」, http://rc.moralogy.jp/ 2016년 3월 10일 인출.

稻田正次氏, 『教育勅語成立過程の研究』, 講談社, 1971, http://www.seisaku-
center.net/n 2016년 4월 1일 인출.

文部省, 『學制百年史 資料編』, http://www.mext.go.jp/b_menu/hakusho/ 2016년
12월 20일 인출.

部落解放·人權研究所, 『部落問題人權事典』, http://blhrri.org/nyumon/yougo/
nyumon_yougo_09.html 2011년 10월 11일 인출.

찾아보기

삶의 행복을 꿈꾸는 교육은
어디에서 오는가? 미래 100년을 향한 새로운 교육

▶ 교육혁명을 앞당기는 배움책 이야기
혁신교육의 철학과 잉걸진 미래를 만나다!

핀란드 교육혁명
한국교육연구네트워크 총서 01 | 320쪽 | 값 15,000원

일제고사를 넘어서
한국교육연구네트워크 총서 02 | 284쪽 | 값 13,000원

새로운 사회를 여는 교육혁명
한국교육연구네트워크 총서 03 | 380쪽 | 값 17,000원

교장제도 혁명
한국교육연구네트워크 총서 04 | 268쪽 | 값 14,000원

새로운 사회를 여는 교육자치 혁명
한국교육연구네트워크 총서 05 | 312쪽 | 값 15,000원

혁신학교에 대한 교육학적 성찰
한국교육연구네트워크 총서 06 | 308쪽 | 값 15,000원

혁신학교
성열관·이순철 지음 | 224쪽 | 값 12,000원

행복한 혁신학교 만들기
초등교육과정연구모임 지음 | 264쪽 | 값 13,000원

서울형 혁신학교 이야기
이부영 지음 | 320쪽 | 값 15,000원

혁신교육, 철학을 만나다
브렌트 데이비스·데니스 수마라 지음
현인철·서용선 옮김 | 304쪽 | 값 15,000원

혁신교육 존 듀이에게 묻다
서용선 지음 | 292쪽 | 값 14,000원

다시 읽는 조선 교육사
이만규 지음 | 750쪽 | 값 33,000원

학교를 개선하는 교장
지속가능한 학교 혁신을 위한 실천 전략
마이클 풀란 지음 | 서동연·정효준 옮김 | 216쪽 | 값 13,000원

프레이리와 교육
한국교육연구네트워크 번역 총서 01
존 엘리아스 지음 | 한국교육연구네트워크 옮김
276쪽 | 값 14,000원

교육은 사회를 바꿀 수 있을까?
한국교육연구네트워크 번역 총서 02
마이클 애플 지음 | 강희룡·김선우·박원순·이형빈 옮김
352쪽 | 값 16,000원

비판적 페다고지는
세상을 변화시킬 수 있는가?
한국교육연구네트워크 번역 총서 03
Seewha Cho 지음 | 심성보·조시화 옮김 | 280쪽 | 값 14,000원

마이클 애플의 민주학교
한국교육연구네트워크 번역 총서 04
마이클 애플·제임스 빈 엮음 | 강희룡 옮김 | 276쪽 | 값 14,000원

미래교육의 열쇠, 창의적 문화교육
심광현·노명우·강정석 지음 | 368쪽 | 값 16,000원

대한민국 교사, 어떻게 가르칠 것인가?
윤성관 지음 | 320쪽 | 값 15,000원

아이들을 어떻게 가르칠 것인가
사토 마나부 지음 | 박찬영 옮김 | 232쪽 | 값 13,000원

아이들의 배움은 어떻게 깊어지는가
이시이 준지 지음 | 방지현·이창희 옮김 | 200쪽 | 값 11,000원

모두를 위한 국제이해교육
한국국제이해교육학회 지음 | 364쪽 | 값 16,000원
2015 세종도서 학술부문

경쟁을 넘어 발달 교육으로
현광일 지음 | 288쪽 | 값 14,000원

독일 교육, 왜 강한가?
박성희 지음 | 324쪽 | 값 15,000원

대한민국 교육혁명
교육혁명공동행동 연구위원회 지음 | 224쪽 | 값 12,000원

학교생활기록부를 디자인하라
박용성 지음 | 268쪽 | 값 14,000원

▶ 비고츠키 선집 시리즈
발달과 협력의 교육학 어떻게 읽을 것인가?

 생각과 말
레프 세묘노비치 비고츠키 지음
배희철·김용호·D. 켈로그 옮김 | 690쪽 | 값 33,000원

 성장과 분화
L.S. 비고츠키 지음 | 비고츠키 연구회 옮김
308쪽 | 값 15,000원

 도구와 기호
비고츠키·루리야 지음 | 비고츠키 연구회 옮김
336쪽 | 값 16,000원

 의식과 숙달
L.S 비고츠키 | 비고츠키 연구회 옮김
348쪽 | 값 17,000원

 어린이 자기행동숙달의 역사와 발달 I
L.S. 비고츠키 지음 | 비고츠키 연구회 옮김
564쪽 | 값 28,000원

 관계의 교육학, 비고츠키
진보교육연구소 비고츠키교육학실천연구모임 지음
300쪽 | 값 15,000원

 어린이 자기행동숙달의 역사와 발달 II
L.S. 비고츠키 지음 | 비고츠키 연구회 옮김
552쪽 | 값 28,000원

 비고츠키 생각과 말 쉽게 읽기
진보교육연구소 비고츠키교육학실천연구모임 지음
316쪽 | 값 15,000원

 어린이의 상상과 창조
L.S. 비고츠키 지음 | 비고츠키 연구회 옮김
280쪽 | 값 15,000원

 비고츠키와 인지 발달의 비밀
A.R. 루리야 지음 | 배희철 옮김 | 280쪽 | 값 15,000원

 연령과 위기
L.S. 비고츠키 지음 | 비고츠키 연구회 옮김
336쪽 | 값 17,000원

 수업과 수업 사이
비고츠키 연구회 지음 | 196쪽 | 값 12,000원

▶ 평화샘 프로젝트 매뉴얼 시리즈
학교 폭력에 대한 근본적인 예방과 대책을 찾는다

 학교 폭력 어떻게 만들어지는가
문재현 외 지음 | 300쪽 | 값 14,000원

 아이들을 살리는 동네
문재현·신동명·김수동 지음 | 204쪽 | 값 10,000원

 학교 폭력, 멈춰!
문재현 외 지음 | 348쪽 | 값 15,000원

 평화! 행복한 학교의 시작
문재현 외 지음 | 252쪽 | 값 12,000원

 왕따, 이렇게 해결할 수 있다
문재현 외 지음 | 236쪽 | 값 12,000원

 마을에 배움의 길이 있다
문재현 지음 | 208쪽 | 값 10,000원

 젊은 부모를 위한 백만 년의 육아 슬기
문재현 지음 | 248쪽 | 값 13,000원

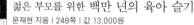

▶ 창의적인 협력수업을 지향하는 삶이 있는 국어 교실
우리말 글을 배우며 세상을 배운다

 중학교 국어 수업 어떻게 할 것인가?
김미경 지음 | 340쪽 | 값 15,000원

 이야기 꽃 1
박용성 엮어 지음 | 276쪽 | 값 9,800원

 토론의 숲에서 나를 만나다
명혜정 엮음 | 312쪽 | 값 15,000원

 이야기 꽃 2
박용성 엮어 지음 | 294쪽 | 값 13,000원

 토닥토닥 토론해요
명혜정·이명선·조선미 엮음 | 288쪽 | 값 15,000원

인문학의 숲을 거니는 토론 수업
순천국어교사모임 엮음 | 308쪽 | 값 15,000원

 어린이와 시
오인태 지음 | 192쪽 | 값 12,000원

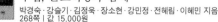 수업, 슬로리딩과 함께
박경숙·강슬기·김정욱·장소현·강민정·전혜림·이혜민 지음
268쪽 | 값 15,000원

▶ 4·16, 질문이 있는 교실 마주이야기
통합수업으로 혁신교육과정을 재구성하다!

통하는 공부
김태호·김형우·이경석·심우근·허진만 지음
324쪽 | 값 15,000원

주제통합수업, 아이들을 수업의 주인공으로!
이윤미 외 지음 | 392쪽 | 값 17,000원

내일 수업 어떻게 하지?
아이함께 지음 | 300쪽 | 값 15,000원
2015 세종도서 교양부문

수업과 교육의 지평을 확장하는 수업 비평
윤양수 지음 | 316쪽 | 값 15,000원
2014 문화체육관광부 우수교양도서

인간 회복의 교육
성래운 지음 | 260쪽 | 값 13,000원

교사, 선생이 되다
김태은 외 지음 | 260쪽 | 값 13,000원

교과서 너머 교육과정 마주하기
이윤미 외 지음 | 368쪽 | 값 17,000원

교사의 전문성, 어떻게 만들어지나
국제교원노조연맹 보고서 | 김석규 옮김 392쪽 | 값 17,000원

수업 고수들 수업·교육과정·평가를 말하다
박현숙 외 지음 | 368쪽 | 값 17,000원

수업의 정치
윤양수·원종희·장군 지음 | 280쪽 | 값 14,000원

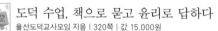
도덕 수업, 책으로 묻고 윤리로 답하다
울산도덕교사모임 지음 | 320쪽 | 값 15,000원

학교협동조합,
현장체험학습과 마을교육공동체를 잇다
주수원 외 지음 | 296쪽 | 값 15,000원

체육 교사, 수업을 말하다
전용진 지음 | 304쪽 | 값 15,000원

거꾸로교실,
잠자는 아이들을 깨우는 수업의 비밀
이민경 지음 | 280쪽 | 값 14,000원

교실을 위한 프레이리
아이러 쇼어 엮음 | 사람대사람 옮김 | 412쪽 | 값 18,000원

교사는 무엇으로 사는가
정은균 지음 | 292쪽 | 값 15,000원

마을교육공동체란 무엇인가?
서용선 외 지음 | 360쪽 | 값 17,000원

마음의 힘을 기르는 감성수업
조선미 외 지음 | 300쪽 | 값 15,000원

21세기 교육과 민주주의
한국교육연구네트워크 번역 총서 05
넬 나딩스 지음 | 심성보 옮김 | 392쪽 | 값 18,000원
2016 세종도서 학술부문

작은 학교 아이들
지경준 엮음 | 376쪽 | 값 17,000원

교사, 학교를 바꾸다
정진화 지음 | 372쪽 | 값 17,000원

감성 지휘자, 우리 선생님
박종국 지음 | 308쪽 | 값 15,000원

함께 배움
학생 주도 배움 중심 수업 이렇게 한다
니시카와 준 지음 | 백경석 옮김 | 280쪽 | 값 15,000원

대한민국 입시혁명
참교육연구소 입시연구팀 지음 | 220쪽 | 값 12,000원

공교육은 왜?
홍섭근 지음 | 352쪽 | 값 16,000원

교사를 세우는 교육과정
박승열 지음 | 312쪽 | 값 15,000원

자기혁신과 공동의 성장을 위한
교사들의 필리버스터
윤양수·원종희·장군·조경삼 지음 | 280쪽 | 값 14,000원

전국 17명 교육감들과 나눈
교육 대담
최창의 대담·기록 | 272쪽 | 값 15,000원

함께 배움 이렇게 시작한다
니시카와 준 지음 | 백경석 옮김 | 196쪽 | 값 12,000원

 함께 배움 교사의 말하기
니시카와 준 지음 | 백경석 옮김 | 188쪽 | 값 12,000원

 교육과정 통합, 어떻게 할 것인가?
성열관 외 지음 | 192쪽 | 값 13,000원

 들뢰즈와 가타리를 통해
유아교육 읽기
리세롯 마리엣 올슨 지음 | 이연선 외 옮김 | 328쪽 | 값 17,000원

 학교 민주주의의 불한당들
정은균 지음 | 276쪽 | 값 14,000원

 교육과정, 수업, 평가의 일체화
리사 카터 지음 | 박승열 외 옮김 | 196쪽 | 값 13,000원

▶ 교과서 밖에서 만나는 역사 교실
상식이 통하는 살아 있는 역사를 만나다

 전봉준과 동학농민혁명
조광환 지음 | 336쪽 | 값 15,000원

 남도의 기억을 걷다
노성태 지음 | 344쪽 | 값 14,000원

 응답하라 한국사 1·2
김은석 지음 | 356쪽·368쪽 | 각권 값 15,000원

 즐거운 국사수업 32강
김남선 지음 | 280쪽 | 값 11,000원

 즐거운 세계사 수업
김은석 지음 | 328쪽 | 값 13,000원

 강화도의 기억을 걷다
최보길 지음 | 276쪽 | 값 14,000원

 광주의 기억을 걷다
노성태 지음 | 348쪽 | 값 15,000원

 선생님도 궁금해하는
한국사의 비밀 20가지
김은석 지음 | 312쪽 | 값 15,000원

 걸림돌
키르스텐 세룹-빌펠트 지음 | 문봉애 옮김
248쪽 | 값 13,000원

 역사수업을 부탁해
열 사람의 한 걸음 지음 | 388쪽 | 값 18,000원

 교과서 밖에서 배우는 역사 공부
정은교 지음 | 292쪽 | 값 14,000원

 팔만대장경도 모르면 빨래판이다
전병철 지음 | 360쪽 | 값 16,000원

 빨래판도 잘 보면 팔만대장경이다
전병철 지음 | 360쪽 | 값 16,000원

 영화는 역사다
강성률 지음 | 288쪽 | 값 13,000원

 친일 영화의 해부학
강성률 지음 | 264쪽 | 값 15,000원

 한국 고대사의 비밀
김은석 지음 | 304쪽 | 값 13,000원

 조선족 근현대 교육사
정미량 지음 | 320쪽 | 값 15,000원

 다시 읽는 조선근대교육의 사상과 운동
윤건차 지음 | 이명실·심성보 옮김 | 516쪽 | 값 25,000원

 음악과 함께 떠나는 세계의 혁명 이야기
조광환 지음 | 292쪽 | 값 15,000원

 논쟁으로 보는 일본 근대교육의 역사
이명실 지음 | 324쪽 | 값 17,000원

▶ 더불어 사는 정의로운 세상을 여는 인문사회과학
사람의 존엄과 평등의 가치를 배운다

 밥상혁명
강양구·강이현 지음 | 298쪽 | 값 13,800원

 좌우지간 인권이다
안경환 지음 | 288쪽 | 값 13,000원

 도덕 교과서 무엇이 문제인가?
김대웅 지음 | 272쪽 | 값 14,000원

 민주시민교육
심성보 지음 | 544쪽 | 값 25,000원

 자율주의와 진보교육
조엘 스프링 지음 | 심성보 옮김 | 320쪽 | 값 15,000원

 민주시민을 위한 도덕교육
심성보 지음 | 500쪽 | 값 25,000원
2015 세종도서 학술부문

 민주화 이후의 공동체 교육
심성보 지음 | 392쪽 | 값 15,000원
2009 문화체육관광부 우수학술도서

 교과서 밖에서 배우는 인문학 공부
정은교 지음 | 280쪽 | 값 13,000원

 갈등을 넘어 협력 사회로
이창언·오수길·유문종·신윤관 지음 | 280쪽 | 값 15,000원

 오래된 미래교육
정재걸 지음 | 392쪽 | 값 18,000원

 동양사상과 마음교육
정재걸 외 지음 | 356쪽 | 값 16,000원
2015 세종도서 학술부문

 대한민국 의료혁명
전국보건의료산업노동조합 엮음 | 548쪽 | 값 25,000원

 교과서 밖에서 배우는 철학 공부
정은교 지음 | 280쪽 | 값 14,000원

 교과서 밖에서 배우는 고전 공부
정은교 지음 | 288쪽 | 값 14,000원

 교과서 밖에서 배우는 사회 공부
정은교 지음 | 304쪽 | 값 15,000원

 전체 안의 전체 사고 속의 사고
김우창의 인문학을 읽다
현광일 지음 | 320쪽 | 값 15,000원

 교과서 밖에서 배우는 윤리 공부
정은교 지음 | 292쪽 | 값 15,000원

 카스트로, 종교를 말하다
피델 카스트로·프레이 베토 대담 | 조세종 옮김
420쪽 | 값 21,000원

▶ 살림터 참교육 문예 시리즈
영혼이 있는 삶을 가르치는 온 선생님을 만나다!

 꽃보다 귀한 우리 아이는
조재도 지음 | 244쪽 | 값 12,000원

 선생님이 먼저 때렸는데요
강병철 지음 | 248쪽 | 값 12,000원

 성깔 있는 나무들
최은숙 지음 | 244쪽 | 값 12,000원

 서울 여자, 시골 선생님 되다
조경선 지음 | 252쪽 | 값 12,000원

 아이들에게 세상을 배웠네
명혜정 지음 | 240쪽 | 값 12,000원

 행복한 창의 교육
최창의 지음 | 328쪽 | 값 15,000원

 밥상에서 세상으로
김흥숙 지음 | 280쪽 | 값 13,000원

 북유럽 교육 기행
정애경 외 14인 지음 | 288쪽 | 값 14,000원

▶ 남북이 하나 되는 두물머리 평화교육
분단 극복을 위한 치열한 배움과 실천을 만나다

 10년 후 통일
정동영·지승호 지음 | 328쪽 | 값 15,000원

 선생님, 통일이 뭐예요?
정경호 지음 | 252쪽 | 값 13,000원

 분단시대의 통일교육
성래운 지음 | 428쪽 | 값 18,000원

 김창환 교수의 DMZ 지리 이야기
김창환 지음 | 264쪽 | 값 15,000원

▶ 출간 예정

근간 핀란드 교육의 기적은 어떻게 만들어지나
Hannele Niemi 외 지음 | 장수명 외 옮김

근간 학교 혁신의 길, 아이들에게 묻다!
남궁상운 외 지음

근간 세계교육개혁:
민영화 우선인가 공적 투자 강화인가?
프랭크 애덤슨 외 지음 | 심성보 외 옮김

근간 혁신학교, 미래교육의 답을 찾다
송순재 외 지음

근간 민주시민을 위한
수업·교육과정·평가를 어떻게 할 것인가?
염경미 지음

근간 독립의 기억을 걷다
노성태 지음

근간 삶을 위한
국어교육과정, 어떻게 만들 것인가?
명혜정 지음

근간 민주시민교육을 위한
역사수업 어떻게 할 것인가?
황현정 지음

근간 한글혁명
김슬옹 지음

근간 공자뎐, 논어는 이것이다
유문상 지음

근간 마을수업, 마을교육과정!
서용선·백윤애 지음

근간 다 함께 올라가는 스웨덴 교육법
레이프 스트란드베리 지음 | 변광수 옮김

근간 동양사상에게 인공지능 시대를 묻다
홍승표·정재걸·이승연·백진호·이현지 지음

근간 대학생에게 협동조합을 허하라
주수원 외 지음

근간 프레이리 교육론
손종현 외 지음

근간 교육의 대전환
김경욱 외 지음

근간 학교는 평화로운가?
강균석 외 지음

참된 삶과 교육에 관한 생각 줍기